Brasil em Questão
A Universidade e o Futuro do País

UNIVERSIDADE DE BRASÍLIA

Reitor: Prof. Timothy Martin Mulholland

Vice-Reitor: Prof. Edgar Nobuo Mamiya

Decano de Ensino de Graduação: Prof. Murilo Silva de Camargo

Decano de Pesquisa e Pós-Graduação: Prof. Márcio Martins Pimentel

Decana de Extensão: Profa. Leila Chalub Martins

Decano de Assuntos Comunitários: Prof. Reynaldo Felipe Tarelho

Decano de Administração: Prof. Érico Paulo Siegmar Weidle

Secretaria de Planejamento: Prof. Eduardo Tadeu Vieira

Laboratório de Estudos do Futuro: Profa. Dóris Santos de Faria

Editora Universidade de Brasília

Diretor: Henryk Siewierski

Diretor-Executivo: Alexandre Lima

Conselho Editorial

Beatriz de Freitas Salles

Dione Oliveira Moura

Henryk Siewierski

Jader Soares Marinho Filho

Lia Zanotta Machado

Maria José Moreira Serra da Silva

Paulo César Coelho Abrantes

Ricardo Silveira Bernardes

Suzete Venturelli

Brasil em Questão
A Universidade e o Futuro do País

Timothy Mulholland e Dóris de Faria
(Organizadores)

Colaboradores
Marcos Formiga
Regina Marques
Tânia Costa

Universidade de Brasília
Laboratório de Estudos do Futuro
Editora Universidade de Brasília
2006

Equipe editorial:
Rejane de Meneses e Sonja Cavalcanti – Supervisão Editorial
Jupira Corrêa, Rejane de Meneses, Sonja Cavalcanti e Yana Palankof – Revisão
Mauro Pereira Bento – Projeto Gráfico
Fernando M. Neves, Ivancléríston Xavier e Raimunda Dias – Editoração Eletrônica
Marcelo Terraza – Capa
Elmano Rodrigues Pinheiro – Acompanhamento Gráfico
Apoio Técnico – Secretaria de Planejamento

Copyright © 2006 *by* Editora Universidade de Brasília

Impresso no Brasil

Direitos exclusivos para esta edição:
Editora Universidade de Brasília
SCS Q. 02, Bloco C, nº 78. Ed. OK, 1º andar. 70300-500 Brasília - DF
Tel: (61) 3035-4211. Fax: (61) 3035-4223
e-mail: editora@unb.br
www.editora.unb.br
www.livrariauniversidade.unb.br

Todos os direitos reservados. Nenhuma parte desta publicação poderá ser armazenada ou reproduzida por qualquer meio sem autorização por escrito da Editora.

Ficha catalográfica elaborada pela Biblioteca Central da Universidade de Brasília

B823	Brasil em questão: a universidade e o futuro do país/ Timothy Mulholland e Dóris Santos de Faria. (organizadores). – Brasília : Editora Universidade de Brasília, 2006. 440 p.

ISBN : 85-230-0863-2

1. Universidade. 2. Eleição. II. Mulholland, Timothy.
II. Faria, Dóris Santos de.

CDU 378

Sumário

APRESENTAÇÃO   9
Os Organizadores

A UnB e as Idéias Portadoras de Futuro para o Brasil   11
Timothy Mulholland

TEMA – CULTURA E EDUCAÇÃO

Brasilidade: Comunidade de Destino   25
Vamireh Chacon

Brasilidade: a Permanência   33
Mariza Veloso

Brasil, "Nação de Não-Letrados"?   43
Marcos Formiga

Os Não-Letrados   47
Ricardo Araújo

A Importância do Livro e da Leitura   57
José Mindlin

Ensino Superior: a Reforma Necessária   63
Dóris de Faria

O Brasil em Questão: Reforma da Educação Superior 69
André Lázaro

Educação Superior no Brasil: uma Nação em Risco 87
Luiz Davidovich

TEMA – CIÊNCIA, TECNOLOGIA E INOVAÇÃO

Ciência e Tecnologia no Brasil: Agora ou Nunca 123
Márcio M. Pimentel

Desenvolvimento Tecnológico (À Brasileira) 135
Armando Caldeira-Pires

Desenvolvimento Tecnológico Já! 147
Roberto Nicolsky

Da Criatividade à Inovação Tecnológica 157
Marcos Formiga

Criatividade, Disciplina e Inovação Tecnológica 163
Guilherme de Oliveira

Uma Política Conseqüente de Inovação Tecnológica Nacional 179
Flávio Luciano A. de Souza

Cultura Empreendedora e Universidade 195
Luís Afonso Bermúdez

Empreendedorismo: Necessidade ou Oportunidade? 203
Maurício Mendonça

Como uma Pequena Empresa Inovadora Chega ao Sucesso? 209
Eduardo Moreira da Costa

Empreendedores Inovadores: 223
Principais Ativos de uma Nação
Marcos Mueller Schlemm

TEMA – SOCIEDADE E ECONOMIA

Passado e Futuro de Grandes Empresas Estratégicas 253
Dércio Garcia Munhoz

O Brasil que Deu Certo: PETROBRAS 269
Irani Carlos Varella e Adelman Moreira Ribeiro

Dez Desafios da Agricultura Tropical Brasileira 291
Aliomar Gabriel da Silva

Erradicação da Pobreza: a Falta das Políticas 303
Lúcia Avelar

Três Turvos Textos 307
Armando Dias Mendes

Desconcentração Econômica e Fragmentação da Economia 329
Nacional: uma Síntese
Carlos Américo Pacheco

Das *Commodities* a uma Política 333
Industrial pela Via do Conhecimento
Roberto Bocaccio Piscitelli

Planejamento Estratégico na Sociedade da 341
Informação: Saindo do Varejo para o Atacado
Tadao Takahashi

TEMA – A CONSTRUÇÃO DO FUTURO

Brasil: Crescimento Sustentado ou Desenvolvimento Sustentável? 349
Claudio Roberto Bertoldo Langone

Construindo o Desenvolvimento Sustentável 361
Clóvis Cavalcanti

Três Pontos Básicos para o Desenvolvimento Sustentável 379
Edson Franco

Projeto Brasil 3 Tempos 391
Coronel Oswaldo Oliva Neto

Brasil: Idéias Portadoras de Futuro 407
Rodrigo Costa da Rocha Loures

Idéias Também São Portadoras de Futuro! 421
Dóris de Faria

Anexo – Programação do *Fórum Brasil em Questão* 433

APRESENTAÇÃO

A Universidade de Brasília, por intermédio do seu Laboratório de Estudos do Futuro (LEF), realizou, ao longo de todo o primeiro semestre letivo de 2006, o *Fórum Brasil em Questão*. Foram 41 palestras em 11 sessões (subtemas), organizadas em quatro grandes temas: Cultura e Educação; Ciência, Tecnologia e Inovação; Sociedade e Economia; e A Construção do Futuro. Envolveu 39 palestrantes, que trataram dos temas mais fundamentais para o desenvolvimento de nosso País, especialmente neste momento eleitoral.

O *Fórum Brasil em Questão* reuniu cerca de trezentos alunos em Módulo Livre de Graduação e outros duzentos em Curso ou Evento de Extensão, além de assistentes eventuais, presenciais e pela WEB-TV da UnB, sendo compartilhado com os melhores especialistas do País.

A partir desta experiência, foram produzidos 33 artigos para compor o presente livro *Brasil em Questão – a Universidade e o Futuro do País*. Estes textos muito irão contribuir para o debate eleitoral deste momento de nossa história.

Brasil em Questão
A Universidade e o Futuro do País

Este trabalho foi possível graças à contribuição de um grande número de pessoas, sob a coordenação da equipe do LEF. Queremos agradecer em especial ao Gabinete do Reitor, à Assessoria de Comunicação Social, ao Cerimonial, à Diretoria de Artes e Esportes do Decanato de Assuntos Comunitários, bem como ao Centro de Produção Científica e Educacional da UnB (CPCE-UnB), à FINATEC e à Editora Universidade de Brasília pela colaboração recebida.

Os Organizadores

A UNB E AS IDÉIAS PORTADORAS DE FUTURO PARA O BRASIL

Timothy Mulholland

Quando o Professor Lauro Morhy, meu antecessor, propôs a criação do Laboratório de Estudos do Futuro, houve todo tipo de reação. Por que, afinal, o futuro é algo que preocupa a humanidade desde os primórdios dos tempos? Como será o amanhã? Tema este já cantado em tantas músicas, poesias ou com o uso de tantas tecnologias, etc. Mas, para uma universidade, discutir o futuro exige um quadro mais estreito, mais disciplinado, ainda que gostemos de prever o futuro, de prever quem vai ganhar a eleição, qual o resultado da loteria, quanto valerão as ações de uma empresa, etc. O que o estudo do futuro permite? Há pesquisadores desse tema no mundo inteiro, e muitas vezes eles se encontram em centros de tomada de decisão, decisão de empresas, decisão de governo, assim como o

---

Timothy Mulholland – Reitor da Universidade de Brasília. Professor Adjunto da UnB desde 1976 no Departamento de Processos Psicológicos Básicos (PPB) – Instituto de Psicologia. Doutor pela Universidade de Pittsburgh (EUA, 1976). Exerceu diversas funções de direção acadêmica na UnB, tendo sido Vice-Reitor por dois períodos consecutivos (1997 a 2005).

Brasil em Questão
A Universidade e o Futuro do País

governo federal tem um órgão especificamente voltado para realizar estudos prospectivos, para tentar entender como será o futuro do nosso País.

A grande razão de se estudar o futuro, na verdade, é a de poder organizar o presente, porque o passado se foi e o presente é agora. Então, a idéia de estudar o futuro, na essência, é de tentar identificar eixos, políticas, questões que permitirão que nos organizemos no presente para que o futuro, quando se tornar presente, seja mais próximo daquilo que temos na nossa utopia pessoal, na nossa utopia institucional, na nossa utopia nacional.

Queremos um Brasil mais justo, é uma frase quase unânime. Queremos um País com a distribuição mais equânime de renda, queremos a inclusão das pessoas que não têm acesso à educação, à saúde, desejos que refletem os valores que temos muito claro e que são universais. Então, estudar o futuro, na sua essência, é identificar os tipos de questões que são fundamentais para se discutir hoje, para transformar em política, sejam pessoais, sejam nacionais, e transformar em ações efetivas para que o futuro, quando se tornar presente, seja mais próximo daquilo que gostaríamos que viesse a ser.

A segunda edição do *Fórum Brasil em Questão – a Universidade e a Eleição Presidencial* tem esse enfoque. Vamos eleger o Presidente da República, os governadores, os deputados, e podemos, como instituição universitária, oferecer, não só aos políticos, mas ao próprio cidadão, ao próprio eleitor, um elenco de questões que pode permitir uma reflexão nas instâncias diversas da sociedade, na família, na escola, e possa se enriquecer e vir a ser um verdadeiro instrumento na construção do futuro. Não nos interessa, nem podemos, apoiar candidatura alguma, ou partido político, ou mesmo uma proposta de governo. O que interessa à Universidade é promover o debate das questões importantes para o futuro e elevar o nível do debate político, pois temos um nível elementar, e o debate político, quando se trata do futuro, deve ser o mais elevado possível, porque é do futuro que estamos falando. Daqui a quatro anos, muitos dos alunos presentes neste fórum já se terão formado, alguns professores e funcionários estarão aposentados, o mundo será outro, e aqueles que vão herdar as conseqüências da decisão política de outubro deste ano serão não só os que estarão vivos até lá, mas, também, nossos filhos, nossos netos e tantos outros pelo Brasil afora, pessoas que muitas vezes não conseguem sequer vislumbrar o que é importante numa eleição como esta.

Então, esse é o papel da Universidade, criar o debate, gerar o debate, e nos nossos debates costumanos conhecer posições distintas, pois normalmente temos palestrantes que discordam entre si, e é importante que haja o debate contraditório. Não queremos influenciar ninguém sobre o que o Brasil deve ser, mas sim criar um espaço para o debate mais elevado possível, para que cada um, cada organização, cada grupo, possa tomar decisões quanto aos rumos com base em informações diferenciadas apresentadas em um debate de elevado nível. Isso a UnB fez, foi a única instituição universitária na eleição de 2002 a se engajar dessa forma e no plano nacional efetivamente interferir no processo no sentido positivo e construtivo. Tivemos neste local, além do Presidente Lula, então candidato, os outros candidatos, Ciro Gomes, Garotinho. Dos quatro principais candidatos, tivemos três aqui debatendo com o mesmo grupo de participantes do nosso fórum depois que todos já estavam preparados para o debate. Os candidatos não vieram fazer um comício na UnB, ele vieram receber um livro com o conteúdo dos debates realizados, e dissemos a cada um deles: queremos as suas posições sobre essas questões.

Neste Fórum de 2006, além dos que estão presentes, temos os estudantes do *campus* de Planaltina, que podem participar em tempo real pela WebTV no portal da UnB, e também outros pelo mundo afora, que queiram acompanhar todo o fórum, apenas acessando o portal da UnB no ícone "Brasil em Questão" e assistindo ao desenrolar dos debates.

Queremos que a Universidade se engaje no debate de idéias que hoje são chamadas de idéias portadoras de futuro. Há idéias que são chaves, que são relevantes em maior grau do que outras, há conceitos que foram aprofundados, debatidos e aperfeiçoados. Essas são idéias que são caminhos, são estradas para o futuro, não um futuro qualquer, mas um futuro na direção, que comentei no início, do que está no ideário, na utopia de todos nós. Então, algumas dessas idéias, vou colocar aqui, evidentemente, não são necessariamente as mais importantes, mas são relevantes, e há outras que vão surgir como resultado do fórum.

Realmente quero agradecer a presença de todos e dizer que a experiência da primeira edição do fórum, pois assisti a toda a programação, creio que foi uma das participações universitárias mais relevantes que pude ter como cidadão e como pessoa de vida universitária. Temos uma citação: "O passado passou, o presente passa rapidamente a cada dia, e a única coisa que podemos mudar é o futuro".

O ano de 2006 será fundamental para o Brasil porque, pela segunda vez no século XXI e pela quinta vez consecutiva, a Nação escolherá democraticamente, diretamente, seu dirigente maior.

Neste mesmo ano, o mundo comemora os 150 anos do nascimento de um dos pensadores que marcaram a civilização contemporânea, Sigmund Freud. Além da originalidade de sua contribuição científica, Freud pode nos ajudar a elucidar a crise vivenciada pela universidade como instituição, tanto no Brasil quanto em outros países do mundo. Literalmente, a universidade precisa de constante auto-análise. Freud afirmava que há três funções a definir, são elas: educar, governar e psicanalisar, pois elas se constituem em muitas funções ou profissões. O caráter funcional da educação leva a reduzir equivocadamente o profissional docente a um funcionário, enquanto o caráter profissional da educação tende a tratar o professor como técnico, mas a educação significa muito mais. É preciso ser vista de forma muito mais abrangente, não apenas como função, profissão ou como técnica ou especialização, mas que seja conhecida em toda a sua plenitude política. Um dos significados da educação, por exemplo, é analisar e discutir as estratégias para a vida, ou seja, o futuro. Nesse contexto, a missão de educar e aprender na era planetária é fortalecer as condições de possibilidade da emergência de uma sociedade mundial, composta de cidadãos protagonistas conscientes e criticamente comprometidos com a construção de uma nova civilização planetária.

O *Fórum Brasil em Questão – a Universidade e a Eleição Presidencial*, em 2006, pretende contribuir em especial com dois conceitos complexos identificados por Freud, que são educar e governar. A UnB, por meio do seu Laboratório de Estudos do Futuro, teve a missão de organizar o fórum e trazer, para a comunidade acadêmica e para a sociedade brasileira, a discussão do principal evento do País. Em 2002, experiência semelhante atraiu para a UnB a visibilidade nacional ao se constituir no cenário universitário principal de idéias e planos de governo dos candidatos à Presidência da República. Em 2006, com entusiasmo redobrado, a UnB sediou por 11 semanas consecutivas o fórum e mobilizou pessoas e idéias, reuniu professores, estudantes, empresários e demais membros da sociedade em torno de temas estratégicos para o futuro do País, oferecendo, na etapa final, de forma organizada, as idéias do pensamento brasileiro contemporâneo sobre a forma de uma publicação que será encaminhada aos candidatos à Presidência da República.

Como Reitor, compartilho as preocupações dos brasileiros com a situação do País, seu futuro e com o papel da Universidade nesse cenário, principalmente da UnB, pois a casa do conhecimento tem a responsabilidade, juntamente com outras forças que compõem a sociedade brasileira, de buscar alternativas para enfrentar a difícil conjuntura política como forma de chegar aos principais problemas da estrutura social do Brasil. O papel da Universidade e de seus diferentes atores, professores, estudantes e técnicos não é de se render diante da complexidade dos nossos tempos e muito menos de se deixar levar pela perplexidade, que significa, sem dúvida, confusão e falta de resolução.

Encruzilhadas históricas na Universidade potencializam sua ação e capacidade de resolução de problemas e, desse modo, por acreditar na cultura e no conhecimento, a UnB está presente e aponta um conjunto de idéias que dominamos como idéias portadoras de futuro para o Brasil.

Dentre as grandes transformações registradas no final do século XX, e cada vez mais forte na virada do milênio, está o processo de globalização econômica, e o Brasil, como a décima economia do mundo, não poderia estar imune a esse processo, como de fato não está. A construção de uma nação economicamente forte exigirá cada vez mais flexibilidade gerencial e incentivo às inovações. A globalização da economia tem vantagens e desvantagens, ameaças e oportunidades. Compete aos gestores, aos executivos, aos legisladores e aos professores também maximizar suas próprias potencialidades e vantagens e minimizar suas desvantagens e ameaças.

A idéia de que a globalização pode ser apagada ou extinta já está vencida. No caso brasileiro, a globalização e a modernização iniciadas pelo Estado caminharam juntas, tiveram a vantagem de colocar a população o mais perto possível da realidade nacional e internacional, rompendo o provincianismo. Para um país pleno de recursos naturais e tendência a produzir tudo internamente, a globalização trouxe também a eficiência como novo paradigma da governança. Esse é um ponto muito interessante, pois toda a mudança nos últimos dez anos, principalmente no Estado brasileiro e no setor produtivo, tem esse sabor, até a própria Universidade tem necessidade de planejar, de buscar eficiência, de mostrar resultados. O paradigma da eficiência é muito útil ao Brasil em sua luta pelo combate à pobreza. A eficiência significa a falta de desperdício, por exemplo.

Roberto Fogel, Prêmio Nobel de Economia, explica como hoje os países considerados desenvolvidos de fato se desenvolveram. *No centro do processo está o conhecimento, e aqueles países que perceberam a importância da educação continuam a liderar o processo de desenvolvimento do mundo.* Infelizmente no Brasil demoramos muito a descobrir esse ponto. Passamos uma década em que a educação não tinha essa prioridade, e principalmente a educação superior, em que o conhecimento se desenvolve, produz suas conseqüências. Enquanto isso, outros países avançaram aceleradamente. Mesmo assim, Brasil, Rússia, Índia, China são os quatro países na fronteira do futuro e, deles, a Índia e a China se aceleraram, a Rússia menos, e o Brasil se atrasou. Hoje estamos no último lugar entre os quatro. Uma das razões, talvez a mais forte de todas elas, se olharmos os dados, é que não investimos na educação há bem mais tempo, e agora continuamos a fazer o mesmo. Fogel valoriza o papel fundamental das ciência humanas e sociais no processo virtuoso da construção de um país, já que elas são as matrizes dos valores éticos, mas ressalta outros aspectos que dominam os recursos espirituais sob a forma da disciplina nos estudos, do zelo pelo trabalho e da permanente curiosidade em aprender os elementos essenciais para o desenvolvimento de um povo.

Daí resulta a ética do trabalho, segundo a qual trabalhar é visto como parte da responsabilidade individual e não como uma pesada obrigação da qual toda pessoa tenta livrar-se. Isso vale no nosso meio também, pois nosso trabalho como professores, estudantes, técnicos é uma contribuição efetiva com uma responsabilidade que vai muito além do nosso interesse pessoal, uma responsabilidade para com o

Brasil em Questão
A Universidade e o Futuro do País

País, para com o próximo. Essas constatações têm levado pensadores de diferentes nacionalidades e diversas formações a propor um novo humanismo como uma força ética para se conseguir um reequilíbrio social.

Ao que tudo indica, esse conturbado início de século é o momento adequado de pensar em humanizar mais as pessoas e as nações. No mundo globalizado, a sociedade do trabalho e do conhecimento passa por mudanças estruturais, e o mundo do emprego está cada vez mais complexo e diminuto. Vivemos tempos em que é impossível tirar férias do conhecimento, o tempo hoje é o tempo do conhecimento, estuda-se e aprende-se mais inovando e renovando o conhecimento de cada um. A revolução técnica e científica faz com que o domínio de uma profissão seja atualizado em intervalos de tempo cada vez menores, e já não é possível formar um profissional para a vida inteira, como foi o caso dos nossos avós.

Hoje é comum, ao longo da vida útil profissional, mudar de emprego e de profissão em média a cada década. Em alguns países, certamente os profissionais de todas as áreas têm conhecimento dessa dinâmica profissional e da necessidade de permanecer em um sistema de aprendizagem continuada ao longo da vida. Nosso Ex-Reitor Professor Cristovam Buarque tem essa convicção muito clara. Ele afirmou uma vez, para reforçar a idéia, que o diploma deveria ser entregue na beira do túmulo da pessoa, pois ela só poderia realmente concluir seus estudos quando concluísse sua vida. Talvez a idéia da aprendizagem continuada seja uma das mais fortes, das mais importantes idéias portadoras de futuro para nosso País.

O estudante sai da UnB pronto para iniciar o mais longo processo de aprendizagem da sua vida – a vida profissional. Agora, revolução tecnológica, além das facilidades trazidas, vem contribuir para acirrar ainda mais o consumismo, colocando-o como foco de todo o processo econômico – consumir por consumir, devorar por devorar, possuir por possuir, sem consideração alguma às implicações para com o meio ambiente e para com a própria economia, e tudo o mais.

O enorme potencial do uso do computador, que permite o uso da Internet na escola – todos já conhecem esse processo –, associado à autonomia de aprender sozinho, facilita a inclusão social mediante a democratização do acesso aos meios de comunicação. Hoje, um jovem pode se sentar em frente a um computador e investigar temas jamais imaginados por ele ou seus pais, porque a biblioteca local certamente não tinha livros sobre esses temas. Temos e podemos, desde que dominemos um pouco a língua estrangeira, investigar na biblioteca maior de toda a história, que é a Internet, qualquer assunto do nosso interesse.

O Brasil, contudo, ainda tem de percorrer um longo caminho de inclusão social por causa da falta de investimento em educação tanto na geração passada como na nossa. A geração atual e a próxima terão de passar pela educação formal de qualidade, terão de alcançar essa educação formal de qualidade antes que muitas de suas conseqüências positivas possam ser universalizadas. O Ministro da Educação, Professor Fernando Haddad, afirma que a educação no Brasil precisa de duas gerações, se nós conseguirmos universalizar o ensino básico e médio de qualidade e expandir a oferta da educação superior. Em duas gerações, criamos condições para que não haja mais retorno, pois as pessoas não vão aceitar que seus filhos tenham educação inferior à que elas próprias tiveram. Então, realmente estamos falando em gerações, infelizmente não em governos, não em anos de gestão.

O desenvolvimento tecnológico é o terceiro tema, a terceira idéia portadora de futuro. O cenário brasileiro contém um razoável número de instituições-arquipélago, formadas por ilhas de reconhecida qualidade de educação, pesquisa e pós-graduação; isso as gerações passadas nos legaram. A UnB com certeza é parte desse conjunto de excelência.

Brasil em Questão
A Universidade e o Futuro do País

O Brasil possui a segunda maior rede de cursos de pós-graduação entre os países em desenvolvimento. Tal fato resulta da nossa participação crescente na produção científica mundial. Dados divulgados pelo MEC demonstram que o Brasil atingiu 1,5% da produção científica reconhecida mundialmente, que não é pouco, e nos coloca na 17ª posição entre os países que produzem ciência. No entanto, dentre os 52 países estudados nosso desenvolvimento está na retaguarda. O Brasil ocupa a incômoda 43ª posição no desenvolvimento, ou seja, estamos na 17ª em produção científica, mas na 43ª em desenvolvimento, porque não realizamos ainda o casamento entre produção científica e inovação tecnológica. Esse é o pulo que nos falta e é o que exige um investimento muito grande nas instituições dos governos nos próximos anos.

Se a Universidade é a sede por excelência do desenvolvimento científico, a empresa é o *locus* onde se transforma conhecimento em riqueza. O casamento entre o centro de conhecimento e o setor produtivo é o atual megadesafio para alavancar o País, minimizando seu atraso tecnológico.

A UnB está determinada a contribuir para esse processo, inclusive por meio da iniciativa nacional de inovação recém-lançada pelo governo federal. Há uma política de governo hoje que pretende favorecer esse relacionamento. A UnB tem uma tradição de relação entre Universidade e Empresa, mas ainda não foi capaz, a não ser em um ou em dois casos, de transformar conhecimento científico pontual em resultado tecnológico e avanço de inovação que venha a gerar frutos ao longo de muitos anos. E esse é um salto que temos de dar.

Outra idéia portadora de futuro é a da transdisciplinaridade. Em meados do século passado, a necessidade indispensável de laços entre as diferentes disciplinas traduziu essa transdisciplinaridade, que diz respeito à transferência de méritos de uma disciplina para outra. Pesquisa disciplinar diz respeito no máximo a um único mérito e a um mesmo nível de realidade, um corte. A transdisciplinaridade se interessa pela dinâmica gerada na ação de vários níveis de realidade ao mesmo tempo. Já a pluridisciplinaridade é o estudo do objeto de uma disciplina ou de várias disciplinas ao mesmo tempo, um nível mais complexo.

Portanto, diferentes níveis de realidade e a crescente complexidade social evoluíram da visão da disciplinaridade para a inter, a pluri e a transdisciplinaridade. Pesquisas atuais têm mostrado que o maior custo e as maiores resistências às mudanças são dos professores, pela dificuldade em abandonar seus métodos antigos. Somos culpados aqui. A forma de agir dos formadores, nós somos formadores, é a mais difícil e a mais demorada de mudar, mais até que o trabalho com as crianças, consideradas equivocadamente incapazes de fazer abstrações.

A educação transdisciplinar mostra cada vez mais a importância da educação permanente. Pela própria natureza, ela deve ser exercida não apenas nas instituições de educação, do maternal à universidade, mas ao longo de toda a vida. Aqui na UnB, houve a iniciativa, nos anos 1980, de criar o Centro de Estudos Avançados e Multidisciplinares, cuja idéia, era de que longe dos departamentos, as pessoas ainda poderiam convergir sobre questões multidisciplinares ou transdisciplinares. Essa é uma idéia que hoje nos coloca certamente na frente de muitas outras instituições por já termos uma estrutura acomodada em nossa Universidade, que tem o objetivo de facilitar e viabilizar esse tipo de trabalho fora do tradicional disciplinar dos departamentos.

O Brasil, no decorrer do ano 2000, experimenta uma duradoura primavera democrática. O País conseguiu ultrapassar mais de duas décadas em regime de plena democracia. Espera-se que ao alcançar a maioridade democrática a sociedade brasileira passe à busca permanente do seu aperfeiçoamento. Eleições diretas em espaços cronológicos regulares são a garantia fundamental da prática exigida pelo regime democrático. Cabe aos cidadãos o direito livre de escolher seus dirigentes e, mais do que isso, de influenciar e como melhor gerir a coisa pública, além de eleger as prioridades a serem implementadas em um novo mandato presidencial, daí o trabalho deste fórum. Eleição é hora de prestar contas, de ajustar e corrigir rumos. A democracia como prática governamental se aperfeiçoa e se adapta às realidades e às civilizações distintas. Nesse alvorecer do século XXI, a governança democrática exige das maiorias estabelecidas a cessão crescente de direitos às minorias, que por diversas circunstâncias estiveram marginalizadas do poder. Não serão mais as maiorias que isoladamente determinarão as decisões, elas terão de ser cada vez mais compartilhadas. Desse modo, o apoderamento das minorias é um traço novo e permanente do processo de aperfeiçoamento democrático.

A UnB de viva voz é um exemplo patente da prática dessa nova democracia. Suas ações afirmativas em favor do maior acesso à universidade dos negros, dos indígenas e dos alunos de origem economicamente sacrificada são a face mais visível de atendimento às exigências da sociedade brasileira para corrigir injustiças históricas e respeitar os direitos de minorias. A UnB está cumprindo seu dever na nova democracia que a cada dia se transforma para melhor.

Nessa breve reflexão sobre idéias portadoras de futuro para o Brasil, destaco a idéia da sustentabilidade, uma das fundamentais. Não se tem em mente a pretensão de exaurir o debate das idéias, apenas, como em uma eleição, escolher aquelas que nos parecem melhores para a situação atual e futura da nação. Essas idéias portadoras de futuro são inúmeras e diversificadas. Trouxemos aqui um pequeno conjunto para reflexão.

Tema
Cultura e Educação

BRASILIDADE: COMUNIDADE DE DESTINO

Vamireh Chacon

Costumo relembrar Octavio Paz, Prêmio Nobel de Literatura mexicano, quando escreveu, em *O labirinto da solidão*, que as identidades nacionais valem mais pelo que escondem do que pelo revelado, e que a identidade é um processo e não essência pronta e acabada.

O mesmo se diga da identidade nacional brasileira.

Ela também é um processo. Fernand Braudel mostrou como a cultura é o fato social de transformação mais lenta, por ele chamada *longue durée*, longa duração. Elisée Réclus demonstrava que, quando os Estados não existem, ou desaparecem, as nações hibernam: veja-se o caso da Polônia, sobrevivendo, por duzentos anos, à ausência do seu Estado do século XVIII ao XX. Ou o dos curdos irredentos no Oriente Médio.

Vamireh Chacon – Professor do Instituto de Ciência Política da UnB. Bacharel em Direito. Doutor simultaneamente no Brasil e na Alemanha. Fez pós-doutorado na Universidade de Chicago. Doutor *honoris causa* pela Universidade Erlangen-Nuremberg, na Alemanha. Professor Emérito da UnB. É membro da Academia Pernambucana de Letras.

E o que é nação?

O idioma comum não é o mesmo fator, às vezes sequer o principal. Os países hispano-americanos falam castelhano, mas estão divididos em mais de uma dezena de Estados. Por que, então, o Brasil permaneceu unificado?

A resposta é que o Brasil surgiu como a continuação e a realização do sonho imperial de Portugal e dos muitos povos, culturas e etnias que aqui já estavam ou para cá vieram da África e do Oriente, não só da Europa. O maior legado de Portugal ao Brasil foi a estrutura do nosso primeiro Estado com língua oficial, inicialmente como denominador comum dos multiculturalismos posteriores. Estado português unitário defendido contra a vizinha maior Espanha, língua portuguesa com ele florescente expandindo-se no continente e no além-mar.

Por que outros povos – antes, durante e depois – em análogas circunstâncias não construíram impérios, porém sucumbiram diante dos mais poderosos?

O poeta espanhol Antônio Machado certa vez escreveu, para pessoas, embora pudesse se aplicar a sociedades inteiras: "Caminhante, não há caminho, o caminho faz-se ao caminhar".

A caminhada da história resolve-se na resposta de Maquiavel à vitória, só alcançável pela *"necesità, virtù e fortuna"*: isto é, pela necessidade das circunstâncias, mais a virtude no sentido renascentista de vontade política arguta e forte; enfim, fortuna como sorte, acaso sagazmente aproveitado na dialética vital de Toynbee de desafios e respostas. Os portugueses, em sucessivas gerações, souberam usar a sorte das circunstâncias com cálculo político e vontade persistente. Nas palavras de Fernando Pessoa:

Com duas mãos – o Ato e o Destino –
desvendamos. No mesmo gesto, ao céu
uma ergue o facho trêmulo e divino
e a outra afasta o véu.

O Brasil, herdado dos portugueses mais sua quase quadruplicação além do meridiano do Tratado de Tordesilhas pelos bandeirantes, tornou-se o Império da primeira Constituição, a de 1824, em seguida a República no sentido do poder cada vez mais compartido pelos brasileiros. Prosseguimos construindo nossa *res publica* no sentido latino originário, o da coisa pública como administração democrática do bem comum pela cidadania dos direitos e também dos deveres individuais e das liberdades públicas.

Como está hoje a identidade nacional brasileira?

Renan dizia que a nação é um plebiscito de todos os dias. Daí podemos acrescentar que sua construção depende da transformação da consciência de espécie em consciência cidadã, baseada, em última instância, no que já Machado de Assis denominava "instinto de nacionalidade". Mesmo os brasileiros mais pobres, principalmente eles, sabem que são brasileiros por assim profundamente se sentirem, não só por ocasião de grandes competições desportivas internacionais.

Hoje – por mais outra globalização, a primeira foi pelos portugueses e espanhóis nos séculos XV e XVI, conforme Toynbee muito bem demonstra –, hoje as fronteiras estão em todas as partes por onde entram os investimentos, os turistas e as informações. Então, os brasileiros, inclusive os mais modestos, ao entrarem em contacto com o outro, o estrangeiro, redescobrem-se numa dupla reação instintiva: a da solidariedade entre seres humanos iguais pela natureza, porém diferentes nas formas de cultura.

Antes, os contactos eram com os imigrantes, porém eles vinham para ficar, portanto, para se parecerem cada vez mais conosco. O Brasil é nossa soma própria, de todos os povos do mundo. O instinto nos une, sabemos que somos brasileiros não só nos sentimentos, mas também na pele e no bolso, daí nos conscientizamos de nossa brasilidade, no sentido de Otto Bauer: somos uma comunidade de destino.

As diversidades de nossas origens fazem com que sejamos tão diferentes entre nós e ao mesmo tempo tão parecidos. Quando professor em universidades alemãs, tive alunos teuto-brasileiros que se descobriam brasileiros na Alemanha, ao perceberem que eram mais brasileiros que teutos. O mesmo se diga dos nipo-brasileiros: nisseis e sanseis, filhos e netos brasileiros de japoneses que vão ao Japão para trabalhar e não só para estudar. Com o exponencial aumento das comunicações e dos transportes, os brasileiros estão cada vez mais parecidos entre si.

Somos da mesma espécie biológica, o *Homo sapiens*, e vivemos na mesma espaçonave, o planeta Terra. Os direitos humanos e a defesa do meio ambiente estão acima das fronteiras.

Isso, porém, não significa esquecer que o todo se compõe de partes. Não se trata só de aritmética. Há direitos das minorias e também direitos das maiorias, direitos e deveres de ambos, no duplo sentido de quantitativos a qualitativos: quem tem mais direitos, tem mais deveres para com si próprio e para com as minorias. Portanto, países mais populosos não têm direito de fazer *dumpings* de mão-de-obra mais barata contra outros, nem direito de desadministrar o meio ambiente planetário, o qual está consignado a Estados pelo princípio da territorialidade, soberana porém responsável perante si mesma e o mundo, num difícil equilíbrio. Enquadrável por contratos e tratados a serem obedecidos, mesmo renegociados no sentido do Direito Romano de *pacta sunt servanda*, do contrário é a lei da selva das guerras econômicas e não só militares.

A dificuldade maior a respeito está nas instâncias de mediação e mesmo de julgamento.

Costuma-se apresentar a União Européia como modelo e exemplo de superação das nacionalidades, apesar das realidades muito mais complexas.

A União Européia surgiu da Comunidade Econômica Européia, criada pelos Tratados de Roma de 1957, com várias etapas preparatórias. Ela e sua sucessora, a União Européia, têm o princípio da proporcionalidade como base da representatividade no seu Parlamento em Estrasburgo. Assim, a Alemanha, mais populosa, dispõe de mais deputados e, em seguida, vêm a França, a Grã-Bretanha e a Itália, estas mais que a Espanha, ela mais que Portugal, ainda menos os outros menores.

Análoga proporcionalidade representativa, em termos de economias, vige no Banco Central europeu em Frankfurt. Sucessivos passos institucionais vêm sendo dados na substituição da exigência de unanimidade, no Executivo europeu, pela regra de maioria decisória, rumo a uma Constituição mais confederativa que federalista, em meio a muitos percalços.

No Mercosul, que se quer integração política e não só econômica, as assimetrias demográficas e econômicas são proporcionalmente muito maiores que na União Européia, e outras associações internacionais estão ainda mais aquém. O Brasil tem população cerca de cinco vezes maior que a Argentina, ainda mais que o Uruguai, o Paraguai, etc., porém o que se vem propondo é Parlamento com representação paritária, ou proporcionalidades nem de longe correspondentes às representatividades demográficas. Quanto às propostas do Banco Central, do Poder Executivo e do Judiciário, as assimetrias continuam se manifestando, pois não se consegue diminuir, mesmo com altíssimos custos financeiros, as assimetrias econômicas, impossível fazê-lo com as demográficas, com suas conseqüências de representatividade.

Representação proporcional legislativa, executiva ou judiciária significa supranacionalidade; a paritária é intergovernamental.

Nem por isso se deve desanimar quanto à integração da América mais do Sul que genericamente Latina, dado o muito maior comércio do México e da América Central com os Estados

Brasil em Questão
A Universidade e o Futuro do País

Unidos. O que se precisa buscar é formatação própria, criativa, com diferentes pesos relativos – o que não elimina em si as dificuldades, embora as diminua.

O caso máximo de problemática, nesse sentido, está na Organização das Nações Unidas, na qual Estados do tipo da ilha de Nauru, na Oceania, com 10 mil habitantes, têm na Assembléia-Geral o mesmo voto que a Índia, com 1 bilhão de habitantes, ou o Brasil, com cerca de 200 milhões, e outros. A solução pode ser a coexistência da Assembléia-Geral paritária com algo como Senado no Conselho de Segurança, integrado pelos Estados com maior população, com critérios a serem definidos.

O Brasil tem de compatibilizar-se com os outros, porém os outros também têm de compatibilizar-se entre si e com o Brasil.

Em termos de Brasil, o que nos cabe é uma política internacional de geometria variável, conforme os cambiantes interesses, pois a realidade nunca é estática. Internacionalmente, o mais importante consiste na compatibilização de custos competitivos internacionais e custos sociais internos nas divisões internacionais do trabalho que se propuserem. As pessoas e os povos podem e devem ser amigos, mas as empresas e os Estados têm interesses.

Liderança não se reivindica, nem se proclama, ela naturalmente se impõe quando existe, que, no seu caso, é sinônima do que pode se afirmar. E liderança deve ser cooptativa, ninguém se deixa liderar sem receber algo em troca, por menos que seja, o que não deve ser apenas o mínimo, porque desperta ressentimentos e suas conseqüências. Exemplo positivo é o fato de o Brasil ser o único país de toda a América Latina cujas fronteiras são todas reconhecidas por tratados com todos os seus vizinhos. Os demais têm sempre uma ou mais pendência fronteiriça entre si, não com o Brasil.

Claro que tratados e acordos e contratos internacionais podem ser *denunciados*, palavra técnica de Direito Internacional Público e Privado para rompimento, anulação; contudo, há o preço econômico e político por isso, por meio de sanções comerciais diretas ou retrações de investimentos, se as renegociações não forem satisfatórias para uma das partes.

Estou, aqui e agora, me atendo ao nível dos princípios, para não auto datar, com eventos contemporâneos, esta minha exposição sobre as necessárias convergências de identidade e interesses nacionais.

Voltando ao ponto de partida, para melhor conclusão: qualquer país, portanto também o Brasil, pode e deve se concentrar de início nos próprios recursos. As interdependências são inevitáveis, por maior que seja a economia ou melhor a tecnologia, porém podem e devem se reduzir ao necessário, muito ou pouco em cada caso.

Realismo é mais que correlação entre causa e efeito, vai adiante, precisa verificar e aproveitar as relações entre meios e fins, custos e benefícios. Os indivíduos e os povos podem e devem ser amigos, porém os Estados e as empresas se guiam por interesses estratégicos de maximização, menor ou maior, de vantagens, mesmo com reciprocidades. Nenhuma empresa é auto-suficiente, nenhum Estado é autárquico, mas há Estados e empresas que podem menos ou que podem mais. Quem não sabe exercer seu poder, menor ou maior, perde-o. Nas globalizações há muitos globalizados e poucos globalizadores.

Repito que não existe fórmula definitiva, as decisões têm de proceder-se por pesquisas, cálculos de disponibilidades e probabilidades e, principalmente, muita crítica do alheio e outro tanto de autocrítica.

Nas sucessivas etapas, o que decide são a *"necesità, virtù e fortuna"* entrevistas já por Maquiavel, diante de desafios e respostas às capacidades de resistência, afirmação e transformação das culturas e das civilizações.

Sempre com Antônio Machado: "Caminhante, não há caminho, o caminho faz-se ao caminhar".

BRASILIDADE: A PERMANÊNCIA

Mariza Veloso

O que significa brasilidade?
Significa que o Brasil tem idade, certidão de nascimento, uma fisionomia própria?
Que idéia é esta que insiste em permanecer no tempo? Que idéia é esta que não cessa de balbuciar seu próprio nome? Afinal, brasilidade é um nome próprio? É uma identidade? Parece consigo mesma e insiste em ser diferente?
O que é possível ainda falar, ou refletir, sobre este imenso e complexo país que se chama Brasil e obstinadamente procura ter, ser e expor uma brasilidade?
A reflexão e a discussão sobre a identidade brasileira são uma persistência, são uma permanência em nossa história. Uma preocupação constante dos nossos intelectuais, políticos, e igualmente presente na cultura popular que mostra sua cara sem medo.

Mariza Veloso Motta Santos – Professora do Departamento de Sociologia da Universidade de Brasília e do Instituto Rio Branco (Ministério das Relações Exteriores), é Doutora em Antropologia pela Universidade de Brasília (1992) e Pós-Doutora pela New York University (2003).

Brasil em Questão
A Universidade e o Futuro do País

A preocupação tão contundente com a identidade nacional parece característica dos países latino-americanos, os quais possuem uma identidade fraturada e problemática em função do processo de colonização e do fato de o nosso "enquadramento" ter-se dado com base no olhar estrangeiro.

Foi o "outro", o "europeu" quem primeiro nos definiu e construiu uma moldura para nosso retrato, mas com base em seu olhar, em seus valores, e, por que não dizer, de seus interesses?

Entende-se, porém, que o conhecimento do processo histórico de nossa formação deve servir para aprendizagens, para a construção de uma atitude de interrogação e de reconhecimento da singularidade da sociedade brasileira.

Aprendemos com os intelectuais modernistas: Mário de Andrade, Gilberto Freyre, Sérgio Buarque de Holanda e Caio Prado Júnior, dentre outros, que o conhecimento do passado só é válido à medida que abra novas possibilidades de futuro.

Mas que futuro queremos? O que a idéia de brasilidade insiste em afirmar? Queremos um Brasil brasileiro? É preciso considerar que somos um país que atravessou tortuosos caminhos para se constituir como sociedade, como nação que possui nome próprio. Nação independente e autônoma.

Queremos um futuro que amplie o horizonte da cidadania e garanta a incorporação digna de todos os brasileiros na permanente construção da Nação.

Queremos incorporar uma modernidade justa que universalize a condição de cidadão para todos os brasileiros, pois não possuímos apenas uma identidade fraturada, cindida entre dois mundos – a realidade da América do Sul e o desejo de ser europeu ou americano –, mas também uma sociedade dividida entre os que participam dos procedimentos e das oportunidades advindos da construção da sociedade brasileira e seus muitos fluxos de modernização e aqueles que estão excluídos desse processo, pois permanecem entremeados no esquecimento e na submissão vazia a uma subsistência pobre, cruel e implacável na sua repetição.

Mas, afinal, além de uma sociedade que enfrenta complexos processos para constituir-se como nação independente, o que se pode dizer sobre este imenso País, que mais parece um continente e possui um mapa que desenha a forma de um coração, situado no centro da América do Sul?

Essa pergunta gera gritos e sussurros, além de silêncios intrigantes e interrogações desafiantes.

Um dos desafios, entre tantos, refere-se à necessidade de considerar a concretude de nossa diversidade, cultural, geográfica, biológica (são diversos os nossos biomas), e, por que não dizer, nossa desigualdade?

Crê-se que a biodiversidade de nosso meio ambiente e a diversidade cultural de nossa realidade societária são moedas valiosas para uma inserção justa e altiva do Brasil no mundo internacional e seus processos inexoráveis e dilacerantes do que se tem chamado de globalização.

Para tanto, é preciso que possamos reconhecer a riqueza e a singularidade emanadas de nossa diversidade cultural e ambiental. Só assim saberemos encontrar nosso justo tom de voz para estabelecermos um diálogo verdadeiro com outras nações, outras realidades, outros grupos sociais e outras possibilidades políticas.

Mário de Andrade, grande teórico da brasilidade, foi quem nos ensinou: "Precisamos ser nacionais para sermos universais". Caetano Veloso, complementou: "É preciso não folclorizar nossa cultura e realidade". O fato é que estamos cansados de ser exóticos. Estamos cansados de ser uma sociedade para "inglês ver", estamos cansados de querer que o Rio de Janeiro seja Paris, ou Brasília, Washington...

Mas então o que queremos?

Queremos apenas pronunciar nosso nome – Brasil, brasileiros, identidade que insiste em ser sangüínea, correr nas veias, bater no coração e que reconhecemos como brasilidade.

Será que reconhecemos? Só poderemos fazê-lo se soubermos aprender outra lição com os intelectuais modernistas, agora, com Oswald de Andrade, que dizia: "É preciso ver com os olhos livres".

Assim, só livrando-nos dos estereótipos construídos pelos outros países sobre nossa realidade poderemos nos enxergar, nos ouvir.

Ouvir esse discurso da brasilidade que insiste em permanecer, e por essa mesma razão não cessa de modificar-se. Em verdade, só permanece porque é pleno de transformações.

Transformações, rupturas, continuidades e descontinuidades, é nessa chave que a brasilidade deve ser compreendida, pois tal idéia não pode remeter-se a uma essência ontológica que transcorre intacta acima da história social e das biografias individuais.

Compreende-se, aqui, a identidade social brasileira ou a brasilidade como um discurso construído sobre a sociedade brasileira. Tal discurso tem enfatizado diferentes dimensões da realidade em conformidade com os dispositivos disponíveis em cada contexto histórico. É preciso não esquecer, entretanto, que a identidade nacional materializa-se diferentemente em função das possibilidades de enunciação discursiva existentes em cada período histórico, o qual se caracteriza pela mutabilidade de seus arranjos societais.

É preciso enfatizar-se aqui a diferença de conteúdo entre os conceitos (ou noções) de identidade nacional e nacionalismo.

O discurso sobre identidade nacional, de modo geral, incide sobre a nação. Classicamente, o conceito de nação enfatiza as dimensões culturais, lingüísticas e históricas de um determinado povo.

Brasilidade: a Permanência
Mariza Veloso

As idéias referentes ao nacionalismo, por sua vez, levam em consideração as noções de soberania, território e Estado, este considerado um instituto político capaz de organizar e representar a nação.

Assim, identidade nacional remete-se à realidade da nação, e nacionalismo ou nacionalismos, ao modo de ser do Estado.

Ante o exposto, podemos nos perguntar: qual é a articulação possível entre cultura e política no Brasil?

Quais são as mediações necessárias para que essas diferentes dimensões da nossa realidade possam se interconectar?

Eis aqui um desafio de nosso tempo – como reconhecer e valorizar nossa identidade coletiva, como nação independente e autônoma, que nos convence e arrebata, sem cair nas várias armadilhas dos nacionalismos que podem ser permeados por trilhas estreitas e obtusas?

A resposta é difícil. Pode-se, no entanto, pensar a nação como uma totalidade histórica que primeiramente expõe várias dimensões – como a cultura e a política, ou seja, expõe-se a necessidade de considerar a singular diversidade cultural brasileira, a diferença de múltiplos grupos sociais – ao lado da necessidade de considerar a igualdade de direitos dos inúmeros grupos que compõem a nação.

O dilema não é específico de nossa realidade e acompanha a dinâmica do mundo atual, o mundo globalizado que, diferentemente da retórica neoliberal, aprofunda contradições e desigualdades e, ao mesmo tempo, e de modo contraditório, reforça nacionalismos ufanistas e perversos, porque populistas, imediatistas, oportunistas e frágeis do ponto de vista da formulação de políticas públicas conseqüentes e reais.

Assim, a brasilidade ou o reforço de uma identidade cultural específica, que exige políticas públicas responsáveis, precisa articular de maneira consistente o respeito à diversidade ou diferença cultural

Tema – Cultura e Educação

Brasil em Questão
A Universidade e o Futuro do País

e à necessidade de igualdade de direitos sociais facultada a todos os brasileiros.

Nessa perspectiva, e muito além da construção de um discurso sobre identidade nacional, é preciso operacionalizar políticas públicas que incidam sobre a inclusão dos brasileiros ao Brasil.

Especialmente aqui, gostaria de enfatizar uma dimensão fundamental para que o Brasil efetue de modo concreto, amplo e irrestrito sua modernidade à educação.

Nesse sentido, ressalte-se o papel da universidade – lócus legitimamente constituído de transmissão e produção do conhecimento – como um ator social capaz de impulsionar mudanças consistentes, pois somente a educação, como acreditaram Manuel Bomfim, Anísio Teixeira, Darcy Ribeiro, Florestan Fernandes e tantos outros, pode capacitar cada indivíduo a inserir-se no mundo social de modo adequado e justo.

Mais ainda, a educação pode viabilizar a construção de práticas e representações capazes de gerar possibilidades de transformação.

Juntos, conhecimento científico e educação podem enfatizar os procedimentos e os mecanismos que aprofundem e impulsionem transformações em direção às mudanças sociais necessárias à consolidação de uma sociedade justa e verdadeiramente democrática.

Afinal, qual a relação entre justiça social, eqüidade e identidade nacional?

Volto uma vez mais ao grande pensador e pesquisador sobre a cultura brasileira – Mário de Andrade –, dizia ele: é preciso que o povo conheça e valorize suas práticas culturais, única maneira de reconhecê-las como significativas para a própria reprodução dos diferentes grupos sociais que compõem o povo brasileiro.

É preciso também que a elite conheça e reconheça como importante o repertório cultural do povo, ampliando assim as possibilidades de compreender e representar a brasilidade.

Contudo, é preciso ir além da idéia romântica de povo, pensado como geral abstrato e autônomo, portador de tradições autóctones puras e autogestadas, identificadoras do mesmo. Identificadoras do povo como geral e homogenia.

Tal perspectiva impede que a realidade da sociedade civil seja considerada em sua densidade e concretude, com suas várias fissuras e contradições. Impede igualmente de enxergar o permanente dinamismo da sociedade civil, capaz de organizar e produzir mudanças sociais palpáveis e visíveis para os diversos grupos sociais que compõem a sociedade brasileira.

É preciso problematizar a idéia de brasilidade. Esta não pode ser uma noção ingênua que aponta para uma realidade supostamente homogênea da sociedade brasileira. Muito menos brasilidade aponta para a existência mecânica de uma possível transitividade entre cultura e política.

Mas, afinal, se estamos diante de impasses, disjunções e contradições, como é possível somar alguma contribuição ao debate sobre identidade nacional?

Ou melhor, é possível estabelecer um sinal de equivalência entre identidade nacional e brasilidade?

A busca de tal equivalência foi uma procura obstinada e obsessiva dos intelectuais brasileiros, e quiçá latino-americanos, uma vez que no continente latino-americano sempre foi difícil conciliar a realidade soberana e inquestionável da multiplicidade de culturas e seus respectivos diferentes modos de agir e pensar e a realidade tentativamente homogeneizadora do Estado, como instância comum a todos.

Atualmente, pode-se dizer que a identidade nacional ou a brasilidade está em crise novamente. Crise positiva que questiona tais conceitos e suas problemáticas correlatas.

Tais noções ou conceitos estão sendo questionados exatamente porque não abarcam mais uma realidade homogênea, unívoca, definida por um único ponto de vista – seja dos governantes, da elite econômica ou cultural, seja dos intelectuais.

Atualmente, e insistentemente, o Brasil processa sua brasilidade. Em qual esquina? Em qual monumento? Em qual palácio ou favela podemos encontrar a fisionomia do Brasil, ou ainda, é possível emoldurar nosso retrato?

Hoje, nestes "tempos sombrios", em que já não há utopias e em que toda forma de resistência é interpretada como terrorismo ou banditismo inconseqüente, onde ancorar nossas perplexidades e nossas crenças e esperanças em um mundo mais justo e capaz de conferir dignidade a todos os cidadãos?

Não tenho respostas plausíveis. Mas é preciso manter a coragem de formular perguntas.

Gostaria que todos os brasileiros tivessem e exercessem a coragem de perguntar, de questionar, que não se conformassem apenas em responder às inúmeras demandas que a sociedade global nos exige.

Mas é preciso acreditar em nossa brasilidade, acreditar que temos, sim, uma fisionomia própria. Uma voz que expressa gritos e silêncios. É preciso ouvi-los. Ambos. Em nosso cenário presente, há vozes estridentes e há vozes ausentes.

Acredita-se que a noção de brasilidade só mantém vivo seu significado porque sempre incorporou gritos e sussurros dos diferentes grupos sociais presentes na sociedade.

Nesse sentido, adquirem importância políticas públicas e movimentos sociais que propõem a incorporação de grupos sociais e manifestações culturais diferentes e singulares – diferentes de um padrão definido apenas pela elite intelectual e econômica –, grupos sociais que passam a ser considerados não apenas objeto de assistencialismo do Estado, mas que podem transformar-se em sujeitos de sua própria identidade, de sua singular brasilidade. Nesse sentido, adquire importância substantiva, e não apenas retórica ou complacente, a valorização real das diferentes práticas e manifestações culturais de todo e qualquer grupo social pertencente à sociedade brasileira.

O conhecimento, a pesquisa, a valorização do patrimônio cultural – material e imaterial – dos diferentes grupos que compõem a sociedade são imperativos fundamentais para que possamos reconhecer e fortalecer nossa identidade coletiva.

Afinal, precisamos aprender a ouvir nossa própria voz, entender nosso próprio olhar. Compreender a travessia de nossos sentimentos.

Creio que hoje, justamente nestes tempos sombrios da pós-modernidade, a *intelligentsia* brasileira em geral, os professores em particular, possa perceber que já não basta saber ensinar. É preciso saber aprender, tornar-se aprendiz de si mesmo, ouvir os próprios gritos e sussurros desta brasilidade que insiste em existir.

No entanto, depois de mais de quinhentos anos de história, temos um país ainda jovem que procura sua identidade e começa a aprender que só pode expressar sua singularidade se souber ancorá-la na ampliação da cidadania e na incorporação responsável e definitiva dos procedimentos e das práticas sustentadas pelos direitos humanos.

Talvez resida aí nossa possibilidade de realizar o sonho modernista, de nossos intelectuais que tanto acreditam na brasilidade, na equação possível entre o particular e o universal.

Precisamos, pois, ancorar nossa singularidade cultural, como expressividade, como nação, na universidade dos Direitos Humanos.

Assim, talvez um dia nosso discurso balbuciante, insistente sobre a identidade nacional seja capaz de expressar a riqueza, a multiplicidade, a diversidade e a singularidade de nossa cultura. Uma cultura brasileira que expressa sem medo, e sem complexo de inferioridade, sua brasilidade.

BRASIL, "NAÇÃO DE NÃO-LETRADOS"?

Marcos Formiga

Com seus 165 anos de circulação, *The Economist* é considerada a mais antiga revista semanal do mundo. Em reportagem publicada nesta conceituada revista em março passado, o Brasil é chamado de "nação de não-leitores".

O jornal *A Folha de S. Paulo* fez uma matéria interessante com base na mesma reportagem. O texto justifica o rótulo de "nação de não-leitores" com base em um levantamento recente que põe o País em 27ª posição entre trinta países estudados, nos quais foi verificada a assiduidade de leitura:

- ■ O estudo mostra que o brasileiro dedica 5 horas e 20 minutos por semana aos livros, dado paradoxalmente otimista.

Marcos Formiga – Economista. Assessor no Laboratório de Estudos do Futuro/UnB; Assessor da Presidência da Confederação Nacional da Indústria (CNI). Foi Secretário Extraordinário para o Desenvolvimento do Centro-Oeste do Ministério da Integração Nacional. Vice-Presidente da Associação Brasileira de Educação a Distância (ABED). Atuou na CAPES e no CNPq.

- A reportagem diz que os altos preços cobrados pelos livros contribuem para o desapego à leitura.

Segundo *The Economist*, a negligência governamental com a educação está na raiz do que descreve como "indiferença aos livros", e que esse fenômeno seria decorrente dos tempos da escravidão. O problema foi agravado pelo longo e lento período da universalização da educação fundamental, que estaria, hoje, em torno de 97%, estatística contestada, ultimamente, pelo próprio censo escolar.

Algumas iniciativas tentam remediar o déficit brasileiro de leitura, como o Plano Nacional do Livro e Leitura, do Ministério da Cultura. Já o jornal paulista afirma que é uma tarefa árdua internalizar o hábito da leitura no Brasil, e cita estatísticas que comprovam que a venda de livros em nosso País, em 2004, foi menor do que em 1991.

Essa discussão foi recentemente enriquecida com o aparecimento de uma nova sigla: INAF – Indicador Nacional de Alfabetismo Funcional.

Em um país que inclui o domínio de siglas em processo de comunicação universal, surge mais uma que, ao que tudo indica, veio para ficar. O INAF consiste no levantamento periódico de dados sobre as habilidades de leitura, escrita e em matemática pela população brasileira. Trata-se de uma iniciativa do Instituto Paulo Montenegro e da ONG Ação Educativa. O objetivo do INAF é divulgar informações e análises que ajudem a compreender e a solucionar o problema crônico de exclusão no País, denunciado por Anísio Teixeira, "a educação como privilégio", já na década de 1930.

Nesse sentido, são realizadas pesquisas nacionais desde 2001. Nos anos ímpares (2003 e 2005), utilizam testes de medição direta dos níveis de habilidade da população em leitura e escrita. Nos anos pares, em 2002 e 2004, avaliaram-se as habilidades em matemática, que certamente será replicada no ano em curso.

Os dados do INAF vêm sendo amplamente divulgados, chamando a atenção de grande público pelas conseqüências dos déficits de escolarização da população brasileira. Também analisa as possibilidades de se continuar aprendendo ao longo da vida, o que sem dúvida é uma orientação correta para uma sociedade cada vez mais exigente com seus cidadãos e trabalhadores, que precisam de capacidade de atualização permanente e contínua.

Os resultados, lamentavelmente, dão razão à reportagem da revista *The Economist*.

O conceito de letramento usado pelo INAF é uma opção ampla de alfabetismo, que inclui, além da leitura e da escrita, também habilidades de operar com símbolos matemáticos. Portanto, são indicadores fundamentais que estão acessíveis para quem se interessa pelo tema da leitura, das tecnologias da informação, da educação e da democratização do conhecimento – público-alvo do Fórum Brasil em Questão, da UnB.

OS NÃO-LETRADOS

Ricardo Araújo

Em primeiro lugar: o que significa não-letrados? E o que representa o letramento? Vejamos: a maioria absoluta dos brasileiros não lê ou lê mal. Ou seja: tem problemas com a alfabetização e principalmente com o chamado letramento, que outrora era chamado analfabetismo. Mas o que significa não-letrados? E o que representa o letramento? As propagandas governamentais que alardeiam o surgimento de milhões de alfabetizados, essas propagandas, que se repetem há mais de vinte anos, acabaram com o analfabetismo?

A resposta mais lúcida é pela negativa: não, as propagandas divulgam índices que indicam apenas a alfabetização para uma leitura funcional. Uma leitura que serve apenas para as coisas mais elementares da comunicação humana, a decodificação de signos lingüísticos amparados por imagens ou signos icônicos puros, isto é,

---

Ricardo Silva Azevedo Araújo – Professor do Departamento de Teoria Literária e Literatura da UnB. Pesquisador do CNPq na área de poesia, matemática, criptografia e literatura. Mestre em Literatura Espanhola e Hispano-Americana e Doutor em Teoria Literária pela USP. Pós-Doutor em Poesia e Matemática pela PUC-SP.

Brasil em Questão
A Universidade e o Futuro do País

signos com forte apoio imagético e que, por vezes, ficam à margem do código lingüístico. Essa leitura serve, quando muito, para se decodificar placas, painéis de metrô, de supermercado e tantas outras placas ou faixas espalhadas pela cidade e pela estrada. Ou seja, a leitura funcional serve apenas para ler ícones. Ademais, o termômetro adequado para se vislumbrar com certa segurança se o não-letrado passou a ser letrado, ou alfabetizado, é a leitura de livros, jornais e revistas, isto é, suportes, ou veículos, em que o código lingüístico encontra sua melhor organização, seja para compor discursos complexos, entrópicos e analíticos, cujo exemplo insuperável é o livro, e outros meios, como jornais e revistas, com suas linguagens mais sintéticas e icônicas.

Agora, uma vez que sabemos que a alfabetização que sói ser divulgada pelos órgãos governamentais não condizem com a realidade da leitura, ou do letramento, passemos para a questão: por que o Brasil é uma nação de não-letrados?

As causas são muitas, porém não são inumeráveis. A mais importante é, sem dúvida, a falta de leitura. Em primeiro lugar: nunca foi prioridade desse e de nenhum dos últimos governos o incentivo ao estudo e à leitura. E, deve-se frisar, somente a leitura pode levar ao hábito salutar de criar mecanismos metodológicos mentais de análise. A análise é uma coisa individual, como o talento; talento em latim indicava as marcas digitais que cada pessoa tinha em sua singularidade registrada no dedo polegar. Isto é talento: uma coisa que indicava e apontava para a identidade, para se distinguir dos outros, nesse mar de analogias do qual é constituída a sociedade humana. É pela análise mais elementar que se chega à razão de que "eu sou eu, e o outro é o outro". Esse percurso do raciocínio é resultado da análise, e todo ser humano com uma educação alinhada com hábitos de leitura poderá meditar de forma analítica sobre qualquer problema humano. Vale lembrar a máxima de Terêncio: "*Homo sum: humani nihil a me alienum puto"* ("Sou humano: e nada do que é humano me é estranho"). Portanto, é principalmente na leitura livresca que se dá o processo do letramento ou alfabetização.

A leitura de livros sempre tem um nível de entropia. A leitura de placas sempre tem um alto nível de redundância. Entropia e redundância são vetores opostos que apontam para direções distintas: enquanto a entropia provoca a análise, a redundância provoca a aceitação. Essas duas direções, análise e aceitação, implicam duas possibilidades também distintas: a posição ativa e a posição passiva. E é nesse ponto que as políticas governamentais poderiam se inscrever, ou seja, em vez de propor propagandas passivas, com indíces duvidosos, que apontam crescimento do número de letrados, os governos deveriam apontar para atividades prospectivas que aumentariam a atividade de leitura dos livros. Por exemplo: poder-se-ia criar o Dia da Leitura. Esse dia poderia ser aberto pelo Presidente da República, que leria o início de uma obra – *Memórias póstumas de Brás Cubas*, por exemplo –, e depois os Ministros, passando pelos Senadores, pelos Deputados, seguindo-se os governos estaduais, municipais e depois as autoridades jurídicas e as personalidades da sociedade brasileira. A televisão e o rádio poderiam acompanhar a leitura. E assim que a leitura de uma obra terminasse, passar-se-ia para outra e outra, sem nenhum preconceito de autores ou escola. Dessa forma, seriam lidas obras de Machado de Assis, José de Alencar, Mário de Andrade, Lygia Fagundes Teles, dentre outros da plêiade de escritores deste País. Essa corrente de leitura não é novidade: os espanhóis fazem este percurso na leitura de *El Ingenioso Hidalgo Don Quijote de La Mancha*, e quem abre a leitura do famoso livro de Cervantes é o Rei da Espanha.

Os governantes brasileiros fariam melhor se, em vez de divulgar alguma coisa que na prática não ocorre, propusessem o exercício da leitura como prática cível para os milhões de brasileiros

Brasil em Questão
A Universidade e o Futuro do País

mal-alfabetizados. Esse processo por si só levaria a um dinamismo que provocaria a entropia e a análise. Mas infelizmente isso não ocorre. Na sociedade brasileira prevalece a redundância. As letras das músicas são os maiores exemplos desse processo. Nossa música popular, que era tão forte, está se diluindo em fórmulas pouco criativas, em frases e expressões que não apontam para uma mediação entre o sentimento, o encantamento e a análise. Também não há leitura de jornais ou revistas. A falta de leitura gera uma carência de análise que produz uma repetição de assuntos e uma redundância de discussões. Quase todas as discussões giram em torno de futebol, corrupção ou atrações divulgadas pela televisão. Além disso, quase sempre o assunto das segundas-feiras são as pseudodiscussões promovidas pelas revistas televisivas do fim de semana. Para ficar apenas com um exemplo: discute-se em demasia o programa "Big Brother", em todas as suas versões. Mas nunca se discute um tema de relevância para a leitura e a análise. Nosso mundo é cercado por redundâncias, nossas conversas, viciadas pela passividade, quase sempre encontramos nos diálogos populares expressões garimpadas das novelas televisivas. Nada contra a televisão e as novelas, mas sim contra as políticas governamentais que não movem um dedo pela leitura. Quase tudo que é promovido nesse campo se deve aos esforços de editoras, de leitores e, de vez em quando, de um Secretário de Cultura ou um Ministro de Estado, que sempre alegam "que estão fazendo", apesar de não terem "verba para programas" desse gênero.

A ausência de leitura e a redundância provocam um fenômeno que se alastra por toda a sociedade: o atropelo ao idioma; os erros da fala no rádio e na TV e em outros meios de comunicação que, de certa maneira, espelham a fala da rua. As falhas de pronúncia e a carência de argumentações ficam patentes quando um popular é entrevistado por repórteres da televisão. Mas o mesmo fenômeno pode ser observado nos discursos de parlamentares, de juízes e dos demais membros da sociedade civil. Quase sempre utilizam o famoso "para mim fazer..." ou "a nível de...", demonstrando total desconhecimento da norma culta, quando não se ouve o uso errado e indiscriminado do gerundismo. Sei que isso é tema da lingüística e que alguns lingüistas se revoltam contra o cinturão de força da norma culta. Mas esses lingüistas são pessoas cultas, que têm grande domínio do idioma e conhecem os dois lados. Isso não justifica o fato de que Senadores, Deputados, Ministros e Juízes, que deveriam servir como exemplo, cometam verdadeiros sacrilégios ao idioma em seus discursos. Há ainda uma outra questão que os lingüistas conhecem: uma coisa é a língua sendo usada como moeda de troca informacional para comunicar intenções, imagens, desejos e evocações imediatas, nas ruas ou em casa; outra coisa é a língua ser usada para transmitir questões complexas, tais como legislação, idéias, projetos ou mesmo mensagens governamentais. E outra coisa ainda são os herméticos jargões da exegese. Como poderíamos transmitir o sentimento épico brasileiro ao povo com tal descanso em todos os lados?

No início das vanguardas européias, os artistas românticos costumavam valer-se da rima "Picasso com fracasso". Isso porque aqueles artistas acreditavam que Picasso não era um bom "desenhista", como outrora foram tantos pintores espanhóis como Velázquez e Murillo. Como a pintura cubista de Picasso parecia incompreensível, com todas as suas facetas, tinha-se uma impressão errada de que seus traços não eram realistas, porque ele não tinha competência para reproduzir a fidelidade figurativista. Mas Picasso desenhava, e muito bem. Sua fase arlequinal desmente qualquer ilação nesse sentido. Muito bem: ao contrário do que pensavam os críticos de Picasso, ele conseguiu subverter e pintar de uma forma não realista justamente porque ele dominava muito bem a pintura realista. Somente quem domina a técnica anterior pode propor um novo caminho à criação, e a mesma coisa pode-se dizer do código escrito. Da mesma forma,

Brasil em Questão
A Universidade e o Futuro do País

na poesia, é no domínio que o poeta tem do idioma que o leva para novas técnicas. Veja-se para citar apenas um caso: Guimarães Rosa e seu universo lingüístico do *Grande sertão: veredas!* Mas todo cidadão pode conhecer bem seu idioma, bastando para isso se ater ao que dizia Basílio da Gama: "Vós que buscais a glória, não procureis atalhos,/ o plácido descanso é filho de trabalhos;/ Pisai o ócio vil, que flores tem por leito/ Exercitai a voz, e cultivai o peito./ Lêde no coração, sondai a natureza,/ Sabei as doces frases da língua portuguesa./ Luzir não pode a dama, que a sua língua ignora,/ Apesar dos tesouros, que espalha quem a adora,/ o povo assim que a vê começa a assobiar: / Para falar em versos, convém saber falar".

A língua só pode ser aprimorada pela leitura. A continuação do letramento está na leitura. A alfabetização é apenas o primeiro passo. Depois vem a leitura, a análise, a atividade entrópica do pensamento e da lógica. Assim é que se defende um idioma, não é criando leis para proibir estrangeirismos ou expressões inglesas ou francesas. Defende-se um idioma com leitura, incentivando a leitura, fazendo edições populares, utilizando as gráficas e as verbas governamentais para publicações populares dos clássicos brasileiros. Defende-se uma língua com palavras como as de Oswald de Andrade, outro subversor do idioma, que defendeu a mulher que amava no poema "Canção e calendário":

Sol da montanha
Sol esquivo da montanha
Felicidade
Teu nome é
Maria Antonieta d'Alkimin

No fundo do poço
No cimo do monte

Os Não-Letrados
Ricardo Araújo

No poço sem fundo
Na ponte quebrada
No rego da fonte
Na ponta da lança
No monte profundo
Nevada
Entre os crimes contra mim
Maria Antonieta d'Alkimin

Felicidade forjada nas trevas
Entre os crimes contra mim
Sol de montanha
Maria Antonieta d'Alkimin

Não quero mais as moreninhas de Macedo
Não mais as namoradas
Do senhor poeta
Alberto de Oliveira
Quero você
Não quero mais
Crucificadas em meus cabelos
Quero você

Não quero mais
A inglesa Elena
Não quero mais
A irmã da Nena
A bela Elena
Anabela
Ana Bolena
Quero você

Brasil em Questão
A Universidade e o Futuro do País

Toma conta do céu
Toma conta da terra
Toma conta do mar
Toma conta de mim
Maria Antonieta d'Alkimin

E se ele vier
Defenderei
E se ela vier
Defenderei
E se eles vierem
Defenderei
E se elas vierem todas
Numa guirlanda de flechas
Defenderei
Defenderei
Defenderei

Cais de minha vida
Partida sete vezes
Cais de minha vida quebrada
Nas prisões
Suada nas ruas
Modelada
Na aurora indecisa dos hospitais.

Portanto, é na leitura que se cria uma criança que saberá que seu futuro é o futuro da língua, da cultura, da fala.

Os poetas são os maiores defensores da língua, e sem a língua não poderíamos estar neste debate hoje. E se não fosse o diálogo estabelecido entre o passado e o presente por intermédio da poesia, não haveria comunicação. Nós hoje sabemos alguma coisa do passado e conseguimos entender certos costumes e tendências culturais do passado porque os poetas estabeleceram uma liga, uma ponte, um caminho entre o passado e o presente, por meio da língua. Por isso falamos do passado, e por isso compreendemos o passado, porque os poetas de hoje retomaram a língua no ponto em que os poetas do passado a deixaram. Não fosse o trabalho do poeta, nós hoje, do presente, não entenderíamos o que o passado quer nos contar. E é por isso também que devemos incentivar a leitura. Só a leitura cria uma nação, cria uma língua, uma poesia. A defesa de todos os valores caros para uma civilização circunscrita, presa, em um território, mas livre em seu pensamento, em fecundidade criativa e em sua liberdade é o direito de falar, de ler, de escrever e refletir em sua língua. É a partir daí que ele escolhe "ser o que quiser", atentando para a responsabilidade de sua liberdade, e "o que quiser ser", atentando para a liberdade de sua responsabilidade, ou seja, leitor e cultivador de sua língua.

E a tarefa não é tão árdua e difícil. Um exemplo pode ser exposto nos versos do belo poema em que Olavo Bilac brilhantemente defende a história de sua língua. Ei-lo: "A língua portuguesa":

Última flor do Lácio, inculta e bela,
És, a um tempo, esplendor e sepultura;
Ouro nativo, que, na ganga impura,
A bruta mina entre os cascalhos vela...

Amo-te assim, desconhecida e obscura,
Tuba de alto clangor, lira singela,
Que tens o trom e o silvo da procela,
E o arrolo da saudade e da ternura!

Amo o teu viço e o teu aroma
De virgens selvas e de oceanos largos!
Amo-te, ó rude e doloroso idioma,

Em que da voz materna ouvi: "meu filho!"
E em que Camões chorou, no exílio amargo,
O gênio sem ventura e o amor sem brilho!

Assim é como vejo o Brasil dos não-letrados: esperança que doravante algum governo entenda a realidade e a importância da leitura como único meio de soberania; e como maneira de formar uma mentalidade criativa, ativa, analítica, sem deixar de entender o vasto campo das diferenças. Desculpem pelo ritmo parlamentar.

A IMPORTÂNCIA DO LIVRO E DA LEITURA

José Mindlin

O título da presente sessão me parece pessimista, um tanto radical. Acho que o que se pode dizer inicialmente do Brasil é que é um País de contrastes, é muito difícil chegar a verdades absolutas. As estatísticas também não são confiáveis, pois dependem do enfoque a elas dado. Mas, em todo caso, o problema que ora se apresenta, uma nação com excesso de não-letrados, inegavelmente existe, pois não há suficiente controle do Estado em relação às condições de nossa população. Lembro de Monteiro Lobato, que, na primeira metade do século passado, dizia que 80% são analfabetos e 19% não sabem ler. Era, naturalmente, um exagero enfático, mas há uma grande diferença

---

José Mindlin – Bacharel em Direito pela Faculdade de Direito da Universidade de São Paulo (USP), 1936. Professor *honoris causa* pela Escola de Administração de Empresas de São Paulo. Doutor *honoris causa* pela Brown University. Editor de numerosas obras de arte e literatura brasileira, pessoalmente e pela Metal Leve S/A. É presidente do Conselho Editorial do jornal *O Estado de S. Paulo*. É membro colaborador da Academia Brasileira de Ciências. Faz parte do Conselho da Vitae – apoio à cultura, à educação e à promoção social.

entre ser alfabetizado e saber ler. O problema no Brasil está ligado, sem dúvida, à educação como base do desenvolvimento. Já temos alguns progressos, mas ainda precisamos progredir muito.

Como o promotor deste debate é o Laboratório de Estudos do Futuro, não se pode ignorar que o futuro pode ser encarado com pessimismo ou otimismo. E, de todo modo, qualquer conclusão tem muito de especulação intelectual. Eu, otimista incorrigível, com a vida me dando razão em muitas coisas ligadas a nosso País, vejo que houve avanços, principalmente no campo econômico, mas quanto à questão da leitura ainda há muito por fazer. Se considerarmos o que era nosso Brasil cinquenta ou sessenta anos atrás, e o que é hoje, temos de reconhecer que é outro País, mas mesmo tendo havido um grande progresso econômico, este não foi acompanhado pelo progresso social e cultural.

A questão da leitura é complexa. Acredito que uma boa parte da falta do hábito de ler se deve à dificuldade de acesso ao livro. O sistema de distribuição é precário, os editores que se concentram no Centro-Sul não são conhecidos no Norte, no Nordeste, e mesmo no Centro-Sul, porque há poucas livrarias. Há mais editores no Brasil do que livrarias, mas, se isso por um lado é desolador, por outro é animador. O fato de haver muitos editores mostra que existe um esforço de desenvolvimento cultural.

Minha tese é que o que falta no Brasil são bibliotecas. Ter um livro não deveria ser condição de leitura. Nós temos um exemplo nos Estados Unidos, que não serve de exemplo para tudo, mas nesse caso é marcante a diferença entre os Estados Unidos e o Brasil. No Brasil existem 5 mil bibliotecas registradas e, destas, não sei se mil são bibliotecas vivas; as outras são um certo exagero, um depósito de livros, mas não são instituições vivas, frequentadas, em que o leitor receba alguma orientação. Faltam bibliotecários. Há bibliotecários que vêem no leitor um adversário, um inimigo do livro, porque vai

A Importância do Livro e da Leitura
José Mindlin

estragá-lo com o manuseio. Há outros que consideram sua função como de guardiães do material, do acervo, e não como um elo de ligação com o leitor.

Nos Estados Unidos não há cidadezinha, por mais insignificante que seja, que não tenha uma biblioteca pública circulante. Nós precisamos de mais bibliotecas. É difícil especificar o número, mesmo 50 mil bibliotecas seriam insuficientes para um País como o nosso. Estamos realmente longe do objetivo final, que é dar acesso aos livros ao leitor, que ele tenha facilidade de retirá-los, que haja circulação. Falta um orientador na biblioteca que possa orientar a leitura.

Em São Paulo, estamos com um programa de transformar o estado em "Estado Leitor". Participo desse trabalho, e temos enfrentado grandes dificuldades, pela falta de orientadores, de bibliotecários e de professores que efetivamente leiam.

São Paulo tem seiscentos e poucos municípios, dos quais 84 não tinham nenhuma biblioteca. A primeira coisa que fez a comissão incumbida desse trabalho foi instalar bibliotecas nesses 84 municípios, o que provocou grande demanda, especialmente da parte daqueles municípios que se deram conta de que tinham bibliotecas fantasmas ou fictícias. Isso está desencadeando um trabalho intenso de preparação de professores e bibliotecários.

No Brasil, os bibliotecários não são tão numerosos quanto deveriam ser, e há uma certa reserva de mercado. Há muitas pessoas cultas, leitores assíduos, que, mesmo sem ter feito curso de biblioteconomia, poderiam exercer a função de bibliotecário, ou pelo menos de orientador. Em São Paulo estamos procurando aproveitar todo o voluntariado, além daquele que já existe, para somar ao número de pessoas que tenham condições de cuidar dos leitores.

Um outro problema maior ainda, a meu ver, está na decisão de ser professor primário ou de ensino médio, profissão bastante

Tema – Cultura e Educação

Brasil em Questão
A Universidade e o Futuro do País

desmoralizada, pois professores às vezes ganham menos que uma empregada doméstica. Realmente, um disparate!

A questão da leitura está vinculada ao sistema educacional em todos os níveis, desde a formação de bibliotecários até a de professores que efetivamente orientem os leitores, além da criação de dezenas de milhares de bibliotecas, que não precisam ser grandes. Com a tecnologia atual, quando alguém procura um livro que não existe em determinada biblioteca, ele pode ser conseguido rapidamente em outra biblioteca. É o que acontece nos Estados Unidos.

Em São Paulo foram introduzidas no currículo do ensino básico aulas informais, sem nota e sem nenhuma exigência disciplinar, para leitura em voz alta e comentários sobre livros. O professor torna-se colega dos alunos, lê em voz alta e os alunos comentam, ou os alunos lêem e comentam entre si. Funciona como uma espécie de segundo recreio, o que leva os alunos, quase que infalivelmente, à biblioteca da escola.

Nós temos muitas razões para as falhas existentes no Brasil. Eu costumo dizer que o Brasil tem vivido acidentes de percurso em grande número e muitas vezes preocupantes e até desorientadores, mas não concordo com os pessimistas. Acho que esses acidentes têm sido corrigidos, embora ainda em escala insuficiente. Gostaria de ser vinte ou trinta anos mais novo para ver o que vai ser do Brasil dentro de vinte ou trinta anos. Até mesmo em dez anos, se a nova geração, a infância e a juventude, receber a educação adequada e adquirir, desde a infância, o hábito da leitura. Quando forem eleitores, terão condições de votar por medidas em prol do desenvolvimento cultural do País. Mas enquanto não adquirirem em casa, desde cedo, o hábito da leitura, isso não mudará. No entanto, essa geração que está sendo introduzida ao livro pelos meios convencionais, tenho certeza, vai ter livros em casa, ou pelo menos vai buscar a leitura. Mesmo que os livros não sejam propriedade da grande massa, ela pode ir adquirindo o hábito da leitura. Isso demanda tempo e não acontece da noite para o dia, por isso mesmo é preciso que seja feito todo o esforço para que as gerações que agora estão cursando o ensino básico, quando se tornarem adultas, em seus lares, possam passar o hábito da leitura às novas gerações.

O plano de leitura do governo anterior foi enviar milhões de livros para as escolas no País. Tive a oportunidade de visitar algumas dessas escolas, no interior de Minas, por exemplo. Várias têm estantes com livros novos, bons livros, que precisam ser lidos, mas como os alunos não têm quem os oriente, quem os atraia para a leitura, os livros terminam não sendo utilizados. Mas eu sou um cético que acredita em catequese, acho que é a pregação da importância do problema que vai nos aproximar da sua solução.

ENSINO SUPERIOR: A REFORMA NECESSÁRIA

Dóris de Faria

Após três versões negociadas com os diversos setores educacionais do País, tanto públicos quanto privados e comunitários, neste ano de 2006 foi enviado ao Congresso Nacional a última versão do Projeto de *Reforma do Ensino Superior*. Apesar das inúmeras consultas e dos trâmites interinstitucionais que teve, não conseguiu superar algumas divergências de ordem corporativa, especialmente entre setores dirigentes públicos e privados, assim como entre representantes sindicais. Fica, portanto, a certeza de que essas dificuldades se expressarão no debate social dentro do Congresso Nacional, de modo que se torna pouco provável alguma antecipação sobre a conclusão final. Continua, portanto, a vigorar, no Ensino Superior brasileiro, a reforma realizada no ano de 1970, portanto,

---

Dóris de Faria – Doutora em Psicologia, Pós-Doutorado em Antropologia Biológica e Professora aposentada do Departamento de Ecologia do Instituto de Biologia da UnB. Atualmente é Pesquisadora Associada do Centro de Educação a Distância (CEAD/UnB), coordenando diversos cursos nacionais. Dirige o Laboratório de Estudos do Futuro da UnB, onde desenvolve programas estratégicos sobre o desenvolvimento do País.

uma concepção que já data de mais de trinta anos, exatamente num período em que ocorreram as mais surpreendentes transformações no mundo e em nosso país. Fica evidente o quanto é necessária uma nova proposta de reforma desse nível de ensino, mesmo considerando-se todos os avanços que o MEC vem promovendo mais recentemente, expandindo e inovando em diversas frentes.

O mundo passa por momento análogo de reforma do ensino superior, em que até os Estados Unidos da América demandam por mais acesso, diversificação e qualificação em seu sistema federativo, considerando isso questão estratégica nacional, especialmente diante do cenário mundial cada vez mais competitivo, particularmente o europeu e o asiático.

Na Europa vem acontecendo, com certa celeridade a partir de 1999, seu processo de reforma, capaz de integrar fundamentos comuns entre os diferentes sistemas nacionais, num projeto de base comunitária supranacional denominado "Processo de Bologna", pois foi naquele ano e local que os governos assinaram seu principal acordo (*Declaração de Bologna*) para a nova organização do ensino superior europeu. Esse acordo vem sendo atualizado regularmente desde então, em reuniões bianuais (Praga, 2001; Berlim, 2003; Bergen, 2005 e a prevista para Londres, em 2007). Essa reforma visa à compatibilidade e à comparabilidade entre os diversos sistemas educacionais, com três principais ciclos de ensino de graduação e pós-graduação – bacharelado, mestrado e doutorado –, cuja qualificação leva em torno de três, dois e três anos respectivamente, mas que deverá ser substituída por critério de aprendizagem em vez de tempo de estudo. Começando por um ciclo básico geral e comum a diversos cursos, o ensino fica estruturado por um sistema diversificado e flexível de créditos que possa promover a mobilidade dos estudantes entre as instituições. A mobilidade entre as instituições de ensino é igualmente estimulada entre os professores.

Tal processo por reformas também atinge a Ásia, onde acontecem transformações que estão produzindo resultados surpreendentes para o acesso dos jovens e dos adultos ao ensino superior. Por exemplo, a China hoje qualifica anualmente 4 milhões de estudantes nesse nível de ensino, o triplo do que os Estados Unidos, e fenômeno análogo ocorre na Índia, para citar os casos socialmente mais impactantes.

Fica assim evidente o quanto uma reforma do ensino superior no Brasil é urgente, na verdade emergencial, e o quanto é fundamental que os diversos setores consigam atingir patamares mais consensuais, de modo que qualquer reforma possa atingir todo o sistema brasileiro. É mesmo lamentável que, depois de tanto debate, tanto esforço interinstitucional, tanta ação governamental, o projeto tenha demorado tanto tempo na Casa Civil da Presidência da República e somente agora tenha sido enviado para o Congresso Nacional, exatamente em período pré-eleitoral, o que nos leva a ter certeza de que neste ano de 2006, no que diz respeito à reforma do ensino superior, nada será feito em nosso País...

Em linhas muito gerais, o estágio atual da presente versão reitera o compromisso do poder público com as instituições federais de ensino superior, prevendo um processo regulatório de credenciamento baseado em avaliação para o alcance da autonomia por essas instituições universitárias. No plano acadêmico, dá abertura para que um ciclo básico anteceda o profissional. Baseado principalmente em número de cursos de graduação e pós, bem como na qualificação do quadro docente, regulamenta os critérios para credenciamento das instituições privadas em universidades, centros universitários e faculdades.

Identificam-se retrocessos em relação à versão anterior quanto a alguns temas. Em relação à "autonomia", tornou-a mais vaga em virtude de não explicitar especialmente a gestão administrativa e

Brasil em Questão
A Universidade e o Futuro do País

de pessoal. Por um lado facilita a questão da subvinculação dos recursos, mas ficam ainda pendentes algumas medidas que precisam ser tomadas para que de fato a autonomia possa ser exercida com mais plenitude. Por outro, essa versão compromete mais ainda a autonomia universitária com a supressão, na atual versão, do artigo em que garantia ao Reitor a indicação do Procurador Jurídico das universidades na Advocacia-Geral da União (AGU). Restaurou nessas a eleição por meio de lista tríplice. Ainda que admita "ações afirmativas" para acesso ao ensino superior, entretanto essas não mais seriam como cotas para os afro-descendentes, mas como reserva de 50% de vagas para alunos oriundos da escola pública.

O "financiamento", garantindo para o ensino superior os 75% dos 18% definidos pela Constituição para a educação já é insuficiente, não possibilitando a recuperação de infra-estrutura e da defasagem salarial de seus profissionais, inviabilizando a tremenda expansão já desencadeada e que ainda vai além, aumentando a oferta para alcançar, no mínimo, 40% das vagas necessárias ao atendimento da demanda por ensino superior em nosso País. Contraditoriamente, portanto, não retira da base de cálculos itens anteriormente excluídos, como, por exemplo, a DRU (desvinculação de receitas da União), os serviços de saúde realizados pelos hospitais universitários e as sentenças judiciais, o que poderia ajudar nas condições para expansão do sistema. Tampouco garante outra medida muito importante, que é a incorporação dos excedentes financeiros de um exercício anual para o seguinte.

Pressionado especialmente pelo setor de ensino privado, o governo aumentou, em seu projeto, o tempo de implantação de alguns quesitos da reforma de dois para quatro ou até dez anos, o que certamente irá retardar o aperfeiçoamento do sistema.

Fica, portanto, ainda muito indefinido o que poderíamos esperar, neste momento, de uma reforma para a educação superior brasileira. É certo que as expectativas não podem ser muito otimistas, pelo menos no curto prazo. Talvez o mais alvissareiro seja as questões do ciclo básico e da certificação intermediária, pois estão mais no nível didático-acadêmico. O mesmo também pode acontecer em relação à avaliação da graduação, na perspectiva de uma agenda nacional, principalmente se forem superados os impasses em relação ao setor privado.

Certamente, haverá papel histórico para os próximos eleitos no que diz respeito a realizar (ou não) uma Reforma do Ensino Superior, dando (ou não) valor ao destino que nosso País possa ter, em termos de avançar em seu desenvolvimento. Se nada defenderem, a reforma proposta será mais um projeto preso à gaveta da história desta República, contribuindo para nosso subdesenvolvimento. Há muitas esperanças de que o próximo Presidente da República seja o principal articulador, no Congresso Nacional, para que, logo no início da próxima legislatura, o País possa realizar uma Reforma do Ensino Superior que garanta as condições de um bom século XXI para o Brasil!

Esta sessão de nosso fórum trouxe dois expositores extremamente importantes para a discussão sobre a Reforma do Ensino Superior: pelo MEC, o Prof. André Lázaro, da Secretaria-Executiva; e representando um dos setores mais interessados no tema, trouxemos o Prof. Luiz Davidovich, da Associação Brasileira de Ciências (ABC).

O Prof. Lázaro nos mostra os grandes avanços que mais recentemente têm sido feitos pelo MEC, tanto no sentido da expansão do acesso em todos os níveis de ensino, quanto no de sua maior diversificação, inclusive quanto ao atendimento de categorias. especiais, como, por exemplo, a diversidade cultural e as demandas tecnológicas, dentre outras. No ensino superior, no período deste governo, com seus programas especiais – como o Prouni, a criação

Brasil em Questão
A Universidade e o Futuro do País

de novas instituições de ensino público, o aumento de vagas para as universidades federais, especialmente para novos *campi* e novos concursos públicos para professores –, houve um acréscimo que chega a atingir 50% de mais vagas para este ano de 2006 – de aproximadamente 125 mil, em 2003, para 170 mil agora, com previsão de incluir mais 120 mil vagas no próximo ano!

O Prof. Davidovich também elaborou um extenso trabalho de avaliação do ensino superior no Brasil, trazendo-nos suas preocupações com o momento atual do País e mostrando o papel estratégico que a educação tem hoje no mundo. Após analisar inclusive o cenário internacional, apresenta propostas específicas de grande relevância, não só para aumentar a inclusão social no nível superior de nosso país, como também, e especialmente, para sua melhor qualificação, a principal delas a criação de um órgão de avaliação da graduação como é a CAPES para a pós-graduação no Brasil.

Ambos os textos trazem importantes indicações de para onde nosso País deverá seguir, em termos de desenvolvimento no seio de uma sociedade do conhecimento. E, portanto, sociedade capaz de ter sua educação bem qualificada, ou seja, um ensino superior realmente ajustado aos tempos contemporâneos e que responda por novos padrões de cidadania, por novas demandas profissionais e de conhecimentos, tanto científico-tecnológicos quanto artístico-culturais. Enfim, são contribuições à nossa meta de alcançar um ensino superior diversificado e ampliado, que seja capaz de fazer do Brasil um País com uma sociedade avançada para bem caminhar neste novo século.

O BRASIL EM QUESTÃO: REFORMA DA EDUCAÇÃO SUPERIOR

André Lázaro

Certamente, uma das funções mais relevantes e apaixonantes da universidade brasileira é pensar o país, ajudar-nos a compreendê-lo, contribuir para seu desenvolvimento pleno e para a superação de obstáculos, em particular de suas centenárias desigualdades.

O Brasil não é exatamente um país pobre: é um país desigual. A riqueza brasileira é bastante expressiva, extraordinária tanto na produção quanto em recursos naturais. O País possui enorme potencial; no entanto, na mesma proporção em que essa riqueza aumenta, vem crescendo a desigualdade. Diminuir as desigualdades é um desafio, e o atual governo o tem enfrentado com bastante coragem.

André Lázaro – Secretário-Executivo Adjunto do Ministério da Educação (MEC). Professor Adjunto da Faculdade de Comunicação Social da Universidade do Estado do Rio de Janeiro. Formado em Letras – Português-Literaturas pela Universidade Federal do Rio de Janeiro. Mestre e Doutor em Comunicação e Cultura pela Escola de Comunicação da UFRJ. Foi Diretor de Desenvolvimento e Articulação Institucional da Secretaria de Educação Continuada, Alfabetização e Diversidade (SECAD/MEC) (2004-2006).

Brasil em Questão
A Universidade e o Futuro do País

A desigualdade no Brasil apresenta diferentes faces, não se limitando às desigualdades de renda, naturalmente importantes e expressivas, mas também às profundas desigualdades sociais e regionais, entre áreas rurais e urbanas, no acesso à educação, entre homens e mulheres. Se a educação superior é um fator de progresso e de transformação, não é impróprio que um debate sobre a universidade comece pela questão da desigualdade. Na estratégia do atual governo brasileiro, a questão da superação da desigualdade ocupa o centro da agenda, e a educação é o melhor investimento que conhecemos para, de modo sustentável, vencer as desigualdades.

O papel da educação, no entanto, não pode ser considerado de modo isolado diante das demais políticas econômicas e sociais. A educação, sozinha, pouco pode fazer, mas, sem ela, nada será feito. Portanto, o que apontamos como necessário é garantir que as políticas educacionais estejam articuladas e em diálogo – político, conceitual e territorial, onde couber – com as demais políticas de governo. O governo do Presidente Lula buscou essa articulação, mas, logo de início, defrontou-se com uma realidade mais dura do que se poderia imaginar.

O governo anterior havia adotado políticas que fragmentavam os processos educativos e constituíam falsas oposições: oposição entre o ensino fundamental e as demais etapas da educação básica; oposição entre ensino médio e educação profissional; oposição entre a alfabetização de jovens e adultos e a educação de jovens e adultos e, por fim, mas não menos importante, oposição entre a educação superior e a educação básica.

Essas oposições ganharam a forma de políticas. A política de alfabetização de jovens e adultos esteve, até o início da gestão do Ministro Tarso Genro (2004), separada da política de educação de jovens e adultos. De algum modo, entendeu-se que a alfabetização de jovens e adultos deveria ser o resultado de um esforço vigoroso

O Brasil em Questão: Reforma da Educação Superior
André Lázaro

e rápido da sociedade e que campanhas seriam suficientes para erradicar o analfabetismo. No governo anterior, uma campanha foi desenvolvida por organização não-governamental, enquanto as políticas de educação de jovens e adultos ficavam a cargo de estados e municípios com o apoio da União. Essa falsa oposição separou dois esforços que devem ser conjugados e concomitantes, quais sejam: mobilizar, por meio da alfabetização, jovens e adultos que estão fora dos sistemas escolares e articular a ampliação de oferta de vagas nas turmas de educação de jovens e adultos para garantir a oportunidade de continuidade dos estudos.

A oposição dentro da educação básica distinguiu o ensino fundamental da etapa que o antecede – a pré-escola – e de que o sucede – o ensino médio. Houve grande ênfase no acesso ao ensino fundamental. O resultado foi ampliar o acesso sem que se garantisse qualidade e continuidade. Hoje um dos maiores desafios do País está em ampliar o acesso ao ensino médio e contribuir para que essa etapa da educação básica ganhe maior identidade no conjunto da vida escolar. Havia, no governo anterior, a proibição de integrar o ensino médio ao ensino profissional, e essa limitação certamente não contribuiu para que o ensino médio se tornasse atrativo para os jovens.

No ensino profissional, além da proibição já mencionada, havia impedimento legal para que a União expandisse a rede de educação profissional e tecnológica. Quanto à educação superior, sob o argumento de que era necessário concentrar os recursos na educação básica, a rede federal foi preterida em favor da promoção e da ampliação do setor privado.

O desafio que se colocou de início foi articular os diferentes níveis e modalidades a partir de uma visão sistêmica da educação, que a compreende como um processo contínuo em que a qualidade de cada nível tem a ver com o nível que o antecede e também com o que o sucede. Sem a atuação da educação superior na formação

Tema – Cultura e Educação

Brasil em Questão
A Universidade e o Futuro do País

de professores, por exemplo, não se poderá avançar na qualidade da educação básica. Outro exemplo: sem a educação profissional, a educação de jovens e adultos não se torna atrativa e não se alcançam os resultados de que o País necessita.

Assim, a partir de 2004, o Ministério da Educação buscou orientar suas políticas com base numa visão sistêmica, e é nesse contexto que se deve compreender a reforma da educação superior, atualmente um projeto de lei que tramita na Câmara dos Deputados, após dois anos de debates e consultas por todo o País.

A visão sistêmica compreende a educação como processo e implementa ações de complementariedade entre níveis e modalidades, o que implica também articular os gestores desses níveis e dessas modalidades. Desse modo, a visão sistêmica tanto permite uma ação integrada das políticas como possibilita, e até estimula, a articulação política entre os gestores da União, dos estados e dos municípios. Avança-se, assim, para uma prática em que a trajetória dos alunos e das alunas é o fio condutor das políticas e busca-se realizar o objetivo de educação para todos ao longo da vida. São imensos os desafios que essa meta impõe e, para alcançá-la, é preciso que a política do ministério seja indutora de sua realização. A visão sistêmica tem o condão de apontar para a realização da meta e de mobilizar os esforços públicos e da sociedade para seu alcance.

A atuação do MEC seguiu quatro grandes eixos:

- alfabetização e diversidade;
- qualidade da educação básica;
- educação profissional e tecnológica;
- educação superior.

O Brasil em Questão: Reforma da Educação Superior
André Lázaro

Em cada um dos eixos, buscou-se atender ao acesso, à permanência e ao sucesso de estudantes, à qualidade social, à gestão democrática e à questão do financiamento. A visão sistêmica possibilitou articular ações entre os eixos, como, por exemplo, o programa PROEJA, que articula, nas redes dos CEFETs, educação profissional para jovens e adultos. Com a articulação entre a educação superior e a educação básica, foram criados programas, como o Pró-Licenciatura e o Pró-Conselho, por exemplo, em que universidades atuam na formação de professores e conselheiros municipais de educação.

A visão sistêmica também ensejou o desenho do novo formato de financiamento da educação. A proposta do FUNDEB leva em conta a necessidade de superar a fragmentação imposta às políticas educacionais e contém os elementos que vão permitir ampliar os recursos públicos – da União, dos estados e dos municípios – para a educação básica, financiando desde a educação infantil até o ensino médio e a educação de jovens adultos. Pelo desenho do projeto, a União multiplicará por dez o montante de recursos que atualmente destina ao FUNDEF.

No eixo da educação profissional, avançou-se tanto no sentido da oferta do ensino médio integrado à educação profissional como também na expansão da rede federal, após a revogação do decreto que a impedia. É de se registrar a criação da primeira universidade tecnológica do país, por meio da transformação do CEFET do Paraná, e a criação de programas voltados para públicos da educação de jovens e adultos, como o PROEJA e o PROJOVEM, além do Escola de Fábrica, que oferece iniciação profissional a alunos e alunas do ensino fundamental, em parceria com empresas e organizações não-governamentais.

No eixo da alfabetização e diversidade, também registramos importantes conquistas. Talvez a mais significativa, uma vez que

Tema – Cultura e Educação

Brasil em Questão
A Universidade e o Futuro do País

diz respeito a milhões de brasileiros com mais de 15 anos que não concluíram o ensino fundamental, foi a articulação entre a alfabetização de jovens e adultos e a oferta de vagas no ensino fundamental dessa modalidade. O Programa Brasil Alfabetizado ganhou nova orientação, voltada para o comprometimento de estados e municípios na oferta de turmas de alfabetização e para a conexão entre essas turmas e as vagas do primeiro segmento do ensino fundamental nessa modalidade.

A questão da diversidade teve, pela primeira vez, um destaque na organização das ações do Ministério da Educação, mediante a criação de uma secretaria nacional voltada para o tema, a Secretaria de Educação Continuada, Alfabetização e Diversidade (SECAD). Entre suas ações, a SECAD incluiu a atenção à educação escolar indígena, à educação do campo, à educação em áreas remanescentes de quilombos, à alfabetização e educação de jovens e adultos, além de temas como educação para as relações étnico-raciais, o acesso de afro-descendentes e indígenas à educação superior, a educação e os direitos humanos, a educação ambiental, a educação e gênero, a identidade e a orientação sexual.

No Brasil, as diferenças se tornam desigualdades, e a educação deve ter o cuidado de evitar a reprodução desse padrão. Assim, temas como gênero, por exemplo, ainda exigem atenção e trabalho para evitar que o sexismo se reproduza como natureza ao longo da trajetória educacional.

É importante observar que, a despeito de hoje a mulher ter um papel muito importante na educação – elas já representam 56,4% das matrículas na educação superior –, do ponto de vista do mercado de trabalho a remuneração ainda é bastante diferenciada. Entre homens e mulheres com a mesma formação, as mulheres ainda recebem um salário inferior. Essa questão remete às diferenças relacionadas à etnia: o Índice de Desenvolvimento Humano (IDH) da população negra brasileira é extraordinariamente inferior ao IDH da população branca brasileira. Remete, também, a segmentos da população que, em grande parte, não são visíveis, ou são vistos por meio das formas jocosas com que a sociedade lida com aquilo que a incomoda, ou desconhece e não compreende, como, por exemplo, os índios, que são mais folclorizados que respeitados, fazendo parte do imaginário social do que compõe a brasilidade, mas cujas reivindicações ainda não encontram eco na sociedade.

O mesmo ocorre com as populações de orientação sexual distinta daquilo que é o padrão normativo da heterossexualidade. Nossa cultura é extremamente hostil para quem tem opções sexuais diferentes. Propondo uma mudança nesse cenário, o MEC instituiu em 2006 o primeiro grupo de trabalho para implementar e acompanhar o programa Brasil sem Homofobia, cujo objetivo é combater as atitudes homofóbicas e promover o respeito à diversidade de identidade e orientação sexual. A realidade dessas pessoas é a rápida exclusão escolar, inviabilizando o acesso aos meios que possibilitariam seu ingresso no mercado de trabalho e acarretando como alternativa de sobrevivência a profissionalização pelo sexo. Desse modo, a sociedade retira dessas pessoas o direito de exercer sua cidadania, e essa é, talvez, das mais dolorosas formas de desigualdade, ao silenciar e tornar invisíveis segmentos inteiros da população.

Portanto, a discussão da reforma da educação superior brasileira deve ser feita à luz do desafio de lidarmos com todas essas desigualdades do País, propondo condições para superá-las. Quando verificamos a questão do acesso de brancos e negros à educação superior, as diferenças saltam à vista. A questão de ações afirmativas que dêem conta de desigualdades é urgente para nosso País e ela não pode ser taxada, como vem sendo, como uma proposição racista ou sectária. Ela tem de ser enfrentada com muita transparência e clareza. Não se trata de opor soluções imediatas à necessária qualificação da educação básica, mas de compor um conjunto de políticas que, ao

Brasil em Questão
A Universidade e o Futuro do País

mesmo tempo em que focam a educação pública da pré-escola ao ensino médio, acenam com novas alternativas de acesso, permanência e sucesso, como vem sendo feito pelo PROUNI e pela expansão das instituições federais de educação superior.

A questão do acolhimento da universidade à diversidade é um ponto sensível. Para as instituições de educação superior em geral, vestibular é sinônimo de mérito. Tornamos a nota do vestibular um fetiche, ela virou uma coisa em si, expressão do mérito. Se um aluno que estudou em boas escolas do ensino médio "tirar" sete em física, seu desempenho será considerado pior que o de um aluno de escola pública que "tirou" cinco. O aluno de escola pública dedicou ao estudo uma energia de tal ordem que aquele cinco equivale a dez, pois em muitas escolas públicas não há professor de física. Como um aluno de escola pública "tira" cinco? Ele é um gênio! Como outro aluno, com tudo à mão, "tirou" sete?

Como professor da Universidade do Estado do Rio de Janeiro (UERJ) acompanhei o processo de adoção de cotas pela instituição. No debate que a comunidade acadêmica da UERJ travou sobre o assunto, aprendemos: devemos falar em méritos, no plural. Como esse plural pode se traduzir no modo de aferir o desempenho de um candidato? Assim, políticas de ação afirmativa são absolutamente necessárias para responder, de modo criativo e inovador, à demanda por acesso à educação superior. O sistema de cotas é apenas uma das possibilidades. O que não é aceitável é protelar, mais uma vez, o atendimento de uma geração em nome de um conceito de mérito que tem fortes raízes no elitismo da sociedade brasileira. As diversas experiências de ação afirmativa em instituições de educação superior têm demonstrado que os resultados acadêmicos dos estudantes selecionados por esses processos são bastante positivos, em alguns cursos chegando a ser superiores aos resultados dos demais estudantes.

O Brasil em Questão: Reforma da Educação Superior
André Lázaro

Além da questão da diversidade, ao tratarmos da educação superior é preciso apontar outras desigualdades: entre as áreas de conhecimento, entre as regiões do país, entre as capitais e o interior e, talvez a mais difícil desigualdade, entre a oferta de vagas na rede pública e na rede privada.

Entre os dez maiores cursos por número de matrícula, que detêm mais de 62% do total de matrículas, direito e administração respondem por quase 30%, o que significa pouco mais de 1,1 milhão dos estudantes, enquanto engenharia e computação contam com 8,3% das matrículas desse mesmo grupo de cursos.

Na distribuição regional, o Sudeste, com 41% dos jovens entre 18 e 24 anos, conta com quase 50% das matrículas, enquanto o Norte tem 6% das matrículas e 8,6% da população, e a região Nordeste, com 29,8% da população nessa faixa etária, acolhe apenas 16,3% das matrículas.

O censo da educação superior, elaborado pelo Instituto Nacional de Estudos e Pesquisas Educacionais Anísio Teixeira (INEP) indica que, em 2004, havia 4.163.733 matrículas distribuídas entre instituições públicas (28,3%) e privadas (71,7%). Esses números ainda não expressam a expansão do setor público, que se fará notar a partir do censo de 2006 e com mais nitidez em 2007. De qualquer modo, é importante registrar que o País está muito distante da meta que havia estabelecido no Plano Nacional de Educação: 30% da população entre 18 e 24 anos. Hoje, a população nessa faixa etária no ensino superior é de apenas 10,4%, enquanto a taxa de escolarização bruta (porcentagem de matrículas sobre a população independentemente da idade) é de 17,3%.

É no contexto do enfrentamento dos desafios da educação brasileira que se devem compreender a proposta do debate sobre a reforma da educação superior e o projeto de lei que resultou desse processo. Esses desafios não poderiam ser respondidos por

Tema – Cultura e Educação

Brasil em Questão
A Universidade e o Futuro do País

ações isoladas em cada nível, mas exigiam uma resposta que fosse ao mesmo tempo estruturante do sistema e contribuísse para superar a fragmentação existente. Como cabe à educação superior a formação de recursos de alto nível, inclusive – e hoje principalmente – para a educação, a reforma tem o papel de coroar a articulação que a visão sistêmica sustenta. Daí a importância do amplo debate, daí a mobilização de atores fora do cenário estritamente acadêmico, daí o processo longo de elaborar e reelaborar versões de acordo com os debates.

Para melhor compreender o ambiente em que o processo se deu, é importante comentar brevemente três significativos momentos da educação superior que nos ajudam a conhecer a realidade em que vivemos hoje e o modo pelo qual essa realidade pode ser transformada, fortalecendo as instituições de ensino superior.

Na origem da universidade brasileira, as questões de poder estavam naturalmente marcadas na constituição das instituições. Nos anos 1930, a criação da Universidade de São Paulo expressou a construção de uma hegemonia político-acadêmica pela aristocracia local, tendo no seu corpo docente intelectuais de primeira grandeza, como Lévy-Strauss e Braudel, entre outros. Foi, de fato, a primeira universidade brasileira no sentido forte da palavra, e seu pioneirismo permanece ao longo do tempo. A universidade é uma criação tardia no País e, desde sua origem, esteve marcada por forte estrutura hierarquizada.

A reforma que a ditadura realizou em 1969 – a despeito da contestação pública e política que foi possível fazer naquele momento de confronto – constitui um novo desenho para a educação superior brasileira e ele tem alguns traços que merecem registro. Primeiro, termina a cátedra e se constituem os departamentos que, talvez, correspondam melhor a uma compreensão da natureza coletiva da construção do conhecimento e não mais à natureza autoral que a cátedra conferia.

O Brasil em Questão: Reforma da Educação Superior
André Lázaro

Também é instituída a figura do crédito, de tal maneira que os estudantes começam a migrar entre diferentes turmas. Na época, era uma forma de enfrentar a mobilização estudantil e desmobilizar a constituição de turmas, de grupos mais estáveis e de relações mais constantes e, de alguma maneira, esses fatos moldaram o que vêm a ser, ainda hoje, o desenho interno e a configuração das nossas universidades, inclusive as melhores. Nesse primeiro momento, o que assinalamos é que uma reforma de cunho autoritário, feita de cima para baixo, sob o domínio e o controle do poder militar, trouxe algumas dimensões de inovação, particularmente do ponto de vista da organização acadêmica, acompanhada, no entanto, por forte autoritarismo, perseguição a professores, a funcionários e a estudantes e marcada pela censura intelectual e acadêmica.

Um segundo momento importante ocorreu ao longo dos anos 1990, quando há forte expansão do setor privado. De 1994 a 2004, a média do crescimento anual do número de matrículas em todo o ensino superior é de 13,7%. Em 1999, o setor privado cresceu 25,6% com relação ao ano anterior e, em 2000, 31%. Enquanto isso, o setor público federal vivia uma situação crítica pela falta de recursos de custeio e de investimento, pela falta de concursos para suprir vagas de técnicos e docentes e pela falta de uma direção política que expressasse a expectativa do governo da União quanto ao papel das instituições federais.

Na medida em que o governo federal se desobrigou da sua responsabilidade de manter e ampliar o parque das instituições federais, houve forte reação política nas instituições contra o desmonte do setor público. Essa reação é digna de nota porque ela conta com participação do corpo docente, do segmento técnico-administrativo e dos estudantes, que, juntos ou com pautas próprias, enfrentaram, de diversas maneiras, a política de sucateamento. Constituiu-se um clima de desconfiança e ressentimento por parte das instituições com

Tema – Cultura e Educação

relação às políticas do governo federal para a educação superior. Esse ambiente representa o terceiro fato marcante para compreendermos a situação em que se abre o debate sobre a reforma da educação superior no Brasil.

O governo do Presidente Luiz Inácio Lula da Silva assume, em 2003, com o parque das instituições federais sofrendo significativa redução de custeios e um ambiente político de desconfiança. Era um cenário em que o setor privado dava as cartas, a despeito de o processo de avaliação da educação nacional – o Provão – confirmar a qualidade das universidades públicas, em especial das federais. No entanto, essa constatação não teve nenhuma expressão no financiamento ou na expansão dessas instituições.

A diretriz, a partir da gestão do Ministro Tarso Genro e, mais tarde, quando o Fernando Haddad assume o Ministério da Educação, é de fortalecer as instituições federais de educação superior por entendê-las como estratégicas para um novo modelo de desenvolvimento do País e como marco de qualidade para todo o sistema.

O projeto de reforma da educação superior é a afirmação de um princípio e a busca da construção de um novo consenso sobre o projeto de desenvolvimento do Brasil.

Quais as etapas para fazer avançar uma proposta de reforma da educação superior?

Em primeiro lugar, elevar o patamar do debate. A questão da educação superior não se resume ao seu custo, às condições de acesso e permanência, nem mesmo apenas à relação entre o setor público e o setor privado na oferta de vagas. A rigor, seria preciso recuperar a compreensão que reconhece na educação superior a condição necessária para a superação das desigualdades no País, a criação da

O Brasil em Questão: Reforma da Educação Superior
André Lázaro

ciência e da tecnologia, a difusão da cultura e a formação de recursos humanos de alto nível, com qualidade acadêmica e compromisso social. Ou se recolocava o debate na perspectiva da nação, ou as imensas precariedades herdadas fariam com que as tensões corporativas abafassem qualquer projeto de futuro. Portanto, foi a decisão política de enfrentar a discussão tendo em vista a necessidade do País que permitiu avançar na construção de um projeto de reforma da educação superior.

Em segundo lugar, seria necessário diversificar os interlocutores, envolvendo as instituições de ensino, diferentes representantes da sociedade e do governo e colocar o tema da educação superior na agenda política do País. Para isso, seria preciso construir argumentos com outros atores – sindicatos, associações de trabalhadores e de empresários, representantes do terceiro setor –, de tal modo que a questão da educação superior não ficasse restrita às dimensões das próprias instituições e dos grupos de pressão – legítimos – a elas relacionados. Seria necessário também elaborar a agenda de tal forma que os objetivos estratégicos estivessem contidos na profusão de temas que envolvem a educação superior.

Uma vez que há no Congresso Nacional um documento legal que será objeto de análise e deliberação, pode-se dizer que o processo foi vitorioso. Naturalmente, o debate no Congresso será muito duro visto que para lá convergem diferentes pressões dos distintos interesses, desde os mais relevantes, do ponto de vista de um projeto para o País, até os mais mesquinhos, preocupados apenas em garantir acesso a um mercado sem regulação.

Pode-se resumir em alguns grandes pontos o conteúdo do projeto da reforma. O mais importante deles é exatamente o papel estratégico da educação superior. Ainda que o projeto possa conter

Brasil em Questão
A Universidade e o Futuro do País

questões polêmicas, ele contribuiu em muito para qualificar o debate. As questões de natureza político-filosófica, portanto, são bastante relevantes, uma vez que desenham as instituições e sua organização acadêmica tomando por base uma visão da nação que se pretende desenvolver.

Outro aspecto fundamental são os marcos regulatórios contidos no projeto. Em linhas gerais, o projeto estabelece uma correlação entre o que chamamos de prerrogativas acadêmicas das instituições e as condições que elas precisam cumprir para o exercício dessas prerrogativas. Trata-se de uma tipologia, visto que se pretende que o setor conte com três tipos de instituição: as universidades, que também podem ser temáticas, os centros universitários e as faculdades. Para cada tipo, um conjunto distinto de prerrogativas e de condições. Chamamos de marcos regulatórios porque os processos de credenciamento e recredenciamento estão, agora, associados às avaliações de desempenho e de condições de oferta das instituições, públicas ou privadas. Desse modo, superou-se uma condição de quase esquizofrenia, em que avaliação e credenciamento eram processos que não se comunicavam. A partir da reforma e de outros documentos legais, o sistema de educação superior começa a se constituir de fato, com maior nitidez para o papel de cada tipo de instituição e as condições acadêmicas necessárias para o atendimento desse papel.

Um dos pontos centrais do projeto diz respeito ao financiamento das instituições federais. O MEC é mantenedor de sua rede e gestor de todo o sistema. Sem equacionar sua própria rede, o ministério carecia de autoridade política para enfrentar o debate nacional. Nesse particular foi feito um importante movimento para recuperar os recursos de custeio das instituições, promover concursos para docentes e técnicos, equacionar as questões das carreiras desses segmentos e apontar para a implementação de políticas de permanência dos estudantes nas IFES.

Assim, os recursos para as IFES passam (em valores corrigidos) de 7,2 bilhões de reais em 2003 para 8,1 bilhões em 2004 e 8,9 bilhões em 2005. Quando se concluir o período 2003/2006, terão sido autorizados concursos para mais de 9 mil vagas docentes e mais de 15 mil vagas de técnicos. Esses fatos constituíram-se na base para a proposição, contida no projeto em tramitação no Congresso Nacional, de destinar 75% dos 18% constitucionais da educação para a manutenção da rede das IFES.

É entendimento do ministério que a subvinculação de receita, tal como proposta no projeto, será um fator de agilização e desburocratização da execução orçamentária da educação superior federal. Há, de fato, um conjunto de normas infralegais (decretos, portarias) que, na prática, tolhe a autonomia. Com a subvinculação ficam criados mecanismos para o exercício da autonomia dessas instituições, ainda que restem normas que devam ser revogadas para ampliá-la.

Com relação aos estudantes, o projeto prevê que ao menos o equivalente a 9% dos recursos de custeio das instituições sejam destinados a programas de permanência, que envolvem desde o restaurante e a moradia universitária até a ampliação de bolsas e a oferta de cursos de informática e de línguas, com vistas ao atendimento de estudantes de baixo poder aquisitivo que não tiveram acesso a esses instrumentos.

A reforma, no entanto, tem limites. Aspectos fundamentais da organização acadêmica, por exemplo, não devem constar desse documento legal pelo entendimento de que, se defendemos e propugnamos a autonomia acadêmica, caberá a cada instituição buscar formas de superar a atual fragmentação do conhecimento que a estrutura departamental acaba por fortalecer. Se nos anos 1970 os departamentos significaram um avanço com relação à organização das cátedras, hoje a experiência indica que essa mesma estrutura não tem sido útil para promover o diálogo horizontal entre áreas de conhecimento. E aí está um dos grandes desafios para a organização acadêmica: como estimular o diálogo horizontal sem perder a perspectiva, que podemos chamar de vertical, de produção de conhecimento em cada disciplina específica.

O processo da reforma explicitou, nos mais de duzentos debates ocorridos, que o que se busca é definir rumos estratégicos para a educação superior no País, garantir marcos regulatórios estáveis e de qualidade, ampliar a rede federal e promover condições de acesso e permanência, inclusive para estudantes de baixa renda e de grupos historicamente discriminados – negros e indígenas – no acesso à educação superior.

A reforma é, portanto, um novo marco legal. Ela foi acompanhada da expansão da rede federal e da criação do PROUNI. O programa Universidade para Todos foi criado com o objetivo de regulamentar o dispositivo constitucional que conferia isenção fiscal para instituições filantrópicas. A partir da criação do PROUNI, a contrapartida das instituições está regulamentada mediante a oferta de vagas gratuitas – integrais e parciais. O processo de seleção se faz pela prova do ENEM e há reserva de vagas para índios e negros. Ao longo dos quatro anos iniciais de sua implantação, terão sido criadas mais de 400 mil vagas – com bolsas integrais ou parciais – nas instituições privadas, em todos os cursos e em todos os turnos. É uma medida autenticamente republicana.

A expansão da rede federal também alcançou números bastante significativos. Foram criadas dez universidades – quatro novas e seis por transformação de instituições existentes – e 48 extensões, com foco prioritário no interior do País. Se em 2003 havia pouco mais de 124 mil vagas nas IFES, ao final de 2006 serão 169 mil e em 2007 estão previstas aproximadamente 290 mil vagas. Embora muito expressivos, são números ainda inferiores às necessidades atuais do País.

O Brasil em Questão: Reforma da Educação Superior
André Lázaro

Para prosseguir na superação desses limites, foi criada a Universidade Aberta do Brasil, que oferece ensino semipresencial, em parceria com IFES e CEFETs, contando com estruturas locais organizadas pelas prefeituras conveniadas. Já são 311 convênios firmados e há previsão de expansão. A educação a distância será um caminho fundamental para ampliar o acesso à educação superior no Brasil, em especial para contribuir com a qualidade da educação básica, por meio da formação de professores e de profissionais da educação em todo o País, com atenção ao interior.

Restam ainda muitos desafios. O projeto da reforma e a expansão da rede federal são apenas o início de um longo processo, cujos maiores objetivos consistem em redesenhar o modelo de desenvolvimento nacional por meio da inclusão de camadas tradicionalmente excluídas dos direitos à educação, fortalecer a inteligência nacional em sua capacidade analítica e produtiva, aproximar a produção científica da produção tecnológica e interiorizar o crescimento econômico, fator importante para a distribuição da riqueza e da renda.

O processo de que tratamos não é tarefa apenas das instituições, nem sequer dos governos. É preciso construir sólidas alianças na sociedade para que haja a compreensão quanto aos custos desse processo e também quanto ao esforço de gestão que hoje se realiza nas instituições. O isolamento da vida acadêmica não interessa a ninguém. Por tudo o que passaram, as universidades brasileiras viveram um período de fechamento e isolamento político que deve ser superado pela participação ativa e crítica na construção desse novo modelo.

O governo Lula, na educação – e especialmente na educação superior – adotou um conjunto de políticas e implementou ações que merecem a confiança da comunidade acadêmica e de toda a sociedade. Essas políticas não atendem a diretrizes exógenas, como às vezes se pretende atribuir, mas à compreensão, madura em nosso País, de que precisamos criar os caminhos para a emancipação de nosso povo e

Tema – Cultura e Educação

Brasil em Questão
A Universidade e o Futuro do País

sustentação de nossa soberania. Mais do que nunca, a produção de conhecimento é um guia desse caminho.

Hoje, o Brasil pode se orgulhar de participar com 1,8% da produção científica mundial registrada em revistas altamente qualificadas no exterior. Apesar de ter crescido 19% em 2005, essa produção manteve o País na 17ª posição no *ranking* dos trinta países com maior produção. A prosseguir nesse ritmo, provavelmente em três anos o Brasil ocupará a 15ª posição nesse *ranking*, o que é próximo da situação do PIB brasileiro no *ranking* mundial.

Vale registrar que a posição brasileira na produção científica mundial é melhor do que no comércio mundial, no qual ocupamos a 31ª posição entre os exportadores (dados de 2005). Sabemos fazer ciência de qualidade, ainda que por poucos. Ampliar a proporção de doutores e de mestres é outro desafio inadiável. A qualidade da pós-graduação brasileira é inquestionável, mas ainda estamos atendendo a poucos e, apesar dos esforços de redução das desigualdades regionais, os cursos ainda estão concentrados na região Sudeste.

O debate da reforma da educação superior permitiu que temas dessa importância fossem apresentados em diversos fóruns em todo o País. Temos a convicção de haver realizado um importante trabalho a favor da educação brasileira, a favor da universidade pública, trabalho este que contribuiu para envolver diferentes atores na compreensão e na defesa dessas instituições. Mas, como foi dito, é apenas o começo. Muito resta a ser feito. Será preciso avançar mais, com maior velocidade. Temos o entendimento de que o governo se constrói diariamente no trabalho, no diálogo, e temos certeza de que a participação ativa, crítica, mas também respeitosa, das instituições, dos seus corpos, de seus professores, funcionários e estudantes é a condição absolutamente necessária para que o projeto avance. E o Brasil precisa que o projeto avance.

EDUCAÇÃO SUPERIOR NO BRASIL: UMA NAÇÃO EM RISCO

Luiz Davidovich

Introdução

A última grande reforma da educação superior no Brasil ocorreu em 1968, quando foram implantados o regime de créditos e a estrutura departamental, visando a aumentar a flexibilidade dos cursos. Nas ruas, os estudantes exigiam mais vagas, opunham-se à proposta oficial de uma universidade voltada para o mercado e defendiam a idéia de uma educação transformadora, que incentivasse o espírito crítico. Após um período de 38 anos, cabe perguntar: como se desenvolveu nosso ensino superior? Houve ação transformadora? Foi possível ir além das necessidades imediatas do mercado e responder aos anseios maiores da sociedade brasileira? Conseguiu acomodar a aspiração de vários setores da população por uma educação superior de qualidade?

Luiz Davidovich – Professor Titular da Universidade Federal do Rio de Janeiro (UFRJ). Bacharel (Física) pela PUC/RJ em 1968. Ph.D. (Física) pela Universidade de Rochester, EUA, em 1976. Diretor da Academia Brasileira de Ciências. Conselheiro Titular da Sociedade Brasileira de Física (SBF).

Brasil em Questão
A Universidade e o Futuro do País

No momento em que vários segmentos da sociedade brasileira se envolvem em um intenso debate sobre a reforma da educação superior, devemos analisar o desenvolvimento desse patamar de educação no Brasil, nas últimas décadas, na perspectiva associada àquelas perguntas, e, além disso, responder a duas questões básicas e preliminares a respeito de qualquer projeto de transformação: que tipo de formação desejamos dar aos graduados de nosso ensino superior nas primeiras décadas do século XXI? Que perfil devem ter nossas instituições de educação superior para que ajudem a reduzir a desigualdade e alavancar o desenvolvimento do País? A discussão que ora se trava freqüentemente ignora tais questões para se centrar nas estruturas administrativas e de poder, quando de fato essas estruturas devem moldar-se para que a missão da educação superior seja cumprida eficazmente.

Já existe, no entanto, uma longa história de discussão de modelos acadêmicos em nosso País, que teve repercussões importantes na fundação da Universidade de São Paulo, da Universidade do Distrito Federal e, mais recentemente, na fundação da Universidade de Brasília.

Perguntas como as que formulamos nos parágrafos iniciais já permeavam os debates realizados na década de 1950 sob inspiração do educador Anísio Teixeira (1900-1971) e foram tema de um simpósio organizado pela SBPC em 1960. A proposta era modificar os padrões de conhecimento do ensino superior brasileiro, aliando a formação humanística e a livre criação cultural à ciência e à tecnologia modernas. Segundo o antropólogo Darcy Ribeiro (1922-1997), um dos líderes daquele movimento, tratava-se de criar uma "universidade necessária" para o desenvolvimento do País, integrando ensino e pesquisa e fugindo ao "modelo tradicional de ensinar e cultivar a erudição clássica".

Educação Superior no Brasil: uma Nação em Risco
Luiz Davidovich

A Universidade de Brasília foi inaugurada a 21 de abril de 1962 e nela os estudantes recebiam formação ampla e crítica. Alunos de engenharia, por exemplo, eram incentivados a seguir cursos de cinema com Nelson Pereira dos Santos ou a estudar música com Cláudio Santoro. Além desses dois, outros grandes mestres conduziam os programas: Oscar Niemeyer, de arquitetura e urbanismo; Rocha Miranda, de artes; Roberto Salmeron e Jayme Tiomno, de física; Elon Lages Lima, de matemática; Carolina Bori, de psicologia; Victor Nunes Leal, de direito, administração e economia; Otto Gottlieb, de química; Cyro dos Anjos, de letras, entre outros cientistas e intelectuais ilustres. Anísio Teixeira, inicialmente Vice-Reitor de Darcy Ribeiro, tornou-se depois Reitor. Uma experiência inovadora infelizmente abortada pela ditadura militar.

Darcy Ribeiro dizia que o modelo da UnB nada tinha de inovador, pois constituía uma estrutura experimentada e comprovada em sua eficácia nos países desenvolvidos. Segundo ele, a renovação do ensino superior na Alemanha, na Inglaterra, nos Estados Unidos e na Rússia se fez ao integrar ciência moderna e tecnologia nos cursos universitários e se processou por um caminho ainda recomendável ao Brasil.

É interessante observar que o debate, naquela época, procurava apreciar a experiência internacional. Não se tratava de importar modelos, mas de evitar uma discussão provinciana, desprovida de um embasamento mais profundo e de uma visão global.

Como naquela época, ainda hoje se afirma que a missão essencial da educação superior é formar recursos humanos de qualidade e promover, por meio da pesquisa, o avanço do conhecimento e a formação crítica e criativa dos estudantes. Considera-se que a principal forma de intervenção social das instituições de educação superior é por meio da formação de recursos humanos qualificados, sendo a autonomia didático-científica essencial para o sucesso dessa missão.

Tema – Cultura e Educação

A estrutura dessas instituições nos países desenvolvidos ou com forte ímpeto desenvolvimentista resulta dessa convicção, atribuindo aos docentes a responsabilidade pelo sucesso desse programa e regulando, por meio de interfaces apropriadas que resguardam a autonomia didático-científica, a interação dessas instituições com o Estado e a sociedade.

Esses são os pressupostos básicos que regem este trabalho. Nele, são apontados diversos obstáculos que têm inibido, ao longo dos últimos anos, o fortalecimento e a expansão da educação superior no Brasil, limitando a um percentual reduzido, mesmo se comparado com o de outros países da América Latina, o número de jovens que desfruta de educação superior.

Após uma análise crítica do panorama atual da educação superior em nosso País, e de considerações sobre o cenário internacional, são apresentadas algumas propostas, muitas das quais baseadas no documento *Subsídios para a reforma da educação Superior no Brasil*, elaborado pelo grupo de trabalho da Academia Brasileira de Ciências, e disponível no *site* www.abc.org.br.

Primeiro, traçamos um breve panorama da educação superior no Brasil, apontando obstáculos a seu fortalecimento e expansão. Depois, discutimos o panorama internacional, dando destaque a novas formas de organização acadêmica e às discussões sobre autonomia e gestão. Em seguida, apresentamos propostas no sentido de aumentar o contingente da população que venha a se beneficiar da educação superior. Posteriormente, sugerimos um órgão que permitiria um exame qualificado e independente da proposta orçamentária das instituições federais. Por fim, apresentamos as conclusões deste trabalho.

O Panorama Atual da Educação Superior no Brasil: Obstáculos a seu Fortalecimento e Expansão Qualificada

Graduação: crescimento com investimento público reduzido e sem controle de qualidade

Desde a criação da CAPES, em 1951, a pós-graduação e a pesquisa expandem-se quantitativa e qualitativamente no Brasil. Um desenvolvimento importante ocorreu especialmente a partir da década de 1970. Fortemente concentradas em instituições públicas e avaliadas pela Coordenação de Aperfeiçoamento de Pessoal de Nível Superior (CAPES), têm permitido a criação de tecnologias pioneiras, atestadas pelo sucesso de empresas como a PETROBRAS, a EMBRAPA e a EMBRAER.

Já os cursos de graduação se desenvolveram de modo diferente. O clamor por mais vagas foi atendido por forte expansão do ensino privado, sem preocupação com qualidade (Figura 1). No período de 1994 a 2003, o número de instituições privadas passou de cerca de 700 para cerca de 1.700, enquanto o número de instituições públicas praticamente não se alterou. Hoje, mais de 70% dos alunos de ensino superior no Brasil estudam em instituições privadas. Nos Estados Unidos, o percentual correspondente é de 22% sendo muito reduzido, naquele País, o número de instituições privadas com objetivo de lucro. De fato, apenas 1,4% dos estudantes de nível superior nos Estados Unidos estão matriculados em instituições que objetivam lucro.

A diferença de qualidade entre os sistemas público e privado é fragrante, com honrosas exceções, que incluem instituições comunitárias e confessionais. Mais de 90% das atividades de pesquisa nas instituições de educação superior localizam-se no setor público. No período entre 1994 e 2003, o percentual de doutores do quadro docente evoluiu de 22% para 40% nas instituições públicas e de apenas 10% para 15% nas instituições privadas.

A distribuição de matrículas por área de conhecimento nos cursos de graduação está ilustrada na Figura 2. A forte concentração em ciências humanas e sociais (69% das matrículas) contrasta com o que ocorre em países desenvolvidos ou com significativa tendência desenvolvimentista, nos quais as áreas tecnológicas ocupam espaço bem maior (nos países da OECD, o percentual de matrículas em ciências humanas e sociais é da ordem de 30%).

Os reduzidos percentuais de matrículas em engenharias e ciências tecnológicas (11%) e em ciências agrárias (2%) representam sérios obstáculos ao desenvolvimento nacional.

Não foi certamente por obra de um planejamento governamental que ocorreu a distribuição exibida na Figura 1. Em parte, ela é conseqüência do grande número de instituições privadas de educação superior no Brasil, que preferem os cursos da área de ciências humanas e sociais pelo fato de serem mais baratos. De fato, 88% dos cursos de direito no Brasil estão localizados em instituições privadas (o Brasil forma mais advogados que os Estados Unidos, a Europa e a Coréia do Sul juntos!).

FONTE: MEC/INEP

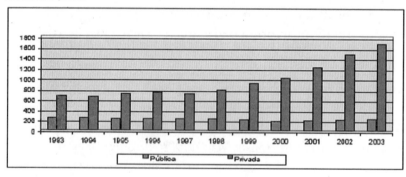

Figura 1 – Número de instituições públicas e privadas no Brasil: evolução no período de 1993 a 2003

Essa distribuição é também influenciada pela fraca demanda, pelo mercado de trabalho, por profissionais altamente capacitados em áreas tecnológicas. Enquanto no Brasil 75% dos cientistas e engenheiros envolvidos em pesquisa e desenvolvimento trabalham em universidades, nos Estados Unidos 80% desses profissionais trabalham em empresas. A configuração do parque industrial no Brasil é responsável por essa distorção. A Tabela 1 mostra o número de empregados em diversas empresas multinacionais por milhão de dólares de faturamento, no país-sede, nas filiais e no Brasil em particular. Esse número é apreciavelmente maior nos países-sede, onde se concentram as atividades de pesquisa e desenvolvimento. Esses dados sugerem que uma mudança sensível no cenário da educação superior no País depende não apenas de reformas do quadro institucional da educação, mas também de uma política industrial que incentive atividades de pesquisa e desenvolvimento nas empresas instaladas no Brasil.

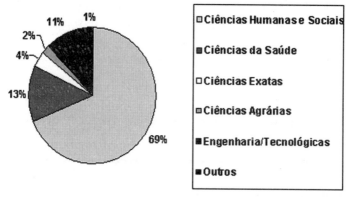

FONTE: MEC/INEP

Figura 2 – Distribuição de matrículas por área de conhecimento, em cursos de graduação no Brasil, em 2003.

Tabela 1 – Número de empregados por milhão de dólares de faturamento de empresas multinacionais.

TRANSNA-CIONAL	PAÍS-SEDE	NO MUNDO INTEIRO	NO PAÍS-SEDE	EM TODAS AS FILIAIS EXCLUINDO O BRASIL	NO BRASIL
Roche	Suíça	5,85	52,6	4,99	3,72
Fiat	Itália	6,19	10,87	3,89	2,86
Xerox	EUA	5,21	6,23	4,19	3,58
IBM	EUA	3,43	4,31	2,93	2,16

FONTE: Ivan da Costa Marques, *O Brasil e a abertura dos mercados: o trabalho em questão* (ABET, 1998)

Apesar da forte expansão da educação superior nas últimas décadas, apenas 10% dos brasileiros entre 18 e 24 anos estão matriculados em instituições de ensino superior,[1] enquanto na Argentina e nos Estados Unidos os percentuais são de 35% e 60%, respectivamente.

A Tabela 2 exibe o gasto público com educação, como porcentagem do PIB, para vários países, no biênio 2000/2001. Os percentuais brasileiros são inferiores aos de vários países da América Latina.

A União entra com menos que 25% do gasto total, a maior parte tendo origem nos estados e municípios.

Tabela 2 – Gasto público com educação (porcentagem do PIB), ano fiscal 2001

ARGENTINA	4,6
BOLÍVIA	6,0
BRASIL	4,0
CANADÁ	5,5

CHILE	4,4
COLÔMBIA	4,4
CUBA	9,0
ESTADOS UNIDOS	5,6
FRANÇA	5,8
MÉXICO	4,5
PARAGUAI	4,7
PERU	3,5
ISRAEL	7,3
MALÁSIA	7,9

FONTE: UNESCO, *Global Education Digest*, 2004

Dos gastos totais públicos com a educação no Brasil, cerca de 21% são destinados à educação superior (excluindo-se as despesas com previdência). Nos países da OECD, o investimento em educação é, em média, cerca de 5,3% do PIB, sendo cerca de 25% desse total investidos em educação superior.

É falso, portanto, o argumento de que o Brasil já investe recursos suficientes na educação superior e que esse montante é demasiadamente importante, comparado com o dispêndio total em educação. De fato, a contenção de investimentos nessa área aliada à ineficiência da organização dos cursos e à ausência de uma diversidade de modelos acadêmicos e institucionais foram os principais fatores que determinaram a atual presença reduzida do sistema público no cenário da educação superior em nosso País.

Deve-se reconhecer que o investimento público em educação poderia ser muito mais eficiente, se houvesse uma diversidade maior de instituições públicas de ensino superior. Em vários países, a educação superior é oferecida por meio de uma grande diversidade de instituições, com cursos de duração variada. Nos Estados Unidos, por exemplo, a distribuição de matrículas é mostrada na Figura 3. Cursos de dois anos de duração, nos *community colleges*, que são escolas públicas, reúnem quase 50% das matrículas em instituições de educação superior. Trata-se de um sistema bastante flexível, que permite a quem conclui um curso de dois anos entrar no mercado de trabalho, ingressar no terceiro ano de um curso universitário ou simplesmente aprofundar sua cultura, a fim de melhor se situar no mundo contemporâneo. Por exemplo, a Universidade de Berkeley admite, no terceiro ano do curso de graduação, mediante processo seletivo, alunos que concluíram um *college* de dois anos no Estado da Califórnia.

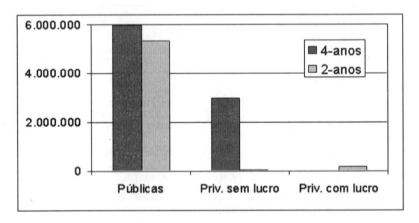

FONTE: *Digest of Education Statistics, Chap. 3 – Higher Education*, NCES, 2002, citado por C. H. Brito Cruz

Figura 3 – Distribuição do número de matrículas em instituições de educação superior públicas, privadas sem lucro e privadas com lucro, nos Estados Unidos da América, para cursos de quatro e dois anos de duração

Ao analisar esses dados, é preciso ter em mente que o Brasil precisa superar a distância que o separa de países desenvolvidos e em desenvolvimento, que crescem em ritmo acelerado. Aplica-se nesse caso o "Princípio da rainha vermelha", formulado pelo evolucionista Van Valen em 1973, e que tem seu nome derivado de um trecho de *Alice no país dos espelhos*, de Lewis Carrol, quando Alice corre e observa que os objetos a seu redor permanecem na mesma posição em relação a ela, ouvindo então da rainha vermelha a advertência: "Alice, aqui, como você vê, precisamos estar sempre correndo para ficar no mesmo lugar". O Brasil precisa aplicar em educação, com relação a seu PIB, mais que os países desenvolvidos. A diversificação das instituições públicas de ensino superior permitiria dar educação de qualidade a um número maior de estudantes, contribuindo para uma reestruturação do quadro atual do ensino superior no Brasil.

Ensinos fundamental e médio: o gargalo da inclusão social

Temos ainda um longo caminho a percorrer, que pressupõe um reforço substancial dos ensinos fundamental e médio. Dos brasileiros entre 15 e 17 anos, só 1/3 está no ensino médio, e as deficiências do ensino fundamental ajudam a marginalizar milhões de crianças. Uma análise dos testes do Sistema Nacional de Avaliação da Educação Básica (SAEB)[3] mostra que a média nacional de desempenho em língua portuguesa caiu 10% no período de 1995 a 2001. Em 2003, apenas 6% dos estudantes do terceiro ano do ensino médio tiveram um desempenho considerado "adequado" em português e em matemática. Destes, 76% estudam em escolas privadas, enquanto 96% dos estudantes com desempenho "muito crítico" estudam em escolas públicas. Ainda de acordo com o SAEB, ocorreu uma deterioração sensível nos resultados de português entre 1995 e 2003.

Em 2003, crianças que concluíam o ensino fundamental levavam em média 10,8 anos para percorrer da 1ª à 8ª série. Havia 6 milhões de repetentes e defasados no ensino fundamental – um desperdício de cerca de R$ 6,3 bilhões a cada ano para o País.

Brasil em Questão
A Universidade e o Futuro do País

Como conseqüência dessa deficiência, e segundo o Indicador Nacional de Alfabetismo Funcional,[2] apenas 26% dos brasileiros entre 15 e 64 anos apresentam habilidades plenas de leitura.

O nível de nosso ensino médio é um dos piores do mundo e contribui para a clivagem social em nosso País.

O forte desenvolvimento da pós-graduação ocorrido a partir dos anos 1970 contrastou com a deterioração dos outros níveis de ensino. Em particular, sofreu a escola pública de ensinos fundamental e médio, cuja qualidade foi vítima de um ciclo vicioso, com a desvalorização dos professores e o afastamento da classe média, que representava uma fonte de pressão para sua melhoria.

Dada a situação familiar precária das crianças e dos adolescentes mais pobres, principalmente nos grandes centros urbanos, é importante que a escola pública tenha horário integral, de modo que os alunos possam desfrutar, além das aulas, de atividades formadoras, como esportes, oficinas de arte, literatura e ciência e de laboratórios de informática.

A Tabela 3 mostra como é ainda extremamente reduzido o gasto público por aluno no Brasil, no ensino fundamental, quando comparado com outros países. É interessante observar que, enquanto nessa tabela o Brasil está em último lugar nos gastos por aluno no ensino fundamental, o mesmo não ocorre com o ensino superior, em que está à frente da Coréia do Sul e do Japão (deve ser considerado, no entanto, que os gastos no Brasil incluem os hospitais universitários). A comparação dos gastos entre diversos países deve levar em consideração que em vários deles a estrutura de ensino superior é extremamente diversificada, incluindo cursos de curta duração em instituições que não realizam pesquisa e que requerem por isso um gasto menor por aluno. Esse fato sugere, no entanto, que a educação superior no Brasil poderia ser muito mais eficiente se aumentasse a diversificação das instituições públicas de ensino superior.

Tabela 3 – Gastos com a educação em 2002, público + privado, ajustados pelo poder de compra de cada país.

País	Ensino primário (gasto por aluno em dólares, ajustado pelo poder de compra)	Ensino superior (gasto por aluno em dólares, ajustado pelo poder de compra – inclui gastos com P&D)
Austrália	5169	12416
Japão	6117	11716
México	1467	6074
Coréia	3553	6047
Portugal	4940	6960
EUA	8049	20545
Argentina	1241	3235
Brasil	842	10361
Chile	2211	7023
OCDE	5273	13343

FONTE: *Global Education Digest,* UNESCO, 2005. Os dados do Brasil referem-se apenas aos gastos públicos e, no ensino superior, incluem os gastos com hospitais universitários. Os dados do Chile referem-se a 2003

Tabela 4 – Salário anual inicial e final de um professor do setor público, para jornadas semanais entre 30 e 40 horas: comparação com alguns países escolhidos em dólar PPP (Índice de Paridade de Poder de Compra: US$ 1 = R$ 0,81)

País	1ª à 4ª do EF		5ª à 8ª do EF		EM		PIB/ *Per Capita*
	Inicial	Final	Inicial	Final	Inicial	Final	
Brasil	7.420	11.309	14.820	18.723	15.500	19.776	7.037
Argentina	9.027	14.897	14.623	25.742	14.623	25.742	12.277
Chile	10.716	16.122	10.716	16.122	10.716	16.883	8.657
Paraguai	8.874	8.874	13.911	13.911	13.911	13.911	4.384

Brasil em Questão
A Universidade e o Futuro do País

| País | 1ª à 4ª do EF | | 5ª à 8ª do EF | | EM | | PIB/ |
	Inicial	Final	Inicial	Final	Inicial	Final	*Per Capita*
Peru	5.523	5.523	5.462	5.462	5.462	5.462	4.622
México	11.235	24.536	14.383	30.859	–	–	8.297
Coréia do Sul	26.300	69.818	26.148	69.666	26.148	69.666	15.712
Alemanha	31.213	41.021	34.891	46.180	37.394	52.004	23.742
França	20.199	40.091	22.358	42.357	22.358	42.357	22.897
Itália	20.927	30.306	22.657	33.510	22.657	35.138	22.172
EUA	27.631	48.782	27.643	47.908	27.751	48.037	31.872
Japão	22.670	54.663	22.670	54.663	22.670	56.307	24.898

FONTE: *Education at a glance, 2002* (OECD)

O descaso com os ensinos médio e fundamental é ilustrado ainda pela Tabela 4, que compara os salários de professores no Brasil com os de outros países, ajustados pelo poder de compra de cada país. Note-se que, enquanto o PIB *per capita* na Coréia do Sul é cerca de duas vezes maior que o do Brasil, o salário final de um professor do ensino fundamental na Coréia é mais de seis vezes superior ao praticado no Brasil.

Há um imenso déficit de professores qualificados para os ensinos fundamental e médio. Segundo levantamento realizado pelo MEC, o déficit de professores no ensino médio hoje é de 254 mil, principalmente nas áreas de matemática, física, química e biologia.

Esses dados demonstram a situação falimentar dos ensinos médio e fundamental no Brasil. A reversão desse quadro exigiria uma ação urgente e coordenada entre governo federal, estados e municípios, com uma concertação suprapartidária que permitisse realizar um projeto de Estado de longo prazo. Esse projeto deveria envolver a valorização dos professores, por meio de aumentos salariais associados a atividades de reciclagem e educação continuada, e deveria ter como objetivo a implantação da escola em tempo integral, com atividades extracurriculares incluindo esportes e oficinas variadas.

Os sonhos da década de 1950 e a realidade atual: especialização e ineficiência

A Exposição de Motivos para justificar o projeto de lei que criava a Universidade de Brasília, assinada pelo então Ministro da Educação e Cultura, Clóvis Salgado, mencionava que se propunha "uma estrutura nova do corpo universitário, para dar-lhe unidade orgânica e eficiência maior. O aluno que vem do ensino médio não ingressará diretamente nos cursos superiores profissionais".

Desde então, ocorreu uma verticalização crescente em nossas instituições de educação superior, de tal forma que logo no vestibular os jovens fazem opção de carreira profissional. Essa especialização prematura contrasta com a tendência mundial de uma formação ampla e sólida, que permita ao estudante transpor as fronteiras das disciplinas e adaptar-se mais facilmente às rápidas transformações do mundo atual.

O processo atual de seleção de estudantes para o ensino superior força uma especialização prematura, permite o ingresso na universidade – em carreiras nas quais a competição é menos acirrada – de candidatos com formação muito inferior àquela parte dos excluídos que disputou carreiras mais procuradas e restringe ao exame vestibular a seleção de candidatos ao ciclo profissional.

A compartimentação dos primeiros anos na universidade, por sua vez, leva a uma profissionalização prematura, dificultando uma formação ampla e sólida e produzindo profissionais já obsoletos no momento em que são formados. Além disso, impede uma seleção para

Brasil em Questão
A Universidade e o Futuro do País

cursos profissionais com base no desempenho nos primeiros anos de universidade, favorece a acomodação dos estudantes e provoca evasão profissional. O quadro é agravado pelo fato de as profissões de nível superior serem demasiadamente regulamentadas no País, o que imobiliza seu recorte e inibe a formação dos novos profissionais que o mundo contemporâneo requer. Trata-se de um quadro de ineficiência, cuja modificação acarretaria melhor aproveitamento dos estudantes e novas oportunidades de inclusão social.

Para isso, é preciso repensar os programas, estimular uma sólida formação interdisciplinar, promover o ingresso em grandes áreas da universidade, adiando-se a especialização, reduzir a carga horária de disciplinas obrigatórias (freqüentemente encontramos estudantes cursando sete disciplinas em um semestre) e aumentar o leque de eletivas, além de oferecer oficinas de trabalho sobre temas atuais. Assim, não só se estará incentivando a formação interdisciplinar, como também se dará mais oportunidade de tratamento especial a alunos excepcionais ou com dificuldade de aprendizagem.

A redução substancial da carga horária obrigatória permitiria não apenas incentivar a participação ativa dos estudantes no processo de aprendizagem. Possibilitaria também que o estudante tivesse uma formação mais abrangente, por meio de disciplinas eletivas e oficinas de trabalho. Estas reuniriam grupos de até vinte estudantes, durante uma ou duas horas por semana, versando sobre temas controvertidos da atualidade ou temas mais específicos na fronteira do conhecimento.

Conforme mencionado anteriormente, a crescente demanda pelo ensino superior deve ser atendida, mas é preciso diversificar as opções em instituições públicas de qualidade, com cursos de dois, três anos, que possibilitem aos alunos sair para o mercado de trabalho, aprofundar a profissionalização em ciclo posterior ou simplesmente educar-se para se situar melhor no mundo contemporâneo.

No Brasil, a implantação de instituições públicas com esse perfil ajudaria a estender uma educação de qualidade para um número maior de estudantes, promovendo sua formação científica e humanística e ocupando um espaço que tem sido freqüentemente explorado por instituições privadas de baixa qualidade e restritas quanto às áreas de conhecimento.

A reestruturação, a modernização e a flexibilização dos cursos e dos programas não integram um plano que possa ser implantado universalmente ou por decreto. Por sua profundidade, exigem a convicção de seus principais atores para ter sucesso. A implantação de mecanismos sérios de avaliação (uma CAPES para a graduação) permitiria zelar pela eficiência dos cursos, incentivar propostas inovadoras e impedir a proliferação de empresas sem compromisso com a qualidade do ensino.

O caminho internacional

Novos modelos acadêmicos: EUA, Europa e China

Parece haver já uma visão consensual, tanto na Europa quanto nos EUA, sobre dois pontos:

a) Os cursos de nível superior devem ter uma estrutura seqüencial composta de ciclos relativamente curtos.
b) A especialização, quando não precedida de uma formação científica bastante sólida e ampla, só é apropriada para profissionais com função estritamente operacional.

Nos EUA, o sistema de educação superior é muito amplo e diversificado. Ali temos desde os *community colleges*, que oferecem cursos com duração de dois anos, de caráter predominantemente

Brasil em Questão
A Universidade e o Futuro do País

profissionalizante, até as universidades de pesquisa (*research universities*) que formam do bacharel de quatro anos ao Ph.D ou MD. Em todas as universidades de pesquisa, o bacharelado contém um ciclo básico (CB) de pelo menos um ano, durante o qual o estudante não tem de declarar intenção alguma sobre sua opção de carreira. O CB é dedicado aos fundamentos das ciências e das artes. Nas melhores universidades daquele País, há atualmente uma tendência para o alongamento do CB, cuja duração será de um ano e meio a dois anos, dependendo da universidade.

Na Universidade de Harvard, Estados Unidos, está em andamento uma reforma curricular que adia a especialização para a metade do segundo ano do curso universitário e incentiva a participação dos estudantes em seminários, oficinas e grupos de trabalho já no primeiro semestre, para torná-los mais críticos e criativos. Segundo o Presidente de Harvard, Lawrence Summers, "uma cultura da educação em que é uma vergonha não saber o nome de cinco peças de Shakespeare, mas é aceitável desconhecer a diferença entre genoma e cromossoma, não é uma cultura funcional". Indagado se essa revisão não significava um reconhecimento de que o currículo de Harvard estava cheio de defeitos, Summers respondeu: "Toda invenção humana deveria ser revista a cada 25 anos, especialmente à luz das transformações trazidas pela ciência e pela globalização". O destaque que tais mudanças mereceram no jornal *The New York Times* explica-se facilmente: as reformas curriculares de Harvard são freqüentemente seguidas por outras instituições de ensino superior nos Estados Unidos.

A participação de estudantes em oficinas de trabalho tem sido estimulada em universidades de outros países. Várias universidades norte-americanas oferecem, para os alunos cursarem já no primeiro semestre, um amplo leque de temas de oficinas, com o objetivo explícito de ampliar a formação do estudante, desenvolver sua capacidade de expressão, sua criatividade e seu espírito crítico. Nos catálogos das principais universidades norte-americanas, podem ser encontrados temas de oficinas de trabalho oferecidas já no primeiro semestre, tais como: globalização; a biologia na era pós-genoma: decifrando o código da vida; mito, memória e história: entendendo os índios americanos; leitura e apreciação de poesia, etc.

Na Europa, o esforço de tornar compatíveis os currículos e os programas dos vários países europeus tem provocado discussões sobre a reestruturação dos programas em um ciclo de encontros e debates conhecido como "Processo de Bolonha". Procura-se estabelecer um modelo paradigmático, o 3-2-3, que corresponderia a três anos de graduação (no mínimo), dois anos de especialização e três de doutorado.

Na China, o número de especializações em cursos de graduação caiu de 504 para 249 em 1998, para evitar especialização prematura e incentivar a interdisciplinaridade. Em 2002, a Universidade de Xangai implementou uma reforma que flexibilizou o currículo, permitindo ao estudante escolher cursos e percursos que conciliassem sua habilidade, seu interesse e seu talento com as necessidades sociais. No plano nacional, novas experiências estão sendo tentadas nos exames de seleção, enfatizando compreensão e habilidade para aplicar conhecimentos, em vez de memorização.

Formas de organização: universidade, sociedade e autonomia

A instituição universitária permeia todo o segundo milênio. A primeira universidade, a de Bolonha, Itália, foi fundada no século XI. Seguem-se a Universidade de Paris, fundada entre 1150 e 1170, e a de Oxford, Inglaterra, no final do século XII. O objetivo original da universidade era conservar e transmitir os ensinamentos da Igreja, preparando sacerdotes e profissionais que deveriam servir

Brasil em Questão
A Universidade e o Futuro do País

em áreas nas quais a Igreja tinha especial responsabilidade, como direito e medicina. A organização dessas instituições se manteve essencialmente inalterada durante muitos séculos.

No século XIX inicia-se uma grande transformação, com a crescente secularização das universidades e as conseqüentes mudanças em sua missão, nas formas de financiamento e na estrutura de sua administração. Nessa época, surge a questão da autonomia para estimular e proteger a produção de conhecimento independentemente da autorização e do controle eclesiásticos.

Desde então, a autonomia didático-científica tem sido considerada essencial para o bom funcionamento das universidades, não obstante as pressões crescentes, em tempos modernos, por um engajamento maior com interesses de grupos sociais. Ao mesmo tempo, as universidades passam a ter um papel central na estratégia de desenvolvimento de um grande número de países, como se depreende da declaração feita por John Doerr, um dos principais capitalistas de risco do Vale do Silício, nos Estados Unidos, quando indagado sobre a razão do sucesso desse parque científico e tecnológico:

> Estamos construindo uma nova economia. Podemos fazer isso porque há muito tempo o povo americano decidiu investir na educação pública, financiar pesquisa no nível federal e encorajar a inovação com o sistema de patentes. Hoje colhemos os benefícios de um século de investimento público na educação e na pesquisa.

As formas de financiamento e gestão variam bastante, sendo objeto de intenso debate em vários países atualmente. No centro das discussões está o conceito de a utonomia de gestão. Um seminário realizado em Salzburgo, Áustria, em fevereiro de 2002, intitulado

"Os significados da autonomia: o governo das universidades reconsiderado", reuniu lideranças acadêmicas dos Estados Unidos e da Europa central e oriental. Constatou-se nesse seminário que tensões, compromissos e ajustes relacionados às expectativas da sociedade são parte inevitável da vida de universidades que pratiquem uma autonomia razoável. Os debates levaram à conclusão de que essa "autonomia razoável" deve ser tratada como um "princípio negociável", a depender do estágio de desenvolvimento e das condições históricas de cada País.

Diferentes modelos são adotados em diversos países. Nos Estados Unidos, as universidades, públicas e privadas, têm um conselho gestor, o Board of Trustees, que está acima do Presidente da instituição. Dele participam membros da sociedade em geral, escolhidos, nas universidades privadas, por ex-alunos ou pelo próprio conselho gestor, e nas públicas em grande parte pelo Governador do estado nas quais se situam (as universidades públicas norte-americanas são estaduais). O conselho gestor da Universidade da Califórnia, por exemplo, que compreende dez universidades, tem 26 membros, 18 dos quais são indicados pelo Governador para um mandato de 12 anos. A escolha do reitor cabe a esses conselhos, após um processo de consulta, regulado por lei, que envolve professores e representantes dos estudantes.

Na Europa, os conselhos gestores vigoram em diversos países e estão em processo de implantação em outros. O método de escolha do reitor varia segundo o País: na Inglaterra e na Áustria, este é escolhido pelo conselho gestor; na França, é eleito por três conselhos (de administração, científico e de ensino e vida acadêmica) e nomeado pelo Ministro da Educação. A composição desses três conselhos é regulada por lei, que fixa margens de participação dos diversos segmentos. A participação dos docentes situa-se entre 40%

e 45%; a dos estudantes e funcionários, entre 30% e 40%; a externa (que inclui docentes de outras instituições e representantes do poder local e de categorias profissionais), entre 20% e 30%. Na Itália, o reitor é eleito pelo conjunto de professores permanentes, e por uma representação da ordem de 30% de funcionários e estudantes. Na Universidade Autônoma do México é escolhido por um conselho de 15 docentes; na Universidade Livre de Bruxelas, pelos professores do quadro permanente. A nomeação dos reitores, feita pelo Poder Executivo, nem sempre é um processo puramente formal: listas tríplices ou duplas são adotadas em alguns países europeus e, mesmo quando um único nome é indicado, este pode ser recusado. Em todos os casos, os docentes têm um peso importante, pois se considera que eles devem ser responsabilizados pelo sucesso da instituição.

O processo de avaliação, embora bastante diversificado, é regido por um princípio comum: deve ser de alto nível e estar protegido de pressões políticas. Na Inglaterra e na França, por exemplo, a avaliação é feita por organismos independentes, que contam com a participação de acadêmicos ilustres de outros países. Nos Estados Unidos, é realizada por empresas de certificação que, embora independentes, são licenciadas e controladas pelo Estado. A avaliação, vale lembrar, tem forte influência sobre os recursos destinados às instituições.

Propostas de inclusão social para a educação superior no Brasil

Como vimos, o grande gargalo que limita o acesso ao ensino superior é a deficiência extrema de nossos ensinos fundamental e médio. Para saná-la, é necessário um grande esforço do Estado brasileiro para formar, valorizar e reciclar professores para esses

Educação Superior no Brasil: uma Nação em Risco
Luiz Davidovich

níveis de ensino. Mais ainda, é necessário dar condições para que os alunos permaneçam na escola o dia inteiro, envolvidos em atividades formadoras, como esportes, oficinas de arte, literatura e ciência e laboratórios de informática.

As instituições públicas de ensino superior constituem um patrimônio cultural de grande importância para nosso País. Servem de referência como um padrão de qualidade para a educação superior e nelas se concentra a quase totalidade da pesquisa realizada no Brasil. Têm contribuído não só para a formação de profissionais qualificados, mas para a solução de problemas tecnológicos brasileiros. Projetos de inclusão que implicassem uma redução da qualidade dessas instituições seriam extremamente prejudiciais ao País.

Além disso, não devemos enfrentar manifestações de discriminação racial existentes na sociedade brasileira com os mesmos critérios de inspiração racial, preconceituosos e sem base científica. Em razão do afortunado alto grau de miscigenação da população brasileira, a caracterização racial é destituída de objetividade e, portanto, sujeita a todo tipo de distorções.

Ações afirmativas de inclusão são sem dúvida necessárias, não apenas na universidade, mas em todo o sistema educacional brasileiro. Entretanto, a questão central a ser enfrentada em um projeto de inclusão é a da desigualdade social e de oportunidades, em geral, que afeta indivíduos provindos dos mais variados grupos étnicos e culturais.

É importante discutir o que pode ser feito, pelas instituições de ensino superior, para tentar remediar a exclusão social, ainda que o principal motivo desta resida em outros níveis de ensino. É necessário aumentar o contingente no ensino superior de estudantes de classes sociais menos favorecidas, o que deve ser feito sem prejudicar a qualidade da educação fornecida. Esta deve ser uma preocupação básica: maximizar a diversidade sem prejudicar a qualidade, de modo

Tema – Cultura e Educação

Brasil em Questão
A Universidade e o Futuro do País

que seja preservado e aprimorado o patrimônio cultural construído ao longo de várias décadas.

A expansão com qualidade do número de matrículas nas instituições de educação superior, a fim de aumentar a inclusão social e contribuir eficazmente para o desenvolvimento do País, pressupõe as seguintes ações:

1. A melhora do ensino médio, por meio da formação de professores qualificados para esse nível de ensino, da melhoria das instalações e do equipamento didático das escolas públicas e ainda da implantação do horário integral (pressupondo substancial aumento salarial dos professores).

2. A expansão do sistema público de educação superior, de forma diversificada, com cursos noturnos e cursos de dois, três anos, que possibilitem aos alunos sair para o mercado de trabalho, aprofundar a profissionalização em ciclo posterior ou simplesmente educar-se para se situar melhor no mundo contemporâneo.

3. O auxílio das instituições de ensino superior (IES) à organização de cursos pré-universitários para comunidades carentes, com o fornecimento de material didático e a participação, na qualidade de professores, dos melhores estudantes dessas IES, financiados por bolsas especiais e supervisionados por seus docentes.

4. A ampliação do papel das instituições públicas de ensino superior na formação de professores bem qualificados para os níveis fundamental e médio, acoplada a uma política de valorização desses profissionais.

5. A utilização de critérios de admissão que levem em conta o potencial de aprendizado e o rendimento escolar previsto para os estudantes, o que envolve uma reformulação do processo de seleção, com o intuito de enfatizar mais esses elementos e menos a informação previamente acumulada, e também um sistema de

bônus, que beneficie estudantes oriundos de escolas públicas, sem prejuízo da qualidade do ensino.

6. A eliminação do desperdício de vagas e talentos provocado por exames de seleção já orientados para carreiras específicas, e por uma especialização prematura no início dos cursos universitários.

7. A assistência ao estudante carente, por meio de bolsas e auxílio para transporte, alimentação e compra de material didático.

8. A implantação de um mecanismo de avaliação rigoroso e conseqüente, nos moldes do que é feito pela CAPES para a pós-graduação, com implicações sobre o credenciamento e o financiamento das instituições de educação superior.

Avaliação necessária do ensino superior: uma CAPES para a graduação

O grupo de trabalho da ABC propõe a criação de um órgão decisório especial, a Comissão de Acompanhamento do Desenvolvimento Institucional (CADI), para o exame, a concessão e o acompanhamento permanente da autonomia de gestão financeira e definição dos critérios de alocação de recursos às universidades federais.

Os membros da CADI seriam nomeados pelo Presidente da República. Comporiam a CADI:

I. o Secretário-Executivo do MEC, que a presidiria;

II. os Presidentes da CAPES, do CNPq e da FINEP;

III. quatro representantes da comunidade científica e tecnológica, cobrindo as áreas de ciências exatas e da terra, ciências da vida, ciências humanas e sociais e tecnologia.

IV. Duas personalidades de notório saber escolhidas pelo Presidente da República.

Brasil em Questão
A Universidade e o Futuro do País

Para a escolha dos representantes da comunidade, cada um dos três Conselhos das Agências referidas no item II submeteria à Presidência da República uma lista composta de um nome para cada uma das quatro áreas cobertas. Das três listas formadas, o Presidente da República designaria um titular e um suplente para integrar cada área. O mandato dos membros referidos no item III seria de três anos, permitida uma única recondução.

A CADI deveria organizar o sistema de avaliação dos Planos de Desenvolvimento Institucional das universidades para a atribuição de conceitos, por meio de avaliações externas e de visitas de Comissão de Avaliação. Além disso, deveria compor Comissão de Avaliação para visita a cada universidade, integrada por professores e pesquisadores do mais alto nível, do País ou do exterior, sem vínculo institucional com a instituição visitada. Seriam mantidas as sistemáticas de:

I. avaliação universal de cursos (ENADE) do INEP, com a divulgação pública dos resultados, sem prejuízo de seu aperfeiçoamento e de modalidades adicionais de avaliação;
II. avaliação dos cursos de graduação pela CONAES;
III. avaliação dos cursos de pós-graduação pela CAPES;
IV. avaliação das atividades de extensão e assistenciais pela SESU.

A CADI, com base na sua avaliação e nas avaliações referidas anteriormente, fará proposta de divisão do orçamento federal entre as universidades públicas, levando em conta os resultados relativos ao ensino, à pesquisa e à extensão, bem como e à eficiência da gestão financeira.

É importante que exista uma instância que avalie a matriz de financiamento das instituições federais, incluindo as demandas de expansão e qualificação institucional. Essa instância impediria um congelamento daquela matriz de financiamento. Além disso, é importante que a distribuição de recursos seja feita por uma

Comissão de alto nível, com a participação de agências envolvidas no financiamento e na avaliação das instituições federais.

Em abril de 2004, o Congresso Nacional aprovou a lei do Sistema Nacional de Avaliação da Educação Superior (SINAES), instituindo um processo de avaliação e criando a Comissão Nacional de Avaliação da Educação Superior (CONAES), que coordena e supervisiona o SINAES. A avaliação proposta é análoga à da CAPES, prevendo visitas de comissões de pares, atribuição de notas e punição para a instituição que apresentar um perfil persistente de baixa qualidade, incluindo, no caso de instituições públicas, a demissão do dirigente. Esse sistema poderá ser uma importante fonte de progresso na educação superior, como o foi a CAPES para a pós-graduação. Mas preocupa o fato de oito dos treze membros do CONAES serem indicados pelo Ministro da Educação, o que pode tornar a comissão suscetível a pressões políticas.

Laboratórios associados para desenvolvimento regional e transdisciplinaridade

A implantação de laboratórios associados, em um programa conjunto do MEC e do MCT, financiados por um período de quatro anos, poderia ser um importante instrumento de desenvolvimento regional e de incentivo ao rompimento das barreiras departamentais, que freqüentemente engessam os cursos e os programas das instituições de educação superior.

Esse programa poderia ter duas vertentes. E por um lado, laboratórios associados sediados em regiões menos desenvolvidas do País, mas que envolvam obrigatoriamente a participação de instituições de excelência de centros mais favorecidos, estimulariam a colaboração entre grupos de pesquisa e o desenvolvimento científico e tecnológico naquelas regiões. Por outro, mesmo em centros mais

Brasil em Questão
A Universidade e o Futuro do País

desenvolvidos, laboratórios associados de natureza transdisciplinar poderiam incentivar novos paradigmas curriculares, ajudando a formar profissionais com perfis menos especializados.

O projeto do MEC

O processo de reforma da educação superior iniciado pelo governo federal desencadeia a discussão de questões fundamentais para o desenvolvimento de nosso País.

O reduzido número de jovens matriculados em instituições de educação superior, a baixa qualidade destas, o estado precário dos ensinos fundamental e médio são fatores que impedem uma política mais conseqüente de inclusão social.

A reversão desse quadro exige medidas profundas tanto nos ciclos fundamental e médio, como no ensino superior. Nos dois primeiros, no sentido de qualificar e valorizar os professores e dar melhores condições de formação aos alunos. No nível superior, é necessário expandir e diversificar as instituições públicas, incluindo cursos de curta duração; flexibilizar os programas; incentivar cursos noturnos de formação de professores e preparatórios para comunidades carentes; apoiar materialmente o estudante carente; e estabelecer um sistema de avaliação que garanta a qualidade das instituições e de seus quadros.

A ampliação do contingente de jovens que recebem formação após completar o ensino secundário somente será possível com a diferenciação do sistema de ensino superior, que deve incluir universidades, centros e faculdades, mas não se limitar a estas.

Não se fará essa transformação sem recursos, ou isolada do desenvolvimento científico, tecnológico e industrial do País. Em particular, uma conexão com a política industrial é essencial, pois é ainda reduzida a demanda por quadros profissionais qualificados no

Brasil: ao mesmo tempo em que programas modernos de educação superior podem ajudar a indústria, incentivos à realização de pesquisa e desenvolvimento em indústrias podem ter repercussões importantes nos currículos e nos programas das instituições de educação superior. Por isso mesmo, um envolvimento de vários setores do governo e da sociedade é fundamental: Ministério da Ciência e Tecnologia, Ministério de Indústria e Comércio, Ministério da Fazenda, governos estaduais e municipais.

O projeto de reforma da educação superior apresentado pelo MEC e encaminhado à Casa Civil em dezembro de 2005 prevê um processo de habilitação para a autonomia que depende da avaliação e estabelece marcos regulatórios para o credenciamento e a avaliação de instituições de educação superior. Além disso, explicita e quantifica o comprometimento do poder público com o financiamento das instituições federais de educação superior, por meio da subvinculação de recursos, e prevê ciclos de formação geral, que poderiam incentivar a interdisciplinaridade e a formação crítica dos estudantes.

A versão atual do projeto, que o governo pretende enviar ao Congresso em 2006, mantém esses itens e apresenta novidades: dele constam os critérios de avaliação das universidades federais a serem utilizados para decidir quais instituições receberão mais recursos. Entre esses critérios, estão o número de concluintes, os diplomas expedidos, a relação de alunos por professor, a produção científica em revistas indexadas, o registro e a comercialização de patentes, e a oferta de cursos noturnos. Esses são certamente pontos positivos do projeto.

A nova versão mantém, no entanto, a proposta de eleição direta dos dirigentes (agora com a exigência de uma lista tríplice) e de uma comissão paritária de distribuição de recursos para as instituições federais, com metade dos membros indicados pelo colegiado de dirigentes dessas instituições e a outra metade indicada pelo MEC.

Brasil em Questão
A Universidade e o Futuro do País

Dificilmente uma comissão com esse caráter endógeno mudaria a matriz de financiamento das universidades brasileiras, no sentido de promover novas instituições e privilegiar uma distribuição de recursos baseada em avaliações independentes.

Se o quadro atual da educação superior no Brasil reclama medidas urgentes para melhorar a qualidade de ensino, incentivar a interdisciplinaridade e a produção de novos conhecimentos e ampliar a formação de recursos humanos em áreas essenciais para o desenvolvimento do País, é preciso cuidar para que as instituições públicas não sejam prejudicadas, pois têm funcionado como padrão de qualidade na história da educação superior e da pesquisa no País. Sua administração responsável é essencial para que esse papel seja mantido e ampliado.

As eleições diretas para reitor diluem a responsabilidade pelo desempenho da instituição, que deveria caber principalmente aos docentes, e alijam a sociedade de um papel que já tem nas instituições federais, pois órgãos como o Conselho Universitário têm membros externos à instituição.

O projeto do MEC garante a subvinculação de recursos para as instituições federais, o que é essencial para o estabelecimento da autonomia, mas não garante a administração autônoma desses recursos. Medidas infralegais, que poderiam ser autorizadas por decreto, aumentariam a eficiência das universidades federais, por exemplo:

1. permissão de repasses de recursos próprios e orçamentários das universidades de um exercício para o seguinte;
2. permissão de remanejar recursos de um item de despesa para outro;
3. a manutenção na IFES das vagas decorrentes de exonerações, quando isso não configurar acréscimos no orçamento da universidade;

4. o estabelecimento de condições para que as universidades possam contratar professores (nos limites de seu orçamento), sem intermediação do MEC ou do Ministério do Planejamento.

Uma nação em risco

Em abril de 1983, foi divulgado nos Estados Unidos um relatório sobre o estado da educação naquele País,[4] elaborado por comissão de alto nível, que incluía personalidades ligadas a diversos níveis de ensino (inclusive o Prêmio Nobel de Química Glenn T. Seaborg), um ex-governador e profissionais liberais. Formada 18 meses antes por solicitação do então Secretário de Educação T. H. Bell, a comissão resumiu o resultado de sua análise em uma frase curta e de grande impacto, a primeira do relatório: "Nossa nação está em risco".

Segundo aquela comissão, os fundamentos educacionais da sociedade norte-americana estavam sendo corroídos "por uma maré crescente de mediocridade que ameaça nosso futuro como Nação e como povo". E acrescentou ainda:

> Se uma potência estrangeira hostil tivesse tentado impor à América o desempenho educacional medíocre que existe hoje em dia, poderíamos muito bem ter encarado esse fato como um ato de guerra. No entanto, nós mesmos permitimos que essa situação ocorra conosco.

A frase de impacto que inicia aquele relatório serve perfeitamente para caracterizar a consequência lógica do estado atual da educação no Brasil: nossa nação está em risco. Milhões de jovens recebem uma educação precária, que ajuda a cristalizar uma situação de exclusão, limitando as opções futuras desses cidadãos e do próprio País.

Esse quadro aponta para a necessidade de incentivar o desenvolvimento do ensino em todos os níveis. Em particular, reverter essa situação sem prejuízo da qualidade requer o fortalecimento e a expansão das instituições públicas de educação superior, visto que é nelas que estão concentradas a pesquisa, as especialidades que exigem maior investimento, a formação de pessoal mais bem qualificado, necessário para nosso desenvolvimento tecnológico, e as melhores licenciaturas.

Além disso, a rigidez do sistema público de ensino superior – que inibe a diversificação do sistema, por meio de cursos mais curtos, de profissionalização ou de formação geral, e que força a especialização prematura, por meio de vestibulares e cursos compartimentados, ao contrário do que ocorre em vários países desenvolvidos – prejudica a expansão de vagas públicas e dificulta a oferta de opções de qualidade que possam competir com o péssimo ensino ministrado pela maioria das instituições particulares.

A gravidade dessa situação não se deve apenas à perversidade do mecanismo de perpetuação de exclusão que ela acarreta. Não se deve tampouco apenas ao fato de que ele configura um obstáculo monumental ao desenvolvimento de nosso País. Mais que isso, a educação precária abala os fundamentos da sociedade democrática, impedindo a participação informada dos cidadãos na vida política do País, e corroendo a identidade, a cultura e a ética nacionais.

Evidentemente, uma mudança de cenário exige muito mais que uma lei sobre a educação superior. Requer um projeto de Estado, um programa de várias décadas que vá além dos limites temporais de um governo, e que conte com o apoio sólido dos vários setores da sociedade brasileira.

Esse passo é fundamental para a solidificação da democracia brasileira. Deve-se ter em mente as palavras de Anísio Teixeira, *Alma Mater* da Universidade de Brasília: "Só existirá democracia no Brasil no dia em que se montar no País a máquina que prepara as democracias. Essa máquina é a da escola pública".

Notas

[1] Fonte: *Censo da Educação Superior,* MEC/INEP, http://www.inep.gov.br.
[2] Os dados do INAF podem ser encontrados em http://www.ipm.org.br/an_ind.php.
[3] Os dados do SAEB podem ser encontrados em http://www.inep.gov.br/download/saeb/2004/resultados/BRASIL.pdf.
[4] *A Nation at Risk* pode ser encontrado em www.ed.gov/pubs/NatAtRisk/index.html.

Referências

ACADEMIA BRASILEIRA DE CIÊNCIAS. *Subsídios para a reforma da educação superior* (documento preparado pelo grupo de trabalho da ABC, disponível em www.abc.org.br).

MORHY, L. (Org.). *Universidade no mundo.* Brasília: Editora Universidade de Brasília, 2004.

RIBEIRO, D. *A universidade necessária.* 4. ed. Rio de Janeiro: Paz e Terra, 1985.

SALMERON, R. A. *A universidade interrompida: Brasília 1964-1965.* Brasília, Editora Universidade de Brasília, 1999.

TIERNEY, W. G. *Competing conceptions of academic governance.* Baltimore: Johns Hopkins University Press, 2004.

UNESCO. *Global Education Digest, 2004.* Disponível em: www.uis.unesco.org.

Tema
Ciência, Tecnologia e Inovação

Brasil em Questão

CIÊNCIA E TECNOLOGIA NO BRASIL: AGORA OU NUNCA

Márcio M. Pimentel

Introdução

As relações indissociáveis entre investimentos em ciência e tecnologia e o desenvolvimento econômico-social sustentável das nações têm sido amplamente reconhecidas e cada vez mais valorizadas. Por desenvolvimento sustentável compreende-se aquele desenvolvimento que atende às necessidades da população no presente sem comprometer a capacidade das futuras gerações de encontrar soluções que atenderão às suas necessidades.

Prosperidade econômica e bem-estar social das gerações atuais e futuras são elementos intrinsecamente relacionados à capacidade

---

Márcio M. Pimentel – Decano de Pesquisa e Pós-Graduação e Professor do Departamento de Geologia Geral e Aplicada do Instituto de Geociências da UnB. Doutor pela Universidade de Oxford (Inglaterra). Pós-Doutor pela Universidade de Quebec e pela Australian National University . É membro titular da Academia Brasileira de Ciências e integrante do Comitê Assessor de Geologia e Geografia Física do CNPq e Representante de Área Adjunto da Comissão de Geociências da CAPES.

dos cientistas, dos tecnólogos, dos empresários e dos dirigentes em formular soluções para o aprimoramento da sociedade. Equipá-los, portanto, com a infra-estrutura, recursos e legislação necessários é fundamental para que eles possam desempenhar seu papel adequadamente e efetivamente contribuir para o desenvolvimento de uma nação. Dessa forma, a contribuição das atividades de aprimoramento do sistema de ciência e tecnologia de um país são requisitos fundamentais para que se possa ultrapassar os obstáculos que se apresentam no caminho rumo ao desenvolvimento realmente sustentável. A cúpula mundial de Johannesburgo, em 2002, demonstrou a necessidade premente de aprimorar as capacidades em ciência e tecnologia de países em desenvolvimento, tais como Brasil, Índia, China e África do Sul, de forma que eles desenvolvam as habilidades necessárias para encontrar soluções próprias para seus problemas ambientais e socioeconômicos.

Na presente era da informação e da conectividade, qualquer sociedade que falhar em fazer uso efetivo da tecnologia e da ciência estará sujeita a retroceder em desenvolvimento humano e a ficar à margem da economia globalizada. Todos os países, inclusive os mais carentes de recursos materiais, precisam implementar políticas de estímulo à inovação, conhecimento avançado e acesso a novas tecnologias.

Na verdade, a relação entre desenvolvimentos científico e econômico já tem sido reconhecida há muito tempo. É suficiente mencionar as percepções de dois destacados cientistas-empresários do início do século XX:

> Dinheiro gasto em pesquisa industrial apropriadamente dirigida, realizada sob princípios científicos, certamente traz às empresas um retorno muito generoso (CARTY, J. J. Laboratórios Bell, 1916).

É quase impossível encontrar algum tipo de trabalho científico em física ou química — da física do átomo à química orgânica estrutural — que mais cedo ou mais tarde não vá ter aplicação e importância direta para as indústrias (MEES, C. E. O. Kodak, 1920).

Assim, países que decidiram investir fortemente em C,T & I ao longo da segunda metade do século XX experimentaram, coincidentemente, taxas de crescimento econômico e desenvolvimento social acima da média mundial.

No presente trabalho é apresentada, de maneira sucinta, a situação dos investimentos em ciência e tecnologia no Brasil juntamente com uma análise comparativa da situação verificada em outros países, visando a apontar as necessidades que se apresentam para que o Brasil seja efetivamente incorporado à sociedade baseada no conhecimento e promova desenvolvimento econômico sustentável para as futuras gerações.

Ciência e tecnologia no Brasil

O Brasil vem apresentando progressos importantes em relação a diversos aspectos ligados ao seu desenvolvimento científico e tecnológico ao longo da última década. A partir da década de 1970, o País, por intermédio dos seus principais órgãos de fomento (CNPq, CAPES e FINEP), passou a direcionar seus investimentos para: (i) formar doutores no exterior; (ii) capacitar instituições de ensino superior brasileiras para desenvolver seus programas de pós-graduação; e (iii) elaborar programas de apoio à instalação e à modernização de infra-estrutura de pesquisa científica (e.g. PADCT).

O resultado tem sido o crescimento verificado em diversos dos indicadores de produção do sistema de ciência e tecnologia nacional ao longo das últimas décadas. Por exemplo, o número de doutores formados por ano no Brasil passou de cerca de 550 em 1980 para mais de 8 mil em 2003 (Figura 1a) e hoje está na faixa de 10 mil doutores formados/ ano. Correspondentemente, a produção científica tem crescido em taxas semelhantes (Figura 1b) e hoje já somos responsáveis por cerca de 2% de todo o conhecimento novo produzido no mundo.

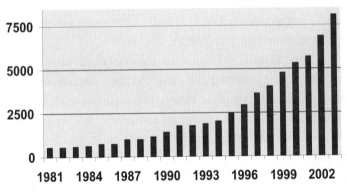

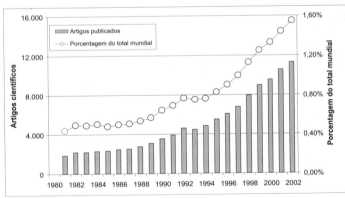

Figura 1 — a) número de doutores formados por ano entre 1980 e 2003 (FONTE: MEC); b) artigos científicos publicados e sua porcentagem no total mundial (FONTE: Institute for Scientific Information, 2004)

Outro importante indicador diz respeito ao volume total de recursos aplicados no país em ciência e tecnologia. Em anos recentes, os dispêndios nacionais em pesquisa e desenvolvimento no Brasil estiveram em torno de 1% do PIB, situação privilegiada em relação a outros países da América Latina, o que confere ao País *status* de liderança regional, mas muito aquém daqueles índices observados em países tais como Japão, Coréia do Sul e EUA (Figura 2), que investem mais de 2,5% de sua riqueza em C,T& I.

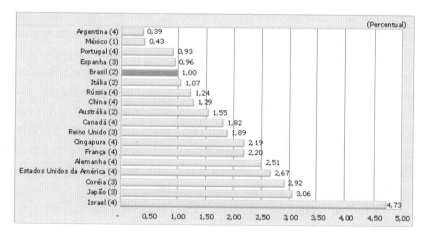

Figura 2 – Dispêndios em ciência e tecnologia relativos aos PIBs dos países

Mais recentemente, em 1999, a criação dos Fundos Setoriais de Ciência e Tecnologia representou outro importante passo para o desenvolvimento da ciência no Brasil. Os Fundos Setoriais são instrumentos de financiamento de projetos de pesquisa, desenvolvimento e inovação no País, compreendendo 16 fundos, sendo 14 relativos a setores específicos e dois transversais. Destes, um é voltado à interação universidade–empresa (FVA – Fundo

Verde-Amarelo), enquanto o outro é destinado a apoiar a melhoria da infra-estrutura de instituições de ciência e tecnologia (CT-Infra - Fundo de Infra-estrutura). As receitas dos fundos são provenientes de contribuições incidentes sobre o resultado da exploração de recursos naturais pertencentes à União, parcelas do Imposto sobre Produtos Industrializados de certos setores e de Contribuição de Intervenção no Domínio Econômico (CIDE) incidente sobre os valores que remuneram o uso ou a aquisição de conhecimentos tecnológicos/transferência de tecnologia do exterior. A criação dos Fundos Setoriais representou o estabelecimento de um novo padrão de financiamento para a C&T no Brasil, representando um mecanismo inovador de estímulo ao fortalecimento do setor. Seu objetivo é garantir a estabilidade de recursos para as diferentes áreas de aplicação e criar um novo modelo de gestão, com a participação de vários segmentos sociais, além de promover maior sinergia entre universidades, centros de pesquisa e setor produtivo. Entretanto, as receitas dos Fundos Setoriais têm sido repetidas e continuamente contingenciadas desde 2001, o que frustrou a expectativa do desenvolvimento tecnológico e científico do Brasil ao longo dos últimos anos.

Outras iniciativas mais recentes têm apontado também em direção ao desenvolvimento científico do Brasil. Por exemplo, a Lei Federal nº 11.196/05 prevê dedução no Imposto de Renda do valor investido por empresas em pesquisa e desenvolvimento tecnológico, a exemplo dos mecanismos já adotados em muitos outros países. Outro exemplo são as medidas adotadas pelo BNDES que orientam e normatizam as operações de financiamento realizadas pelo Banco, estabelecendo como prioridade o apoio aos investimentos que promovam a inovação tecnológica, ou seja, apóiem projetos que visem a transformar pesquisa em valor econômico.

Assim, apesar do significativo progresso observado ao longo das últimas décadas, o Brasil ainda apresenta deficiências em seu sistema de C,T & I, que representam desvantagem competitiva do País em relação àqueles que iniciaram a corrida rumo à C&T há mais tempo. Dentre as deficiências e os obstáculos mencionados estão:

(i) contingenciamento dos recursos dos Fundos Setoriais;
(ii) insuficiente número de pesquisadores em relação ao tamanho da população brasileira (no Brasil hoje existem cerca de 0,5 pesquisador/1.000 habitantes, comparados com 3,5 pesquisadores/1.000 habitantes nos EUA);
(iii) baixíssima taxa de inovação da indústria brasileira, traduzida nos baixos índices de patentes registradas, em comparação com outros países;
(iv) reduzido investimento da indústria em pesquisa científica, quando comparado com países tais como EUA;
(v) número reduzido de pesquisadores doutores atuando no setor industrial/empresarial.

O Brasil no mundo: impacto de C,T & I no desenvolvimento econômico e social

No início do século XX, países como China e Coréia não tinham acesso à ciência e a tecnologias modernas. Naquela época, não mais do que dez chineses haviam aprendido cálculo. Cem anos depois, a nave espacial chinesa não tripulada Shenzou II foi lançada e recuperada com sucesso, exemplificando o notável progresso tecnológico da sociedade chinesa, diminuindo o enorme espaço previamente existente entre o seu nível de desenvolvimento tecnológico e aquele dos países tecnologicamente mais adiantados. Hoje, cerca de 60% das tecnologias desenvolvidas na China correspondem ao classificado como nível avançado mundial. Esse progresso sem precedentes teve origem na segunda metade do século XX, quando o governo chinês tomou a decisão política de formar cientistas e investir em tecnologia e inovação, por meio da completa reformulação do seu plano nacional de desenvolvimento tecnológico e científico.

Resulta que, hoje, as economias chinesa e sul-coreana crescem a taxas sem precedentes. Durante o último quarto do século XX, o PIB da Coréia do Sul aumentou por um fator de 5, e o da China foi multiplicado por 10. Ao final do ano 2000, havia um total de 30 milhões de técnicos qualificados trabalhando em empreendimentos e instituições estatais na China, com quase 10% deles engajados diretamente em atividades de desenvolvimento científico e tecnológico, incluindo 1,6 milhão de cientistas e engenheiros.

No mundo moderno, o desenvolvimento econômico é um processo colaborativo e complexo, que envolve não somente o governo, mas também empresas, instituições de pesquisa e ensino e o terceiro setor. Nesse cenário, a pesquisa científica básica e aplicada, o desenvolvimento tecnológico e a inovação constituem papel fundamental.

Na Europa, o exemplo clássico de relação direta entre investimento em educação, ciência, tecnologia e crescimento econômico é o da República da Irlanda. Naquele país, os investimentos em pesquisa e desenvolvimento e os dispêndios públicos e privados em educação superior cresceram a uma taxa anual de 10% ao longo dos últimos dez anos. Coincidentemente, a economia irlandesa cresceu a uma taxa real média mais elevada que as economias de países tais como Coréia do Sul e Taiwan (Figura 3) ou mesmo de blocos econômicos tais como a Comunidade Européia, apresentando-se como um dos países com economia mais dinâmica e bem-sucedida no mundo durante a última década.

Ciência e Tecnologia no Brasil: Agora ou Nunca
Márcio M. Pimentel

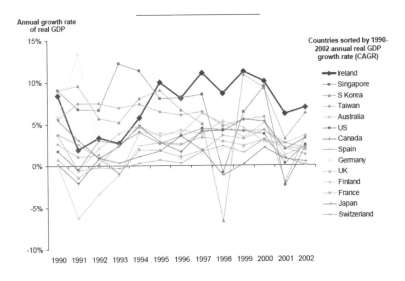

FONTE: The Economist Intelligence Unit, 2003

Figura 3 – Taxas de crescimento anual real de alguns países

Atrás de cada um desses casos de sucesso podem ser identificadas algumas características em comum:

1. Existência de políticas públicas bem estabelecidas para o setor de ciência e tecnologia, incluindo principalmente marcos regulatórios claros e incentivos fiscais.
2. Existência de um ambiente propício para o investimento público e privado em tecnologia e inovação; aqui estão incluídos ambiente atrativo para instalação de empresas estrangeiras e existência de massa crítica bem formada e equipada com conhecimento avançado.
3. Investimento público em larga escala em educação superior, em especial nas áreas tecnológicas, com ênfase na instalação de um sólido sistema de pesquisa e pós-graduação.

Brasil em Questão
A Universidade e o Futuro do País

4. Percepção por parte do governo e dos políticos de que investimento em ciência e tecnologia tem retorno social e econômico e de que a política de C,T & I de um país deve ser política de Estado e não política de governo.
5. Alta proporção de cientistas atuando em empresas de base tecnológica.

Ademais, o Brasil mostra: (i) crescimento econômico aquém do necessário para seu desenvolvimento social; (ii) freqüente contingenciamento, por parte do Governo, de verbas destinadas por lei às atividades de ciência, tecnologia e inovação, com o objetivo de ampliar o superávit primário; (iii) pequena proporção de investimento em C,T & I feito pelo setor privado; e (iv) presença quase insignificante de cientistas em empresas do setor privado.

Os fatores citados contribuem de forma proporcionalmente importante para a baixa competitividade do Brasil diante dos mercados mundiais (Figura 4).

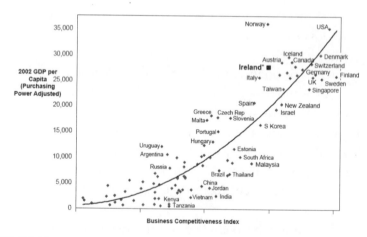

FONTE: Global Competitiveness Report 2003

Figura 4 – Relação entre índice de competitividade e o PIB *per capita*

Assim, apesar de o Brasil estar tomando medidas no sentido de aprimorar seu sistema de ciência e tecnologia, a sensação é a de que o País está perdendo a corrida para países concorrentes e de que é necessário implementar rapidamente medidas que agilizem o desenvolvimento do setor e a conseqüente evolução econômica e social.

Conclusões

O apoio governamental às atividades de C,T & I é instrumental para o crescimento econômico e social. Apesar de o Brasil estar apresentando indicadores progressivamente mais positivos em relação ao setor, defasagens ainda são observadas em relação a países que alcançaram mais rapidamente o desenvolvimento científico e tecnológico, com implicações diretas na desenvolvimento social e econômico. Dessa forma, os fatores enumerados a seguir devem ser considerados fundamentais nas políticas de apoio à C,T & I no País:

- apoio estatal à pesquisa e ao desenvolvimento empresarial e industrial;
- atração de investimento estrangeiro para pesquisa e desenvolvimento;
- criação de instrumentos mais eficientes de gestão e regulação da propriedade intelectual (e.g. modernizar e acelerar processos de pedidos de patente);
- ampliação de investimentos em C,T & I ao nível dos países que lograram sucesso em suas políticas de desenvolvimento tecnológico a curto-médio prazo;
- estímulo ao investimento privado em C,T & I;
- criação de mecanismos que facilitem a transferência da ciência para a inovação das empresas bem como a

incorporação de cientistas a empresas do setor privado, incentivando a inovação;

■ criação de parcerias estratégicas globais, em especial a cooperação científica internacional;

■ estímulo às atividades de divulgação e popularização da ciência.

Assim, antes que percamos a corrida pelo desenvolvimento e, pela competitividade, a adoção das medidas enumeradas deverá constituir papel fundamental para que o Brasil adquira posição de maior competitividade no mercado internacional e garanta condições que promovam desenvolvimento social e distribuição de riquezas: agora ou nunca.

DESENVOLVIMENTO TECNOLÓGICO (À BRASILEIRA)

Armando Caldeira-Pires

Durante estes últimos dez anos que uniram o fim do século XX até este sexto ano do século XXI tem havido um conjunto de mudanças significativas que redefiniram parcialmente o conceito de desenvolvimento tecnológico e, principalmente, impingiram-no uniformemente a todos os blocos econômicos.

A começar pelo bloco econômico da União Européia com sua política mais exigente em termos de estabelecer condições internas e externas que promovam a produção industrial cíclica em detrimento da linear; passando pela APEC, principalmente coordenada pelo Japão, pela Coréia do Sul e pela Austrália, mas agora estendendo-se à China e à Índia, com grandes estímulos ao desenvolvimento com atenção renovada à produção sustentável e ao fim de vida dos produtos; até chegarmos ao Brasil, com a

---

Armando Caldeira-Pires – Professor do Departamento de Engenharia Mecânica da UnB. Doutor em Engenharia Mecânica pela Universidade Técnica de Lisboa, Portugal. Pós-Doutor pelo Instituto Nacional de Pesquisas Espaciais (INPE), São Paulo, e pela Universidade Técnica de Lisboa, Portugal.

Brasil em Questão
A Universidade e o Futuro do País

apresentação em 2004 da sua Política Industrial, Tecnológica e de Comércio Exterior e, mais recentemente em 2006, do seu Mapa Estratégico de Desenvolvimento Industrial, que propõe novas estruturas que permitem a incorporação de fatores socioambientais ao perfil do desenvolvimento almejado pela Sociedade Brasileira.

A partir de 1995, a apresentação da "Hipótese de Porter" estabeleceu uma nova relação entre o comércio internacional e o meio ambiente e as relações de causalidade entre políticas ambientais e competitividade. Como demonstra Leitão,[1] enquanto na visão tradicional existe um conflito inevitável entre os ganhos ambientais e econômicos, o que leva ao conceito de externalidades negativas[2] pelo acréscimo do custo ambiental, a abordagem da "Hipótese de Porter"[3] salienta que não existe conflito entre o ganho econômico e o ganho ambiental com a promoção de melhorias ambientais, a racionalização de insumos o processo produtivo, o aproveitamento ou prevenção de resíduos, refugos, emissões e outros, que levam a melhor produtividade e diferenciação do produto final, ganhando com isso competitividade. Nesse âmbito, as inovações adotadas para cumprir as regulamentações ambientais estimulam as indústrias a reduzir a poluição e a utilizar melhor seus insumos – matérias-primas, energia e trabalho –, de modo mais produtivo, reduzindo seus custos e compensando os gastos com os investimentos ambientais, associando a preservação ambiental com o aumento de produtividade na produção e conseqüente aumento de competitividade da empresa.

Alem disso, e imerso num contexto dinâmico, e por conseguinte, incerto, o mundo de uma forma quase que em simultâneo passa a prestar atenção à necessidade de mudanças no perfil da matriz energética dos seus blocos econômicos e nos países que fazem parte de cada um. Esse novo perfil de matriz premia as fontes renováveis de energia, e, nesse contexto, a energia eólica e a energia baseada em hidrocarbonetos renováveis, biomassa, passam a ter um lugar preferencial nas políticas de planejamento energético dos vários blocos econômicos do mundo de forma geral.

Este artigo apresentará as linhas gerais desse panorama mundial e brasileiro em mudança como introdução às grandes questões que os nossos palestrantes irão abordar. Dessa forma, as linhas gerais da Política Européia de Produção Integrada serão identificadas, para depois apresentarmos a Política Industrial Brasileira e o Mapa Estratégico da Indústria.

Após esta introdução dessas duas políticas de desenvolvimento industrial, nacional e estrangeira, Roberto Nicolsky apresenta uma analise das Políticas Públicas de Fomento às Inovações, bem como do principal resultado estruturante das políticas públicas de fomento ao P&D, terminando por assinalar que enquanto o Brasil não priorizar uma política pública decidida e ousada, de incentivo à inovação tecnológica nas empresas, não conseguiremos nos tornar internacionalmente mais competitivos.

A política européia de produção integrada

As atuais formas de gestão empresarial e de padrão de consumo têm significado um contínuo crescimento do consumo de recursos. A demanda por maiores índices de produção, de uso e de descarte aumenta como conseqüência do crescimento da população e das necessidades dos novos produtos. Nesse âmbito, os limites ecológicos serão excedidos e a disponibilidade de recursos poderá estar esgotada a médio prazo. A estratégia que tem sido perseguida pelos grandes blocos econômicos é a de alcançar a mesma capacidade funcional dos atuais produtos pela utilização de uma quantidade menor de recursos, principalmente por meio do conceito de economia cíclica que considere mudanças socioecológicas e econômicas.

Nesse cenário, a Política Européia de Produção Integrada (IPP, na literatura inglesa *Integrated Product Policy*)[4] tem por objetivo apoiar o desenvolvimento reduzindo os impactos ambientais negativos dos produtos durante todo seu ciclo de vida, "do berço à sepultura". O ciclo de vida de um produto é freqüentemente longo e complicado, englobando desde a área da extração de recursos naturais, até seu projeto, manufatura, conjunto, *marketing*, distribuição, venda, uso e sua eliminação eventual como o desperdício.

Nesse contexto, a IPP é um enfoque diferenciado de política de produção industrial, reconhecendo que existe cada vez mais uma maior quantidade de produtos, mais complexos, impossibilitando a elaboração de políticas ou legislações especificas para cada produto ou sistema de produção.

Esta política promoverá uma maior abrangência das políticas ambientais no instante em que focalizará o ciclo de vida dos produtos, ampliando a atenção ora pontual na gestão da emissões de resíduos industriais e de resíduos urbanos. Ao mesmo tempo irá atuar diretamente no mercado, incentivando o consumo sustentável e, com isto, o estímulo à produção limpa e à melhoria contínua da *performance* socioambiental do sistema produtivo e do uso e do descarte dos produtos em geral. Nesse sentido, permitirá a participação de outros atores nesse processo de otimização do sistema produtivo regional, desde o projetista até o consumidor. Essa política será aplicada tanto ao setor secundário como ao terciário.

O objetivo da implementação dessa política, que caracteriza uma fundamental mudança de paradigma de produção industrial, é o de fortalecer a competitividade da indústria européia, resultando na coordenação otimizada das políticas já existentes relacionadas ao ambiente, incentivando os consumidores a exigirem produtos inovadores obtidos em processos mais limpos, com menor uso de recursos tanto na produção como no seu uso e aptos a reingressarem na cadeia produtiva por meio de sistemas de reciclagem específicos.

IPP: implicações para o Brasil

É necessário enfatizar que a aplicação da IPP na Europa irá necessitar de ferramentas de avaliação da *performance* dos sistemas produtivos com relação a esse novo paradigma, ferramentas essas que estão sendo preparadas principalmente para o ambiente europeu e cujo uso tem alcance limitado em países com ambientes sócio-ecológicos-tecnológicos diferentes. O cliente europeu de um fornecedor brasileiro passará a exigir que este último também tenha sua *performance* ambiental aferida, de forma que seja preservada a sua própria.

Nesse contexto global, os assim chamados rótulos ambientais tipo III, específico para certificar ambientalmente os produtos nas grandes transações comerciais *business to business*, embora não sejam obrigatórios no comércio mundial, já ocasionam uma diferenciação na competitividade dos produtos em um mercado que é cada vez mais exigente em termos dos impactos no ambiente, como este que está sendo reconstruído com a IPP. Esses rótulos ambientais têm sido amplamente discutidos na Organização Mundial do Comércio (OMC) em dois dos seus foros (Barreiras Técnicas para o Comércio – Trade Barrier to Trade – CTBT) e no Comitê de Ambiente e Comércio/Trade & Environment (CTE), sendo até o momento considerado como ações voluntárias. No entanto, a União Européia tem pressionado para que seja avaliada a proposta de obrigatoriedade da existência de rótulos ambientais.

A incapacidade da indústria brasileira em se adequar a esta exigência traduzir-se-á em uma perda da competitividade para concorrentes que tenham essa capacidade.

Brasil em Questão
A Universidade e o Futuro do País

A IPP e a inovação tecnológica

A relação entre a gestão ambiental e a inovação ambiental engloba vários problemas, especificamente os relacionados à melhoria do desempenho ambiental da companhia, ao impacto da aplicação da legislação ambiental nas inovações tecnológicas e ao modo como as PMEs podem participar de um procedimento de ecogestão em face da pressão do cliente.

Nesse contexto, a IPP apresenta como uma política de desenvolvimento industrial capaz de reconhecer o caráter multifacetado da inovação ambiental, considerando os fatores internos e externos no desenvolvimento de uma inovação:

- As inovações ambientais consistem em inovações tecnológicas ambientais e nas inovações orgânicas (mudanças internas às estruturas/instituições) ambientais;
- As tecnologias ambientais são produtos e processos projetados para reduzir os impactos ambientais negativos;
- As inovações orgânicas ambientais são diretivas que identificam e executam mudanças internas para caracterizar problemas ambientais associados com os produtos e os processos existentes e estimulam a criação de estruturas, programas e procedimentos inovadores para resolver esses problemas.

A inovação ambiental, sendo parte de um processo complexo, indica os problemas básicos para a investigação empírica. Os indicadores convencionais de *performance* de inovação tecnológica e de competitividade não são capazes de avaliar a efetividade do sistema produtivo em um sentido amplo. Dessa forma, uma nova e mais abrangente categoria de indicadores faz-se necessária, como por exemplo a quantificação/qualificação de recursos tangíveis e intangíveis e as relações sociais entre os atores econômicos e sociais, aplicadas não só às companhias mas também aos estabelecimentos de ensino, às instituições de investigação, ao governo e aos diversos grupos sociais.

A longo prazo, a implementação de uma política industrial com essa abrangência permitirá promover as mudanças tecnológicas fundamentais na produção e nos produtos, em parte como decorrência do efeito multiplicador ao longo da cadeia de produção, inclusive no uso otimizado de energia e de materiais, com a redução de material depositado em aterros pelo o uso de processos de reciclagem e de reuso.

Outro efeito potencial para a inovação tecnológica como resultado da atenção ao ciclo de vida do produto é que essa mudança no padrão de comportamento a favor do ambiente pode aumentar a pressão na cadeia produtiva. É provável que isso tenha um impacto na inovação do produto porque os clientes exigirão certos tipos de produtos mais ambientalmente amigáveis.

Na seqüência, deve-se esperar que até mesmo às PMEs seja exigida a existência de alguma infra-estrutura de administração ambiental, principalmente em decorrência de exigências oriundas dos seus clientes que já mantêm seu próprio sistema de eco-administração.

A IPP e o desenvolvimento

No contexto da globalização, os países em desenvolvimento têm feito enormes esforços para melhorar a *performance* ambiental das suas atividades produtivas. Em diversos países da América Latina, já foram implementados regulamentos ambientais que normatizam

Brasil em Questão
A Universidade e o Futuro do País

o nível de poluentes nas emissões industriais para o meio ambiente (resíduos líquidos e sólidos) ou os níveis de poluentes em águas superficiais e na atmosfera. Esses Estados também implementaram tecnologias mais limpas e têm levado a cabo continuamente muitos projetos e estudos que quantificam indicadores ambientais que auxiliam os legisladores e dos gestores.

Essas medidas têm significado, na maioria das vezes, somente um ato paliativo. As demandas por ações proativas com relação ao ambiente tiveram lugar tardiamente nos países de América Latina, se comparados, por exemplo, com as regiões econômicas da União Européia, do Nafta e mesmo com da APEC.

O uso do paradigma conceitual da IPP permite avaliar os efeitos ambientais oriundos da cadeia produtiva inteira, das ações operacionais que são executadas, enquanto quantificam as repercussões tanto para trás como para frente na cadeia produtiva. Desse modo, o processo de decisão baseado numa avaliação ao longo do ciclo de vida do produto conduz a ações mais efetivas, por conseguinte com maior sustentação a longo prazo, com relação à redução dos custos econômicos e ambientais as companhias e para o país.

A definição de desenvolvimento industrial no Brasil

A Política Industrial, Tecnológica e de Comércio Exterior (PITCE)

No início de 2004, o Governo brasileiro apresenta sua política industrial, tecnológica e de comércio exterior com o objetivo de promover o aumento da eficiência econômica e do desenvolvimento e a difusão de tecnologias com maior potencial de indução do nível de atividade e de competição no comércio internacional.

Ainda segundo os seus documentos mestres, esta política está focada no aumento da eficiência da estrutura produtiva, aumento da capacidade de inovação das empresas brasileiras e expansão das exportações. Como isso, o Governo brasileiro pretendeu criar uma base para uma maior inserção do país no comércio internacional, estimulando setores nos quais o Brasil tem maior capacidade ou necessidade de desenvolver vantagens competitivas, abrindo caminhos para a inserção nos setores mais dinâmicos dos fluxos de troca internacionais.

Na realidade, essa política faz parte de um conjunto de ações que compõem uma estratégia de desenvolvimento para a sociedade brasileira e apresentada no documento *Orientação estratégica de governo: crescimento sustentável, emprego e inclusão social.*

A base de sustentação dessa política apóia-se em quatro linhas de ações estratégicas: inovação e desenvolvimento tecnológico; inserção externa; e modernização industrial. Essas ações são justificadas principalmente por serem capazes de manter níveis de dinamismo crescente e sustentável e por sua capacidade de promoção de novas oportunidades de negócios, com capacidade de diversificar e fortalecer o setor produtivo.

O mapa estratégico da indústria

Na apresentação da Política Industrial, Tecnológica e de Comércio Exterior (PICTE), a Confederação Nacional da Indústria (CNI) lança, no final de 2005, o *Mapa estratégico da indústria 2007-2015*, contendo sua visão de progresso econômico para o País, ou seja, um progresso apoiado num desenvolvimento sustentável, no qual a sociedade, o Governo, os empresários e os trabalhadores estabelecerão em conjunto seus indicadores de qualidade para essa evolução.

Brasil em Questão
A Universidade e o Futuro do País

O *Mapa estratégico da indústria,* compreendido como um *mecanismo de gestão de prioridades estratégicas* para o período 2007-2015, representa a visão da indústria sobre a agenda de desenvolvimento do setor e do País para os próximos dez anos. Nesse contexto, ele atualiza a estratégia que favorece a capacidade de inovação das empresas por meio da incorporação da responsabilidade socioambiental, como uma oportunidade de negócio e com capacidade para promover a expansão da base industrial e do desenvolvimento regional.

A questão que se coloca quando o anexo 4 do *Mapa estratégico, tendências para a indústria mundial – desafios para o Brasil* apresenta sua comparação entre os principais indicadores econômicos, de comunicação e socioambientais para o Brasil, a China e a Coréia, é de como poderemos nos manter competitivos com esses novos padrões de crescimento?

Parte da capacidade da sociedade brasileira em alcançar esses objetivos será agora discutida nos dois artigos a seguir apresentados, por meio de um diagnóstico da disponibilidade de recursos humanos e de ferramentas que permitam os saltos de inovação tecnológica necessários ao nosso modelo de progresso.

Notas

[1] LEITÃO, S. *O perfil das demandas ambientais no Brasil: estudo da atuação institucional do SENAI,* 2005. (Dissertação de Mestrado) – Centro de Desenvolvimento Sustentável, Universidade de Brasília, Brasília, 2005.

[2] Essa concepção remonta ao estudo de Arthur Cecil Pigou (início do século XX) sobre a correlação de externalidade negativa mediante cobrança pelo Estado da diferença entre o custo marginal privado e o custo marginal social, impondo ao poluidor o ônus como tributo corretivo.

[3] Chamada pela literatura de "Hipótese de Porter", por se basear nos artigos de Michael Porter e Class van der Linde (PORTER, M. E.; LINDE, Class van der. Toward a new conception of the environment-competitiviness rela-

tionship. *Journal of Economic Perspectives*, v. 9, n. 4, p. 97-118, 1995), argumenta que a imposição de padrões ambientais adequados pode estimular as empresas a adotarem inovações em produtos e processos, tornando o atendimento à regulamentação ambiental um reforço às condições de competitividade das empresas.

[4] European Commission, "Integrated Product Policy (IPP)", European Commission, Memo MEMO/03/136, Bruxelas, 2003.

DESENVOLVIMENTO TECNOLÓGICO JÁ!

Roberto Nicolsky

Quando se examina o desempenho da taxa de crescimento do Produto Interno Bruto (PIB) brasileiro nos últimos 25 anos, tem-se a visão de um quadro desolador. Fortes oscilações, de mais de 9% positivos no início do período (1980) a menos de 4% negativos (1981 e 1990), acima e abaixo da tendência média, mostram a alternância entre sucessos e fracassos momentâneos de inúmeros planos econômicos dos diferentes governos que se sucederam nesse período. O Plano Real teve o efeito de abrandar a amplitude dessas oscilações, mas não conseguiu reverter a tendência de declínio da sua taxa, que foi em média de apenas 2,5% ao ano, menor do que a média mundial no período e muito menor do que a média dos países emergentes. A Figura 1 mostra a crueza dessa realidade, que

---

Roberto Nicolsky – Professor Adjunto da Universidade Federal do Rio de Janeiro. Doutor em Física pela Universidade Federal do Rio de Janeiro. Mestre em Física pela Universidade de São Paulo (USP). Diretor-Geral da PROTEC – Sociedade Brasileira Pró-Inovação Tecnológica. Pesquisador das áreas de física, materiais e engenharia elétrica.

mais parece o balanço de uma gangorra do que o comportamento de uma economia que envolve hoje 180 milhões de seres humanos.

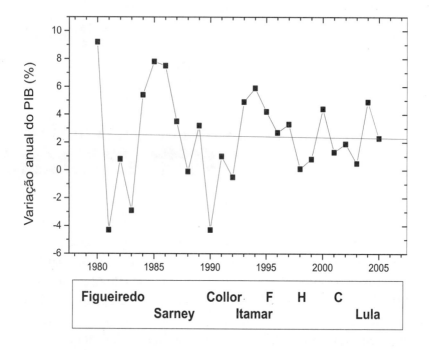

Figura 1 – Crescimento do PIB brasileiro nos últimos 25 anos e tendência da taxa de crescimento linear no período

Segundo dados da Comissão Econômica para a América Latina (CEPAL), em 2005 quase todos os países latino-americanos superaram o Brasil, com a única exceção do Haiti, uma nação conflagrada há anos, que ainda assim cresceu 1,5%. Os principais países vizinhos e próximos tiveram desempenho bem superior ao nosso: Chile, Peru e Uruguai cresceram 6%, a Argentina, 9,1%, e a Venezuela, 9%. Graças a eles a média da América Latina foi de 4,3%, mantendo-se no mesmo

Desenvolvimento Tecnológico Já!
Roberto Nicolsky

nível da média mundial. Nos países considerados emergentes ou em desenvolvimento, a média no ano passado alcançou 6,4%, puxada pela arrancada dos países asiáticos. China, Índia e Rússia obtiveram, em 2005, índices de crescimento do PIB de 9,9%, 8,3% e 7% ao ano, respectivamente. Isso significa que se mantiverem esse ritmo poderão dobrar o PIB em sete, nove e dez anos, pela ordem. E pelas previsões do Banco Mundial e do FMI para 2006, enquanto o PIB mundial deverá crescer 4,9% e o dos países emergentes 6,9%, o do Brasil crescerá apenas 3,5%.

Neste mesmo quarto de século, até os países desenvolvidos têm crescido mais do que o Brasil, aumentando a nossa distância em termos absolutos e em PIB *per capita*. Enquanto nesse período o PIB brasileiro acumulou um aumento de 70%, os Estados Unidos dobraram o seu, que hoje chega a US$ 11 trilhões. O Japão, mesmo considerando a sua longa crise, quase triplicou o PIB. Taiwan multiplicou o seu por cinco, e a Coréia do Sul por seis, apesar de ter a quarta parte da população brasileira e o tamanho do Estado de Pernambuco. A China, por fim – *hours concours* entre os emergentes –, cresceu mais de dez vezes, e sua indústria nada menos do que vinte vezes. Ou seja, no último quarto de século a distância que nos separa dos países ricos, em termos de PIB, aumentou, enquanto países emergentes como China e Coréia do Sul nos atropelaram e a Índia está nos alcançando.

Políticas públicas de fomento às inovações

Qual é a fonte do rápido crescimento desses países emergentes? A resposta está na prioridade que deram às políticas de fomento e à inovação tecnológica nas empresas, baseadas em forte redução tributária. Em sua grande maioria são inovações simples, pequenas, incrementais, que melhoram e aperfeiçoam os produtos e os processos inventados pelas empresas dos países desenvolvidos e que, aplicadas umas sobre as outras, levam o produto ou o processo a elevados níveis de competitividade. É o que Linsu Kim chama, com muita propriedade, de imitação (ou cópia) criativa (KIM, 1997), uma longa etapa essencial no aprendizado que um país emergente precisa ter para alcançar a competência tecnológica necessária para tratar idéias completamente novas, as chamadas inovações radicais, ou *breakthroughs*.

O efeito das políticas públicas de incentivo ao investimento em pesquisa e desenvolvimento (P&D) de inovações, que na Coréia do Sul se iniciou em 1972 com a Lei nº 2.399, é o rápido crescimento da taxa desses dispêndios em relação ao PIB. É o que se pode observar na Figura 2, referente ao período de 1980 a 2005, em que se pode notar que a taxa de Dispêndio em P&D em relação ao PIB cresce mais do que o próprio PIB, mostrando sua função ativadora do processo: 9,7% contra 8% anuais.

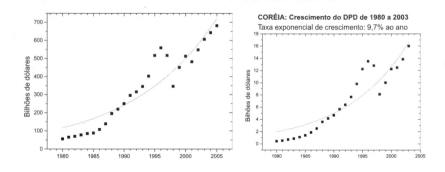

Figura 2 – Coréia do Sul, valor do PIB em US$ bilhões e tendência de crescimento exponencial de 8% ao ano (à esquerda) e taxa do DPD sobre o PIB e sua tendência de crescimento exponencial de 9,7% anuais

Embora não disponha de dados tão completos quanto os da Coréia do Sul (que organiza suas informações em padrão de país desenvolvido), Taiwan registra um comportamento desses dois parâmetros bastante semelhante, com um crescimento do PIB entre 1981 e 2000 a uma taxa de 7% ao ano, enquanto a taxa de Dispêndio de P&D sobre o PIB cresceu, no mesmo período, 12% anuais. Ainda com menos dados, temos o exemplo da China, que, desde sua reforma econômica do início dos anos 1980, vem crescendo a taxas assombrosas principalmente no setor industrial, optando por construir uma base tecnológica própria de geração de inovações incrementais incorporadas a produtos e processos.

Até a Índia, tradicionalmente vista como um país de difícil crescimento, ante a miséria em que vive a grande maioria da sua imensa população, diferenças de renda abissais graças ao seu sistema de castas profundamente arraigado na sua cultura, alto grau de analfabetismo em 16 línguas oficiais, conseguiu mudar de patamar. Isso ocorreu após as reformas econômicas de junho de 1991, patrocinadas pelo ministro das Finanças, hoje seu primeiro-ministro. Desde então, a Índia vem exibindo uma taxa de crescimento do PIB que se acelera, tendo iniciado em 5% ao ano, em 1991, e hoje ultrapassando os 8% anuais, com promessas de chegar a 10% nos próximos anos. Esse crescimento é baseado principalmente em alta tecnologia de produtos (fármacos e medicamentos), serviços (tecnologia da informação) e gestão empresarial (siderurgia).

Resultados das políticas públicas

O principal resultado estruturante das políticas públicas de fomento ao P&D pode ser bem avaliado com os dados, mais uma vez, da Coréia do Sul. O apoio financeiro e o estímulo fiscal ao desenvolvimento de inovações nas empresas levou a um amplo e rápido crescimento: em 1981 havia apenas 53 empresas inovadoras, e em 2003 já eram mais de 10 mil (crescimento de 20% ao ano), empregando acima de 125 mil pesquisadores. Quase todas as empresas inovadoras se lançam no mercado internacional, e hoje as exportações da Coréia, que tem a quarta parte da população brasileira e o tamanho do território de Pernambuco, ultrapassam os US$ 200 bilhões anuais. Os dados da Pintec 2003 (Pesquisa Industrial de Inovação Tecnológica do IBGE) mostram que o Brasil tem cerca de 1,2 mil empresas que inovam, mas apenas 177 declararam alguma inovação em âmbito mundial.

O avanço tecnológico alcançado pelos países emergentes da Ásia reflete-se hoje no rápido crescimento de suas patentes registradas no Escritório de Patentes dos Estados Unidos (USPTO) e na Organização Mundial de Propriedade Intelectual (OMPI). Em 2004, enquanto o Brasil teve apenas 106 patentes concedidas pelo USPTO, Taiwan teve 5.938, e a Coréia, 4.428. Há 25 anos estávamos todos no mesmo nível, mas, desde então, enquanto aumentamos nosso número anual de registros de patentes em menos de quatro vezes, Taiwan multiplicou o seu por mais de noventa vezes, e a Coréia do Sul, por mais de 550 vezes.

A China, que iniciou mais recentemente seu esforço de inovação tecnológica, teve 715 patentes registradas no USPTO em 2004, crescendo 20% ao ano desde 1980, e em 2005 depositou na OMPI 2.452 pedidos. A Índia, o mais novo sócio desse clube, teve outorgadas 363 patentes pelo USPTO em 2004, e vem registrando nessa área um crescimento de 29% ao ano desde 1980.

Políticas públicas com prioridade para o desenvolvimento de P&D nas empresas não apenas promovem o crescimento da produção de patentes como também fazem crescer a produção de artigos científicos (*papers*), como mostra a Figura 3. Essa correlação é explicada pelo fato de que o P&D de inovações freqüentemente propõe novas indagações acadêmicas e gera demanda de conhecimentos complementares, fomentando a produção científica por um efeito multiplicador. Enquanto o Brasil publicou cerca de cinco vezes mais ao final deste quarto de século, o que tem sido propalado como um resultado excepcional, Taiwan e a China publicaram 21 vezes mais, e a Coréia, noventa vezes – um crescimento de 19,2% ao ano.

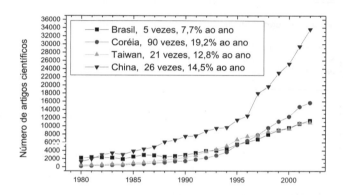

Figura 3 – Comparação do crescimento da produção de artigos científicos no período 1980-2002 entre três países asiáticos e o Brasil

O principal resultado da produção científica estimulada ou induzida pelo desenvolvimento tecnológico é a expressiva elevação da sua qualidade, medida pelos índices de citação nas publicações acadêmicas. Estudo de David A. King publicado em *Nature* (KING, 2004) comparou o comportamento da participação na publicação mundial de *papers* indexados, isto é, publicados em uma lista selecionada de revistas internacionais que obedecem rigidamente a critérios de aprovação por pares dos textos que lhes são submetidos, divididos em dois períodos qüinqüenais: 1993-1997 e 1997-2001. Os resultados estão apresentados na Figura 4 (FÉRÉZOU-NICOLSKY, 2004).

Brasil em Questão
A Universidade e o Futuro do País

Percentagem de crescimento da participação mundial em publicações entre os períodos 1993-97 e 1997-2001				
		Brasil	**China***	**Coréia**
Publicações em Ciência & Engenharia	Total Publicações	**45%**	**54%**	**91%**
	Índice de Citação	**31%**	**64%**	**98%**
	Top 1% Citadas	**72%**	**125%**	**179%**
Patentes Concedidas na USPTO (EUA)		**1%**	**32%**	**76%**

* incluindo Hong-Kong

Fontes, Patentes: USPTO, Utility Patents by Country, 2002
Publicações: Nature, Vol 430, p. 311-316; 15 de julho de 2004

Figura 4 – Percentagem de crescimento da participação mundial em publicações entre os períodos 1993-1997 e 1997-2001 do Brasil, da China e da Coréia do Sul e das suas citações

Entre os dados da Figura 4, temos o Índice de Citação, o Índice das "Top 1% Citadas" e o Índice de Crescimento das Patentes no USPTO (EUA). É flagrante que a maior taxa de crescimento na obtenção de patentes está correlacionada com todas as demais taxas de produção de *papers* e, de forma crucial, com a qualidade destes. É o chamado "empurrão da tecnologia" (*technology push*). A razão é óbvia, pois artigos motivados por demandas tecnológicas respondem a questões atuais e oportunas, ensejando maior nível de citação. Conclui-se, pois, que focar no estímulo ao P&D nas empresas é a melhor via, inclusive para o desenvolvimento científico local.

Poderíamos esperar os mesmos resultados?

Além do necessário ambiente macroeconômico favorável aos investimentos, enquanto o Brasil não priorizar uma política pública decidida e ousada de incentivo à inovação tecnológica nas empresas não conseguiremos nos tornar internacionalmente mais competitivos nem crescer a taxas próximas às dos países asiáticos..

Para se ter uma idéia da timidez da política atual, basta lembrar que a Lei da Inovação (nº 10.973/2004), no pouco que se refere ao apoio à inovação tecnológica nas empresas, ainda não saiu do papel, porque o orçamento de 2005 não alocou suficiente verba ao Fundo Nacional de Desenvolvimento Científico e Tecnológico (FNDCT) para a subvenção econômica (artigo 19) destinada a esse apoio. O orçamento de 2006 também não alocou recursos, embora tenha sido prometido um programa da FINEP baseado em verba de um decreto de 23/06/2006. O referido decreto determina a aplicação de algo como 10% do montante arrecadado no ano no desenvolvimento de inovações tecnológicas. Que lógica é esta que entende que arrecadar 100 das empresas e lhes devolver apenas 10 pode significar um fomento ou estímulo?

A Lei "do Bem" (nº 11.196/2005), por sua vez, só beneficia, com seus incentivos fiscais do Capítulo III, cerca de 6% das empresas estabelecidas no Brasil (apenas as que são regidas pelo regime fiscal de apuração de lucro real). Nesse grupo estão apenas grandes empresas e, obviamente, a maior parte das transnacionais, cuja quase totalidade dá prioridade aos investimentos em tecnologia fora do nosso país, em suas matrizes ou em seus centros tecnológicos localizados em países mais dinâmicos, como China e Índia. As empresas que mais precisam – as pequenas e médias empresas, responsáveis pela maior parte dos empregos do País – continuam excluídas dos benefícios da lei, pois normalmente trabalham com regime fiscal de lucro presumido ou o Simples (regime especial para microempresas).

Por fim, conclui-se que o País precisa urgentemente de políticas públicas de fomento e estímulo ao P&D de inovações nas empresas para alcançar uma inserção autônoma no comércio mundial, aumentar expressivamente as exportações de produtos com alto conteúdo de tecnologia própria, elevar os níveis de emprego e renda e, conseqüentemente, melhorar o seu padrão de distribuição. Tem-nos faltado, porém, a necessária coragem para ousar adotando um elenco completo e definitivo de leis e procedimentos. Pelo caminho que estamos trilhando, já se antevê a continuidade do medíocre resultado que temos conseguido: pequeno crescimento do PIB e quase nenhum da renda *per capita*, baixo índice de geração de novos empregos e baixos salários. É preciso apostar de maneira firme e continuada no desenvolvimento tecnológico, já!

Referências

KIM, Linsu. *Imitation to innovation*. Cambridge: Harvard Business School Press, 1997. *Da imitação à inovação*. Campinas: Editora Unicamp, 2005.

KING, David A. *Nature*, v. 430, p. 311-316, 15/07/2004.

FÉRÉZOU, Jean-Pierre; NICOLSKY, Roberto. Excelência científica e crescimento. *Folha de S. Paulo*, p. A3, 06/09/2004.

DA CRIATIVIDADE À INOVAÇÃO TECNOLÓGICA

Marcos Formiga

Criatividade

A criatividade é o desenvolvimento da capacidade criadora, do engenho e da inventividade. A cultura brasileira é pródiga nesses atributos e habilidades.

A criatividade brasileira expressa-se fortemente nas diferentes modalidades artísticas, como na riquíssima expressão artística dos nossos autóctones habitantes – a arte e o artesanato indígenas: pinturas corporais, plumagem decorativa, desenhos diversificados, instrumentos de tecnologia elementar, mas de formato e pigmentação vegetal inéditas, visíveis nos arcos, nas flechas e na habitação engenhosa e ecológica (com perfeito uso de iluminação e ventilação).

Marcos Formiga – Economista. Assessor no Laboratório de Estudos do Futuro/UnB; Assessor da Presidência da Confederação Nacional da Indústria (CNI). Foi Secretário Extraordinário para o Desenvolvimento do Centro-Oeste do Ministério da Integração Nacional. Vice-Presidente da Associação Brasileira de Educação a Distância (ABED). Atuou na CAPES e no CNPq.

Fenômeno semelhante se repete na música, produto da confluência étnica, que reúne ritmo e som indígenas, batuques e atabaques de influência africana, resultando na musicalidade tipicamente brasileira do chorinho, do samba, do frevo e do maracatu.

O carnaval e o futebol, expressões de origem alienígena, aqui foram totalmente adaptados e adquiriram feição e jeito profundamente brasileiros; a exuberância visual das escolas de samba e um toque de bola no esporte nacional, que, embora de origem inglesa, foi abrasileirado, mudando sua própria natureza anglicana.

Tal qual na criatividade artística, ela se registra também na ciência e na tecnologia. O cientista-inventor trabalha diretamente com a criatividade, é dela que saem os grandes *insights* do pensamento científico, registrados nos artigos publicados em veículos de prestígio internacional. Dos laboratórios e das oficinas surgem as invenções, que fazem avançar a ciência e remover as fronteiras para novas conquistas do conhecimento.

Além da arte e da ciência, a criatividade é insumo indispensável ao setor produtivo quando se trata de empreender novas idéias, novos produtos e novos processos. Essa conjunção de esforços aparece fortemente nas iniciativas empreendedoras.

Empreendedorismo

O Brasil é sempre citado entre os países com alto espírito empreendedor. No entanto, a existência de um marco legal caótico e inibidor prejudica diretamente a ação empreendedora do brasileiro. Ademais, a conjuntura econômica das duas últimas décadas tem direcionado o empreendedorismo nacional para atividades que garantam a sobrevivência financeira das pessoas em detrimento do empreendedorismo de oportunidade, mais receptivo à ousadia e à criatividade.

Inovação, na concepção de J. Schumpeter, é um processo de "destruição criadora". Ele parte da diferenciação entre crescimento e desenvolvimento e compreende, o desenvolvimento como a realização de "novas combinações" dos meios de produção. As "novas combinações", ao ocorrerem de forma descontínua, constituem o fenômeno mais característico do desenvolvimento. As "novas combinações" são designadas também de inovação, que podem surgir sob as seguintes formas:

1. introdução de um novo produto/serviço;
2. novo processo de produção (por uma técnica ou nova modalidade de comercialização);
3. abertura de um novo mercado, para um país ou para um setor específico;
4. conquista de uma nova fonte de suprimento de matéria-primas ou de produtos/serviço;
5. reorganização de qualquer indústria.

O realizador das "novas combinações" de fatores produtivos é o empreendedor. Este é, para Schumpeter, o inovador por excelência.

Características do inovador:

1. toma a decisão de investir;
2. assume alto grau de incerteza e risco;
3. é líder por vocação, capaz de conduzir os meios de produção a novos caminhos (em busca do êxito e da satisfação de criar).
4. exerce papel decisivo na formação do capital (além da poupança e do investimento), ao tornar mais baixos os custos de produção mediante as inovações; cria para si o lucro do empreendedor.

Brasil em Questão
A Universidade e o Futuro do País

Cultura da inovação

(Síntese de uma visão sobre o *Informe da Sociedade do Conhecimento* UNESCO 2005)

A autêntica cultura de inovação vai muito além da inovação técnica na economia global do conhecimento e parece ter adquirido a categoria de novo valor, tal como se verifica em sua difusão em múltiplos âmbitos (educativo, político, mediático e cultural).

Os conhecimentos, as técnicas e as instituições correm cada vez mais os riscos de serem chamadas de superadas.

Atualmente, a própria cultura constitui-se com base em um modelo de criatividade e de inovação, em vez de um modelo de permanência e de reprodução.

A generalização da aprendizagem em todos os níveis da sociedade tende a ser a contrapartida lógica da instabilidade permanente criada pela cultura da inovação. A sociedade de aprendizagem enfrenta neste início do século XXI o desafio de harmonizar a cultura da inovação com uma visão de longo prazo.

Algumas tendências e alertas feitos pela UNESCO:

1) Inovação e valorização do conhecimento

O que diferencia a inovação da invenção (confinada ao âmbito da pesquisa como produção de novo conhecimento) é a valorização do conhecimento traduzido na produção de novos bens e serviços. O empresário é o mediador que transforma as invenções em inovações produtivas. A inovação só existe quando encontra um empresário que a valoriza, em resposta a uma demanda da sociedade.

A inovação exige tempo para se desenvolver plenamente. O exemplo da informática é ilustrativo, teve de superar o receio dos adultos (tecnofobia), enquanto as crianças e os jovens souberam utilizá-la espontaneamente.

2) O caráter cooperativo e multidimensional do processo inovador

Nas décadas de 1960/1970, as invenções técnicas marcantes são resultado de projetos tecnológicos como a conquista do espaço, trens de alta velocidade, programas nucleares, etc. Naquela época, o Estado teve uma função importante – a de financiador e de principal usuário.

A dinâmica de inovação recente, de 1990 para cá, como os progressos na informática e a universalização da Internet, além da maior participação do setor empresarial, demonstra uma maior e nova interação entre os projetos técnicos e seus usos pelo grande público – este é o protagonista da inovação.

3) Cultura da inovação e a demanda de conhecimento

Na economia mundial do conhecimento, em que a capacidade de inovação é a pedra fundamental da competitividade, exige-se rapidez na difusão da inovação em determinada sociedade. No entanto, a inovação não se obtém por decreto.

Não se pode descuidar, também, do custo humano das mutações, relembrando o que dizia Schumpeter, que a inovação é um processo de "destruição criadora". Daí, os mecanismos destruidores inerentes à inovação devem ter suas conseqüências atenuadas no plano social e cultural.

A convivência com um processo contínuo e permanente de inovação exigirá constante atualização profissional e poderá chegar à exigência de prazo de validade dos títulos acadêmicos para corrigir

Brasil em Questão
A Universidade e o Futuro do País

a inércia das competências, como resposta à demanda por novas competências.

4) Inovação e renovação permanente: desafio da nova cultura

O mundo atual valoriza tudo o que muda e é novidade. Assim como no século XIX se passou de uma economia de demanda baseada na necessidade para uma economia de oferta baseada nas leis do mercado, hoje, o que é novo e mágico surpreende e se transforma em mercadoria real que produz valor agregado.

A valorização social da inovação em si pode provocar instabilidade e uma sensação de frivolidade vã em nossa sociedade, alimentada pelo espetacular. Sem dúvida, a cultura da inovação veio para ficar, não é uma simples moda. A própria criatividade artística facilita a compreensão deste fenômeno. Vide o efeito combinado das redes, a mundialização e o desenvolvimento de novas tecnologias, que vivem alterações sem precedentes. Vide o uso generalizado do prefixo *pós* no discurso contemporâneo. Ex.: arte pós-modernista, época pós-industrial, etc.

A criatividade está anexando novos âmbitos, e este fenômeno pode se chamar de "antropo-ética", já que se registra a tendência de o homem querer criar-se a si mesmo, com todos os riscos que isso representa. Os especialistas já advertem para o que poderá vir a ser e a se chamar "pós-humanidade".

E assim conclui o informe da UNESCO: "A inovação e a invenção saíram do âmbito do culto mediático pela velocidade do insólito para converter-se na condição de domínio do futuro da nossa sociedade e da nossa espécie".

Para concluir, gostaria de deixar uma pergunta que não quer calar: estamos no limiar de uma sociedade da inovação?

CRIATIVIDADE, DISCIPLINA E INOVAÇÃO TECNOLÓGICA[1]

Guilherme de Oliveira

Introdução

O processo inovativo na economia caracteriza-se pela sua complexidade e incerteza. A complexidade vem em função da grande variedade de atores sociais envolvidos neste processo. É importante ressaltar que esses atores se modificam em razão das especificidades de cada cadeia produtiva.

Essas dinâmicas distintas possuem aspectos peculiares que variam desde a criatividade (ex.: produção de moda e *design* esportivo) até a materialização de rotinas produtivas que possibilitam o desenvolvimento e o aperfeiçoamento de uma melhor prática, o

---

Guilherme de Oliveira – Economista da Confederação Nacional da Indústria (CNI). Doutor em Política Científica e Tecnológica pelo Departamento de Política Científica e Tecnológica da UNICAMP. Professor no Curso de MBA de Gestão da Inovação, Faculdade Euro-Americana. Foi Pesquisador do Núcleo de Estudos de Economia, Indústria, Trabalho e Tecnologia (EITT) da PUC/SP.

que em si pode ser considerado uma inovação. Quanto à incerteza, devemos ter em mente que ela é inerente ao negócio. Entretanto, quando o foco é a dinâmica inovativa, essa incerteza aumenta. Dessa forma, a inovação tecnológica incorpora elementos que tangem a genialidade mas considera também a importância da disciplina para a materialização de rotinas que, em última análise, podem amenizar a incerteza embutida no processo inovativo.

Conceitos

A abordagem evolucionista considera que as etapas de desenvolvimento tecnológico das empresas se dão de forma gradual. Dessa maneira, a materialização do conhecimento consolida-se por meio da percepção da rotina como um ativo estratégico para a empresa. O aprendizado, gerado por essas rotinas produtivas, é um fator fundamental para a consolidação do conhecimento e possíveis melhorias incrementais, ou radicais, nos produtos e nos processos.

O debate a respeito da importância da inovação tecnológica não é recente na literatura econômica. Autores como Schumpeter (1978) destacam que a inovação é um dos principais fatores que impulsionam a expansão de ciclos de crescimento econômico. Nelson e Winter (1982) retomaram essa discussão com base em uma abordagem de cunho evolucionista. Seguindo essa mesma direção, autores como Hobday (1995), Kim (2005), Kim e Nelson (2005), Teece (2005) e Lall (2005) destacam a importância da materialização de rotinas para viabilizar e impulsionar os processos de inovação nas empresas.

Devemos observar que os processos organizacionais e produtivos possuem aspectos dinâmicos e estáticos. Segundo Teece (2005), podemos dividir esses processos em quatro funções:

- coordenação (um conceito estático);
- rotinização;
- aprendizado (um conceito dinâmico); e
- reconfiguração (também um conceito dinâmico).

Como conceito estático consideramos aquelas práticas que sofrem poucas modificações ou variações. Conceito dinâmico é aquele em que as práticas se modificam e sofrem variações em função do tempo e de sua própria dinâmica interna.

Quando consideramos a lógica de criação de um novo produto, ou novo processo, devemos atentar para a presença de aspectos dinâmicos na lógica produtiva. Esses aspectos dinâmicos estão presentes na criação de novos modos de produção, no desenvolvimento de novos materiais e, mesmo, em novas janelas de oportunidades para o lançamento de novos produtos. A criação e a criatividade possuem, por excelência, uma lógica dinâmica.

Ao se observar as funções de aprendizado e reconfiguração, focando os processos de produção, devemos ficar atentos que a rotinização, e sua lógica de materialização de conhecimento, deve estar sempre presente. Este mecanismo, rotinização/materialização de conhecimento, é um dos fundamentos para a viabilidade dos modos de aprendizado, considerando *learning-by-doing, learning-by-interacting, learning-by-training, learning-by-hiring, learning-by-clustering e learning-by-researching* (LUNDVALL, 1992).

Inovação e competitividade

A inovação deve ser vista como um fator que possibilita ganhos de competitividade concretos para a empresa. Devemos evitar observar a inovação como uma espécie de preciosismo ou modismo de gestão. De todo modo, os conceitos sobre inovação são vastos.

Neste trabalho, abordamos a inovação considerando a visão adotada pela OCDE. Dessa forma, acredita-se que a inovação possibilita uma inserção mais forte da empresa e do produto no mercado. A comparação entre números de alguns países permite constatar que aqueles mais atuantes nas áreas relacionadas à inovação são os que apresentam uma *performance* econômica mais satisfatória.

Quando consideramos fatores que viabilizam ganhos de competitividade para a empresa, devemos adotar uma visão sistêmica, considerando variáveis que permitem esses ganhos. Dessa forma, devemos ficar atentos para fatores como: qualidade, *design*, tecnologia, recursos humanos, infra-estrutura, entre outros.

A inovação possui um caráter transversal a esses fatores. É importante notar que aspectos como qualidade são indutores da inovação tecnológica. Outros fatores como aquisição de máquinas e equipamentos possuem um aspecto finalístico quando considerada a dinâmica da inovação tecnológica.

O conceito de inovação usado neste trabalho é o compartilhado pela OCDE. Assim, "inovações Tecnológicas em Produtos e Processos (TPP) compreendem as implantações de produtos e processos tecnologicamente novos e substanciais melhorias tecnológicas em produtos e processos. Uma inovação TPP é considerada implantada se tiver sido introduzida no mercado (inovação de produto) ou usada no processo de produção (inovação de processo). Uma inovação TPP envolve uma série de atividades científicas, tecnológicas, organizacionais, financeiras e comerciais. Uma empresa inovadora em TPP é uma empresa que tenha implantado produtos ou processos tecnologicamente novos ou com substancial melhoria tecnológica durante o período em análise".[2]

Dessa forma, o lócus da inovação é a empresa, e a validação dessa inovação é o mercado. O produto ou processo só é de fato inovador caso o mercado tenha uma boa receptividade pela inovação.

É interessante observar, comparativamente, a *performance* de alguns países no tocante à inovação. A Tabela 1 demonstra alguns números fornecidos pela OCDE e pelo Instituto Brasileiro de Geografia e Estatística (IBGE).

Tabela 1 – Taxa de inovação de países selecionados [A]

País [B]	Geral – %	Produto – %	Processo - %
Alemanha	60	47	36
Portugal	42	26	31
França	40	33	23
Itália	38	27	29
Espanha	37	25	26
Brasil [C]	**33**	**20**	**27**

A – Os dados apresentados são os mais recentes disponíveis.

B – Os dados de todos os países, com exceção do Brasil, foram disponibilizados pela OCDE (2005).

C – Os dados do Brasil foram disponibilizados pelo IBGE (2006).

FONTE: OCDE (2005) e IBGE (2005)

Chama a atenção a *performance* da Alemanha (60%) e da Espanha (42%) diante dos números do Brasil (33%). A questão a ser respondida é: o que explica uma sociedade reconhecidamente criativa como a brasileira possuir números baixos de inovação, em termos comparativos com outros países (com destaque para a Alemanha)?

Ao se comparar os números e os níveis de competitividade entre países, o resultado é ainda mais preocupante. Segundo o *World Economic Forum* (WEF), o Brasil ocupa o 65º lugar em um *ranking* de 117 países. A Alemanha ocupa o 15º lugar, enquanto a Espanha, o

Brasil em Questão
A Universidade e o Futuro do País

29º. É certo que a taxa de inovação não é a única variável considerada pelo WEF, entretanto ela permite algumas aproximações.[3]

Uma recente pesquisa da Confederação Nacional da Indústria (CNI)/SEBRAE a respeito da competitividade da indústria brasileira permite constatar alguns aspectos interessantes no tocante à incorporação da tecnologia pelas empresas. A pesquisa aponta que o esforço inovativo da indústria apresenta um baixo resultado. Poucas empresas possuem a prática da atividade de P&D interna ou mesmo compartilhada. Também é elevado o número de empresas que busca a aquisição de tecnologia, a chamada tecnologia de "prateleira".[4]

Criatividade e disciplina

A dinâmica inovativa possui várias etapas. Não há dúvida que a criatividade é uma etapa importante nesse processo. Entretanto, ela não se esgota em si. A dinâmica da inovação também incorpora etapas de absorção e materialização de conhecimentos que se consolidam por meio de rotinas. Uma variável importante desse processo é a disciplina na materialização dessas rotinas.

A dinâmica da inovação possui etapas que podem variar na sua importância, mas estão presentes durante todo o processo inovativo. Dessa forma, fatores como conhecimento (tácito ou formal), aprendizado (considerando os estímulos para esse aprendizado) e criatividade fazem-se presentes e necessitam de uma gestão eficiente.

O ato de criatividade possui um caráter intangível claro. Esse ato possui um caráter de imprevisibilidade que pode se modificar em função de fatores locais, sociais e culturais. A soma desses fatores acaba por criar um ambiente típico em cada região. Esse ambiente modifica-se e molda-se, de forma peculiar, em cada espaço. Dessa forma, não podemos imaginar que exista um padrão semelhante de criatividade em todos os locais. No Brasil, o que ocorre de fato é uma variedade de criatividade proporcional ao tamanho do território nacional. Assim, possuímos um espectro amplo e complexo de criatividade, no qual os gostos e as influências se materializam de diversas formas.

O processo de produção exige um nível de disciplina elevado. Não deixa de ser paradoxal que mesmo quando concebemos modos de gestão de produção flexíveis, podendo-se considerar que a criatividade está fortemente presente, a disciplina faz-se necessária de forma mais intensa. É a disciplina que viabiliza a materialização de alguns aspectos do conhecimento tácito em conhecimento formal e que torna possível etapas importantes do processo de aprendizado.

Somente em um ambiente disciplinado é possível ter um nível de ordenação eficiente entre as variáveis que permitem a geração da inovação. Isso fica claro quando analisamos processos de apropriação de conhecimento, como, por exemplo, a propriedade industrial e o caso de aquisição de indicações geográficas. Nesse tipo de processo, o desenvolvimento de rotinas padronizadas e específicas, de padrões claros de qualidade e de etapas rígidas de processo é fator fundamental para a consolidação do processo de aquisição do direito ao uso desse instrumento. A padronização dessas rotinas é indutora da inovação ao exigir que todos os envolvidos desenvolvam melhores práticas em suas respectivas áreas.

Gestão da inovação

A gestão da inovação deve ser vista como o processo de gestão de um portfólio de ativos, tangíveis e intangíveis, que variam não só entre empresas, mas também na própria empresa. Cada etapa deste processo possui uma lógica própria de funcionamento, na qual as variações se fazem presentes constantemente.

Brasil em Questão
A Universidade e o Futuro do País

São vários os ativos que compõem a dinâmica inovativa no âmbito das organizações. A forma em que este ativo se manifesta pode variar, podendo ser: tangível, intangível, tecnológico, complementar, financeiro e locacional.

Como ativo tangível podemos considerar a existência de ativos físicos relacionados à produção e à gestão de produtos e processos. Estes tipos de ativos são mais explícitos e se manifestam de forma mais clara. Dessa maneira, sua gestão é rapidamente incorporada na rotina empresarial. O mesmo não acontece com a gestão dos ativos de característica intangível, na qual muitas vezes sua manifestação ocorre de forma tácita. Esse tipo de ativo, intensivo em conhecimento, necessita de mecanismos para apropriação de conhecimento. Os ativos tecnológicos podem fluir entre a esfera de ativo tangível e intangível. Como destaca Teece (2005), "os ativos tecnológicos de uma empresa podem ou não estar protegidos pelos instrumentos padrão das leis de propriedade intelectual". Os ativos complementares por sua vez requerem o uso de determinados ativos afins para produzir e distribuir novos produtos ou serviços. Os ativos financeiros são aqueles que permitem um grau de alavancagem da empresa. Por fim, os ativos locacionais são aqueles criados pelas especificidades locais e ambientais nas quais a empresa está inserida.

Devemos ter em mente que todos estes ativos se manifestam conjuntamente, seguindo suas próprias características. Assim, a gestão da inovação exige uma coordenação funcional e eficiente destes procedimentos. Aqui, a variável criatividade é um fator importante, pois é ela que permite a percepção sobre os novos "caminhos", as novas oportunidades que se podem consolidar como inovações.

Essas oportunidades acabam por indicar trajetórias próprias. Muitas vezes essas trajetórias são coincidentes com trajetórias já traçadas por outras empresas. A percepção e a consolidação deste comportamento faz com que as empresas repliquem ou imitem

170

procedimentos já utilizados por outros. Esta imitação também é incorporada por uma dose de desenvolvimento de capacitações e aprendizado, fazendo com que os ativos (tangíveis e intangíveis) se manifestem em intensidades variadas. É importante destacar que mesmo processos de replicação de outras práticas exigem adaptações, exigem algum tipo de aprendizado, algum nível de inovação.

Tecnologia Industrial Básica (TIB), inovação e disciplina

A Tecnologia Industrial Básica (TIB) é composta pelas áreas de metrologia, normalização, avaliação de conformidade, informação tecnológica, gestão organizacional e propriedade intelectual. Todas essas áreas caracterizam-se pela capacidade indutora da ação de inovação, além de exigirem uma elevada carga de disciplina em seus processos e procedimentos. Chamamos a atenção para duas áreas: normalização e propriedade intelectual.

O programa TIB originou-se na década de 1980 em uma ação conjunta do Ministério da Indústria e Comércio (MDIC), do Conselho Nacional de Desenvolvimento Científico e Tecnológico (CNPq) e da Coordenação de Aperfeiçoamento de Pessoal de Nível Superior (CAPES), sendo financiado pelo Banco Mundial. O programa deve ser visto como uma ação integrada que abrange várias áreas de atuação: metrologia, normalização, avaliação de conformidade, informação tecnológica, gestão organizacional e propriedade intelectual. Todas essas áreas possuem em comum um forte papel de indução para melhores práticas, com destaque para inovação e qualidade.

É importante observar o programa em um contexto de crescente internacionalização da atividade industrial. Esse processo de internacionalização passa pela necessidade de adoção de normas técnicas comuns às empresas. Nesse sentido, o programa TIB foi fundamental para a inserção do País em um contexto de economia

Brasil em Questão
A Universidade e o Futuro do País

globalizada. Exemplo desse esforço foi a consolidação do ABNT CB-25 no Comitê Técnico 176 da ISO.

A observação do caso da normalização permite que tenhamos uma noção mais clara da dificuldade brasileira no tocante à adoção de boas práticas em relação aos países mencionados. Mesmo considerando o esforço do programa, alguns números chamam a atenção, conforme podemos observar na tabela abaixo:

Tabela 2 – Certificados ISO 9001 (dados coletados até 31/12/2003)

País	Total de certificados
Itália	61.212
Reino Unido	60.927
Estados Unidos	38.927
Alemanha	35.802
Espanha	28.690
Coréia do Sul	14.520
Brasil	**7.900**

FONTE: INMETRO

A diferença nos números do Brasil em relação à Alemanha é significativa. A Alemanha possui pouco mais de quatro vezes o número de certificações que o Brasil. Esses números representam não só uma maior capacidade de inserção das empresas alemãs na economia global, mas também sinalizam uma maior resistência das empresas locais, brasileiras, em adotar rotinas mais rígidas em seus processos de produção.

No caso de propriedade intelectual, os números também são preocupantes. A Tabela 3 apresenta os números de pedidos de patente ao escritório norte-americano de patentes, considerando Brasil,

Argentina, México e Coréia do Sul. A partir de meados da década de 1980, a Coréia dá um salto e ultrapassa o Brasil no número de pedidos de patentes. A divergência é crescente e chega a uma grandeza surpreendente em 2004. Neste ano, o Brasil encaminha 203 pedidos de patentes, enquanto a Coréia chega ao número de 9.730.

Tabela 3 – Pedidos de patentes de invenção ao escritório norte-americano de patentes, países e anos selecionados

Anos	Brasil	Argentina	México	Coréia do Sul
1980	53	56	77	33
1985	78	39	81	129
1990	88	56	76	775
1995	115	65	99	1.820
2000	240	138	180	5.882
2004	203	86	152	9.730

FONTE: USPTO

Uma característica transversal, e comum, dessas áreas é a necessidade de adoção de uma disciplina rígida nos padrões de comportamento dos agentes envolvidos nos processos. Todas elas exigem elevados padrões de confiabilidade e credibilidade.

Devemos deixar claro que a verificação de problemas existentes nas áreas de normalização e propriedade intelectual se estende para todos os atores do Sistema TIB. No entanto, a necessidade de se inserir, no imaginário das empresas, a necessidade de adoção de normas e padrões é um tema recorrente tratado no âmbito da gestão de inovação.

Conclusões

A dinâmica do processo de inovação é complexa. Devemos ter em mente que a inovação exige a gestão integrada de um portfólio de ativos tangíveis e intangíveis. É neste conjunto de ativos que se inserem a criatividade e a disciplina.

A compreensão da constituição do processo criativo é uma tarefa que envolve uma visão holística. É importante compreender que a criatividade é composta por fatores que envolvem influências culturais, sociológicas, econômicas e mesmo ambientais. Em um país de características continentais como o Brasil, a compreensão desse fator é uma tarefa árdua. Entretanto, pode possibilitar a capacidade de criação de uma sinergia que embute uma vantagem comparativa importante ante a outros países.

A dinâmica da inovação envolve rotinas que, por sua vez, são indutoras do processo de aprendizado, considerando suas variações (*learning-by-doing, learning-by-interacting, learning-by-training, learning-by-hiring, learning-by-clustering e learning-by-researching*).

O conhecimento desses fatores, assim como a gestão eficiente dos processos que envolvem os procedimentos de absorção e materialização do conhecimento relacionado a essa tarefa, é uma missão árdua, porém apresenta resultados interessantes.

O caso brasileiro é antagônico sob vários aspectos. Inicialmente, a forte presença da criatividade na sociedade brasileira é um ativo intangível de forte conteúdo estratégico. Ao mesmo tempo, a pouca disciplina presente em várias etapas da produção, e mesmo da concepção de produtos, coloca o País em um quadro pouco satisfatório no *ranking* das economias mais inovadoras e competitivas. Os números sinalizam que existe um caminho longo a ser percorrido.

É importante ter em mente que a inovação não se faz somente com um potencial criativo elevado. Também se faz necessária a absorção de uma prática de materialização de rotinas no dia-a-dia das empresas em todas as suas fases de produção. Nesse sentido, o esforço do Programa TIB é louvável, mas ainda não é o suficiente.

Assim, a adoção de melhores práticas pelas empresas deve envolver aspectos relacionados com uma maior disciplina e rigidez de seus processos. Entretanto, esses procedimentos não devem alienar a capacidade criativa dos diversos atores que compõem a capacidade produtiva e inovativa das empresas e das organizações.

Notas

[1] Este trabalho é de responsabilidade única e exclusiva do autor.

[2] OCDE (1997), p. 54.

[3] O Brasil ocupa a 56ª posição da WEF na variável tecnologia.

[4] 81,2% das empresas pesquisadas adquiriram máquinas e equipamentos em 2003.

Referências

BELL, M.; PAVITT, K. Technological accumulation and Industrial growth: contrasts between developed and developing countries. *Industrial and Corporate Change*, v. 02, n. 02, 1993.

CNI; SEBRA. *Pesquisa de competitividade industrial.* 2005.

DOSI, G. *Technical Change and Industrial Transformation – The Theory and an Application to the Semiconductor Industry.* Londres: Ed. MacMillan, 1984.

FREEMAN, C. *The Economics of Industrial Innovation.* Londres: Ed. Frances Pinter, 1982.

Brasil em Questão
A Universidade e o Futuro do País

HOBDAY, M. *Innovation in East Asia: The Challenge to Japan*. Aldershot, UK: Ed. Edward Elgar, 1995.

HODGSON, G. M. *Economics and Evolution – Bringing life back into economics*. Ed. The University of Michigan Press, 1999.

IBGE, PINTEC 2000. *Pesquisa industrial de inovação tecnológica*. Rio de Janeiro: IBGE, 2003.

IBGE, PINTEC 2003. *Pesquisa industrial de inovação tecnológica*. Rio de Janeiro: IBGE, 2005.

INMETRO. www.inmetro.gov.br

USPTO. www.uspto.gov

KATZ, J. *Importación de Tecnologia, Aprendizage y Industrializacón Dependiente*. Cidade do México: Ed. Fondo de Cultura Economico, 1976.

KIM, L. *Da imitação à inovação*. Campinas: Unicamp, 2005.

KIM, L.; NELSON, R. (Org.). *Tecnologia, aprendizado e inovação*. Campinas: Unicamp, 2005.

KON, A.; OLIVEIRA, L. G. (Org.). *Pesquisas em economia industrial trabalho e tecnologia*. São Paulo: Fapesp/Eitt-PUC, 2004.

LALL, S. A mudança tecnológica e a industrialização nas economias de industrialização recente da Ásia: conquistas e desafios. In: KIM, L.; NELSON, R. (Org.). *Tecnologia, aprendizado e inovação*. Campinas: Unicamp, 2005.

LALL, S. Las capacitates tecnológicas. In: SALOMON, Sagasti; SACHS (Org.). *Una Búsqueda Incierta*. Ed. FCE, 1992.

LUNDVALL, B. *National systems of innovation*. Towards a theory of innovation and interactive learning. Londres: Ed. Pinter, 1992.

NELSON, R.; WINTER, S. *An evolutionary theory of economic change.* Ed. Harvard University Press, 1982.

OCDE. *Science and Technology. Main Indicators.* Paris: OECD, 2005.

OCDE. *Technology and Industrial Performance.* Paris: OECD, 1996.

OCDE. *Manufacturing performance:* a scoreboard of indicators. Paris: OCDE, 1994.

OLIVEIRA, L. G.; BERNARDES, R. "O desenvolvimento do *design* em sistemas complexos na indústria aeronáutica: o caso de gestão integrada de projetos aplicada ao programa ERJ-170/190". Salvador: ANPAD, 2002 a.

SCHUMPETER, J. A. *Teoría del desenvolvimiento económico.* Cidade do México: Ed. FCE, 1978.

STURGEON, T. J. Does Manufacturing Still Matter? The Organizational Delinking of Production from Innovation. *Working Paper* 92B, Berkeley Roundtable on the International Economy (BRIE), August 1997.

TIB. *Tecnologia industrial básica:* trajetória, tendências e desafios no Brasil. Brasília: MCT, CNI, SEBRAE, IEL, 2005.

TEECE, D. As aptidões das empresas e o desenvolvimento econômico: implicações para as economias de industrialização recente. In: KIM, L.; NELSON, R. (Org.). *Tecnologia, aprendizado e inovação.* Campinas: Unicamp, 2005.

UTTERBACK, J. *Dominando a dinâmica da inovação.* Rio de Janeiro: Qualitymark, 1994.

ZILBOVICIUS, M. *Modelos para a produção, produção de modelos:* gênese, lógica e difusão do modelo japonês de organização da produção. São Paulo: Annablume/Fapesp, 1999.

UMA POLÍTICA CONSEQÜENTE DE INOVAÇÃO TECNOLÓGICA NACIONAL

Flávio Luciano A. de Souza

Avanço tecnológico

A expressão "avanço tecnológico" costuma ser associada à idéia de modernidade, mas claro que logo constatamos não ser assim. A guerra tem sido excelente alavanca para conquistas tecnológicas como ocorreu, por exemplo, em 2.500 a.C., quando os sumérios passaram a usar a roda de madeira para equipar carros de combate que dessem agilidade a seus comandantes em batalha. Mas, como normalmente ocorre, uma importante conquista tecnológica logo se faz tronco de uma árvore com inúmeros ramos representativos de novos avanços. Em breve, as rodas e os carros de combate deixariam de ser de tosca madeira, fazendo-se de ferro, etc.

Mas a paz, principalmente a do comércio, também inspira inovações, como em tempos mais recentes ocorreu com a máquina

---

Flávio Luciano A. de Souza – Consultor de P&D pela Auctoritas Consultoria, é colaborador da Sociedade Brasileira Pró-Inovação Tecnológica/PROTEC. Engenheiro Eletricista pela UFF, fez pós-graduação em Sistemas de Potência pela UFRJ. Bacharel em Direito pela FND/UFRJ.

a vapor, cuja primeira descrição foi feita por Hero, de Alexandria, no século I d.C. No entanto, a primeira patente só ocorre em 1698, por trabalho de Thomas Savery, aperfeiçoada por Thomas Newcombe 14 anos depois, culminando com seu desenvolvimento prático para aplicação em máquinas de tecelagem, por James Watt, em 1769, o que fez com que a Revolução Industrial pudesse ocorrer na Inglaterra.

O próprio conceito de inovação é controverso, mas hoje ele é visto como a meta de um processo em que o conhecimento seja transformado em produto ou serviço que venha a beneficiar as condições sociais e econômicas do cidadão comum. Nesse procedimento de busca de disponibilização de bens (ou processos) tecnologicamente inéditos ou de inserção de melhorias significativas em bens (ou processos) existentes, despontam a ciência e a tecnologia, com as quais interagem ainda aspectos educacionais, organizacionais, financeiros e comerciais.

É, portanto, problema de Estado, sendo responsabilidade dos governos dotar o processo de segurança, continuidade programática e eficiência, suportando-o com adequado arcabouço normativo, bem dimensionadas funções de gerenciamento e fiscalização, adoção de práticas corretas de subvenção e subsídios (aí incluídas as políticas de incentivo fiscal fundamentadas no princípio da renúncia fiscal, mas não nele se esgotando), bem como pelo bom uso do poder de compra do Estado.

Uma estratégia nacional de avanço tecnológico só poderá ser considerada bem-sucedida se todos os esforços despendidos, particularmente os econômico-financeiros, desaguarem positivamente em seu parque industrial, gerando melhoria acentuada de produtividade, capacidade de atendimento com qualidade ao mercado interno e competitividade internacional para seus produtos e serviços.

Subvenção econômica e incentivos fiscais para P&D e IT

A subvenção econômica de atividades de pesquisa e desenvolvimento (P&D) e inovação tecnológica (IT) é mecanismo importante para que uma nação possa obter conseqüentes resultados industriais, mantendo sua produção em bons patamares de competitividade, técnica e econômica, no mercado internacional. Políticas de subvenção e de incentivos fiscais, institutos bastante distintos de fomento ao desenvolvimento de parques industriais competitivos, não são absolutamente mutuamente excludentes, cabendo a cada nação adotar o mais adequado balanço entre os dois mecanismos de fomento, conforme as circunstâncias de sua ambição de inserção no mercado econômico internacional.

Em princípio, políticas de subvenção seriam vocacionadas a incentivar o estabelecimento de uma real e sustentada adoção de práticas inovadoras de processos industriais, um incentivo a que os empresários se dediquem a modernizar suas instalações, procedimentos e produtos, a fim de fazê-los competitivos nos mercados interno e internacional.

Caberia aos mecanismos de incentivos fiscais induzir as empresas já engajadas em esforços de inovação tecnológica a persistir em tais esforços. A conseqüência imediata da adoção de uma adequada política em que subvenção e incentivos fiscais se complementem é a criação de novas empresas que se caracterizem pela realização de inovações tecnológicas. Tal modelo permite um sadio compartilhamento de riscos entre a empresa e a sociedade, representada pelo Estado.

É atribuição do Estado, conforme suas realidades econômicas e sociais, ditar o rumo a trilhar para atingir adequado nível de desenvolvimento industrial, bem como eleger os setores que devem ser privilegiados, cabendo ao empresariado nacional concretizar tal desejo de realização.

Brasil em Questão
A Universidade e o Futuro do País

Há, ainda, necessidade de estabelecimento de um ambiente institucional, por meio da melhor eleição de mecanismos de fomento a P&D e IT, em que ciência e tecnologia devam se integrar com o objetivo de agregar valor a bens e serviços produzidos, passando a inovação a ser conseqüência direta da valorização e da realização de conhecimentos gerados ou adaptados às realidades de cada país.

É bem verdade que nosso arcabouço legislativo sobre CTI (ciência, tecnologia e inovação) tem sido objeto de meritórias alterações (fundamentalmente as Leis, nºs 9.279/96, 9.609/98, 9.991/00, 10.637/02, 10.848/04, 10.973/04 e 11.196/05). As mais recentes tratam de aspectos positivos, tais como mecanismos diversos de fomento a CTI; efetivo incentivo a alianças estratégicas entre ICTs e empresas produtoras; possibilidade de compartilhamento de infra-estruturas de apoio (acadêmicas, de centros de pesquisa ou industriais) a atividades de P&D; facilidades viabilizadoras de transferência de tecnologia entre agentes; e incentivo a pesquisadores, seja no que diz respeito a sua participação nos ganhos econômicos do projeto, seja em sua mobilidade entre projetos.

Ciência e tecnologia

Embora erroneamente, ciência e tecnologia costumam ser colocadas como atividades competitivas entre si quando, em sua complementaridade, têm a obrigação de gerar inovação tecnológica ao evoluir segundo as fases de pesquisa (básica e aplicada) e desenvolvimento experimental. Dessa forma, o trabalho criativo, realizado metodologicamente, irá ampliar o estoque de conhecimentos de uma sociedade e, por conseqüência, viabilizará o uso desse conhecimento na busca de novas aplicações, as inovações tecnológicas.

Assim, seria possível segmentar as inovações em dois tipos: as que geram ineditismo tecnológico (inovação tecnológica propriamente dita) e as que geram melhorias em bens ou processos existentes (inovações). Embora, principalmente no meio acadêmico, as do primeiro tipo sejam as preferenciais, há de se reconhecer a dificuldade em implementá-las (cadeia de evolução do conhecimento, aspecto financeiro, disponibilização de recursos laboratoriais, longos prazos de atingimento, etc.).

As inovações capazes de, simplesmente, talvez, estabelecer melhorias em processos ou produção de bens são normalmente de mais fácil concretização e foram as mais escolhidas por aqueles países que conseguiram sair, recentemente, do estágio de nações subdesenvolvidas para o de real desenvolvimento. Mas é importante ressaltar que uma estratégia nacional de CTI não pode prescindir de nenhum dos dois citados tipos de inovação, cabendo, caso a caso, adotar o mais virtuoso balanço entre os dois, conforme os estágios de desenvolvimento científico, industrial e econômico de cada país e suas possibilidades presentes de inserção na ordem econômica mundial.

Na história dos povos, não é possível considerar a inovação como fator único de desenvolvimento, mas nos tempos atuais não parece haver opção. Para que ocorra desenvolvimento de uma nação, ela deve se fazer forte no comércio internacional, captar mais do que gasta, e isso só vai ser conseguido se dispuser de produção industrial de qualidade e tecnologia altamente competitiva. O sucesso no desenvolvimento industrial e econômico de um povo pode ser associado aos seguintes fatores: introdução de novos bens de produção própria; incorporação de novos métodos de produção; adequação organizacional do próprio setor produtivo; domínio de novos suprimentos de matéria-prima; atendimento importante às demandas de seu mercado interno; abertura de novos mercados para colocação de seu excedente de produção.

Brasil em Questão
A Universidade e o Futuro do País

FNDCT e fundos setoriais

O atual modelo brasileiro de suporte a CTI tem como fulcro a segmentação das áreas tecnológicas e a criação de correspondentes fundos, mantidos com a contribuição compulsória do setor produtivo.

Embora o Fundo Nacional de Desenvolvimento Científico e Tecnológico (FNDCT) anteceda a criação dos Fundos Setoriais, certamente foi decisivo o surgimento de tais fundos para que se criassem potenciais condições de alavancagem para pesquisa, desenvolvimento e inovação tecnológica em nosso País. No estabelecimento de uma política de inovação tecnológica abrangente, como a iniciada em 1999 com a dinâmica dos Fundos Setoriais, seria natural que ocorresse um período – e custo – de aprendizado, não contabilizável em resultados imediatamente mensuráveis, mas, neste momento, o País precisa que se passe à fase de obtenção concreta de resultados, para que possa ocorrer a devida contrapartida em benefícios sociais à população.

O quadro anterior à criação dos Fundos Setoriais era danoso à nação no que diz respeito às possibilidades de evolução tecnológica, competitividade industrial, geração/manutenção de postos de trabalho, formação de profissionais, circulação de capital no meio interno e equilíbrio da balança comercial. Com a criação dos Fundos foram estabelecidas condições de reversão do anterior círculo vicioso da pesquisa e desenvolvimento, surgindo alternativas que nos permitissem deixar de ser meros importadores de tecnologias e de equipamentos atualizados, o que implica dizer: deixarmos de ser pagadores de *royalties* e de vermos nosso parque industrial ser condenado ao obsoletismo e à desimportância econômica e social. Além disso, a desqualificação na formação de profissionais e a redução de postos de trabalho são aspectos facilmente vinculáveis diretamente ao fato de sermos ou não um País criador de tecnologia capaz de abastecer nosso mercado interno, além de possibilitar exportação de produtos, tecnologias e serviços.

Hoje são 16 os Fundos Setoriais, cujo montante de arrecadação em 2005 chegou a R$ 1.616.830.190,00, alguns com aplicação direta de recursos na própria área de conhecimento e outros com aplicação genérica, fundamentalmente em formação de pessoal ou infra-estrutura de pesquisa. São eles o CT-AERO, CT-AGRO, CT-AMAZÔNIA, CT-AQUAVIÁRIO, CT-BIOTEC, CT-ENERG, CT-ESPACIAL, CT-HIDRO, CT-INFO, CT-INFRA, CT-MINERAL, CT-PETRO, CT-SAÚDE, CT-TRANSPORTE, CT-VERDE/AMARELO e o FUNTEL.

A arrecadação dos Fundos advém de contribuições, impostas por dispositivos legais vigentes, das empresas dos respectivos setores produtivos. Todos eles, à exceção de um, o CT-ENERG, têm seus recursos recolhidos aos cofres do Estado, o qual fica responsável, a partir de comitês gestores específicos, de atender ao fomento a P&D e IT.

A exceção do CT-ENERG decorre de que parte da contribuição compulsória arrecadada no setor elétrico é aplicada diretamente pelas empresas (concessionárias, permissionárias e autorizadas a atender a população com serviços de geração, transmissão e distribuição de energia elétrica), que propõem e realizam seus programas anuais de pesquisa, com supervisão e fiscalização do Estado, por intermédio do órgão regulador atinente, no caso a Agência Nacional de Energia Elétrica (ANEEL). Esta parcela, sob responsabilidade direta do setor empresarial, tem sido integralmente aplicada em fomento a projetos de P&D e IT, fim precípuo para o qual a legislação foi criada e única atividade-fim com a qual os recursos do FNDCT deveriam ser comprometidos.

Brasil em Questão
A Universidade e o Futuro do País

Em contraste, desde 1999 (ano de início de arrecadação do primeiro dos Fundos estabelecidos, o CT-PETRO), dos recursos dos Fundos Setoriais confiados à gerência do Estado, apenas 1/3 (em 2005 foram despendidos apenas R$ 571.069.717,00) tem sido aplicado em P&D e IT, graças ao contingenciamento dos 2/3 restantes. Tal situação de fato revela claro desvio em relação aos objetivos do arcabouço legislativo pertinente, acarretando insegurança e carência de recursos para um efetivo esforço de inserção tecnológica (sem a qual, em nosso tempo, não há viabilidade para o estabelecimento de uma ordem econômica nacional sustentada) de nosso País no cenário internacional, com todas as conseqüências danosas daí decorrentes.

Afinal, a necessidade de suporte econômico, substancial e firme, a programas de fomento a pesquisa e desenvolvimento tecnológico, com definição de uma política nacional segura, contínua e comprometida de CTI, é uma imposição para qualquer País que se pretenda independente e em adequado estágio de desenvolvimento no cenário mundial. No caso brasileiro, o espírito e a letra da legislação correspondente indicam este caminho de desenvolvimento, mas, certamente, problemas de realidade operacional têm surgido, o que faz com que ainda se esteja longe de alcançar um real estágio de inovação tecnológica (as exceções são pontuais, mas, abrangentemente, a regra é esta) ou, mesmo, se tenha dado efetiva boa trajetória ao esforço.

Nosso atual arcabouço normativo atende a exigências tais como a indicação das fontes de recursos (no caso dos Fundos, o caixa do respectivo setor produtivo); regras razoavelmente claras para aplicação de tais recursos; mecanismos de incentivo à aplicação de recursos próprios das empresas pelo instituto da renúncia fiscal; explicitação de dispositivos para obtenção de subsídios ou subvenções, por exemplo da Financiadora de Estudos e Projetos (FINEP) e do BNDES. Por tais aspectos, deveriam estar sendo assegurados benefícios resultantes de um real incremento em nosso estágio tecnológico, tais como:

- Alívio de despesas na balança comercial, com redução de pagamentos de *royalties*, licenças de produção e importação de bens industrializados.
- Desenvolvimento de patentes próprias e conseqüente possibilidade de receita comercial nacional com recebimento de direitos a *royalties*.
- Processo de inovação tecnológica alicerçado por esforços nacionais de produção, com conseqüente revitalização do mercado de trabalho, melhoria da eficiência operacional das empresas, circulação interna de capitais, aumento real de arrecadação fiscal e, principalmente, retorno em benefícios para a sociedade, que é quem, em última análise, disponibiliza os recursos aplicados.

Solução

Evidentemente, há necessidade de aperfeiçoamento de determinados aspectos prescritos em diplomas legais ou regulamentares afetos aos temas de P&D e IT.

É necessário, no entanto, que se respeitem os princípios que regem tal normatização, que são, no caso brasileiro, adequados. Obriga-se a contribuição do setor privado; oferta-se linha de subsídios ou subvenções; há órgãos reguladores setoriais com função de monitorar e fiscalizar a cadeia de CTI.

Certamente não pode o Estado pretender regular, gerenciar e fiscalizar a aplicação de recursos por órgãos privados sem dotar os respectivos órgãos reguladores de infra-estrutura, material e de pessoal, adequada. Estaríamos incursionando pelo perigoso caminho da inexeqüibilidade da norma, pois que, se os agentes do Estado não podem, por qualquer razão, assegurar a correta aplicação da norma legal

Brasil em Questão
A Universidade e o Futuro do País

pela qual lhes incumbe zelar, corre-se o risco de ocorrer a frouxidão da lei, com conseqüente aproveitamento do fato por parte dos que a ela deveriam submeter-se. No setor elétrico, por exemplo, é preocupante o que vem ocorrendo com a ANEEL, que, a despeito do esforço de compensação dos que atualmente lá trabalham, vem enfrentando problemas organizacionais e orçamentários que implicaram redução de seu pessoal altamente qualificado – quando menos não seja pelos sete anos já decorridos – na gestão e na fiscalização de programas de P&D empresariais, com evidentes prejuízos para o processo.

Dessa forma, cabe, inicialmente, adequar a operacionalização do processo ao espírito das leis que o regem, o que pressupõe:

- **Aquilo que é arrecadado no âmbito do setor produtivo deve retornar, em valor integral, para fomentar atividades de P&D e IT.** O contingenciamento de recursos, como tem ocorrido, para obtenção de superávit primário, se tem o objetivo nobre de atender a compromissos financeiros internos e internacionais de nosso passado, não pode comprometer o futuro da nação. E comprometer, ou apoiar com timidez, o esforço de desenvolvimento tecnológico brasileiro é comprometer o futuro de um povo, obstaculizando peremptoriamente nosso desenvolvimento econômico e social.

- **O setor empresarial deve assumir, de forma direta, parte do investimento compulsório em P&D e IT, sob supervisão e fiscalização do Estado.** Ressalte-se que isso deverá ser logo implementado em relação aos Fundos que o possibilitem por simples regulamentação do órgão administrativo competente do Estado, sob a legislação atual, portanto. O setor elétrico já vem praticando tal comportamento, e o resultado, como registrado anteriormente, é que 100%

da obrigação legal operacionalizada pela empresa é aplicada em projetos de P&D, enquanto, dos recursos postos sob responsabilidade do Estado, apenas 1/3 é aplicado em atividades afetas a P&D. Para o mesmo setor elétrico, há dois anos, parte da contribuição compulsória das empresas foi destinada, por lei, para criação e manutenção de uma empresa estatal e, tendo sido criada a empresa pretendida, não houve recolhimento de valor algum para sua sustentação, ou seja, os recursos foram subtraídos de P&D de forma absolutamente prejudicial e improdutiva.

- **A supervisão e a fiscalização da administração pública devem ser criteriosas.** Para tanto, deverão ser consideradas as agências reguladoras, nos setores em que elas existam (ANP, ANATEL, ANEEL, por exemplo). Onde tal não ocorra, deverão ser criados comitês gestores/ fiscalizadores, com participação dos segmentos envolvidos (entidades de pesquisa, setor empresarial e governo), em proporção adequada. Quer a solução seja órgão regulador ou comitê gestor/fiscalizador, está só fará sentido se lhe for assegurada capacidade de mobilização dos recursos funcionais e materiais necessários à efetiva realização das correspondentes atividades de gestão e fiscalização.

- **Deverá ocorrer claro comprometimento do parque industrial nacional para produção/comercialização das soluções conseqüentes dos projetos de P&D.** Só assim estará sendo assegurado o atingimento da escala de inovação propriamente dita, meta almejada. Isso poderá ser garantido pela eficiente conjugação das seguintes políticas de apoio já disponibilizadas, sem necessidade de qualquer alteração de dispositivos legais vigentes:

Brasil em Questão
A Universidade e o Futuro do País

a) subvenções;

b) subsídios;

c) poder de compra do Estado.

■ **Deverão ser analisadas possibilidades de aperfeiçoamento da normatização vigente**. Em princípio, esta fase só deverá ocorrer em um segundo momento, após realizados os devidos ajustes na operacionalização da legislação vigente, que é fundamentalmente adequada. Da experiência de uma observância da prescrição legal, deverão surgir eficientes proposições de seu aperfeiçoamento, evitando-se insegurança jurídica e descontinuidade econômica, incentivos negativos para incorporação plena de toda a cadeia de CTI no processo. A construção do atual cenário foi iniciada em 1999 e ainda estamos em fase de consolidação de um processo, não sendo recomendável a adoção de radicais esforços legiferantes sem antes uma boa "arrumação da casa" operacional.

Aspectos adicionais

O imprescindível envolvimento massivo do setor industrial

Um efetivo programa de P&D e IT só tem possibilidades de assegurar resultados importantes para uma nação (sirvam de exemplos os países desenvolvidos) se o segmento industrial nele estiver convictamente envolvido. Patentes licenciadas são apenas expectativas de ganho e *royalties* só são realizados se houver industrialização e comercialização de produtos (respeitando-se as peculiaridades de serem produtos de *hardware* ou *software*). Nossa prática ainda se revela tímida em assegurar o atingimento deste quarto estágio da cadeia "pesquisa básica–pesquisa aplicada–desenvolvimento–industrialização/comercialização", o que vem impedindo o adequado retorno em benefícios a nossa sociedade.

O direcionamento de focos de pesquisa

O Estado, consideradas mais circunstâncias políticas que técnicas ou econômicas, pode assumir o papel de orientador, conforme visão de vocação nacional para determinados temas de pesquisa, mas o mecanismo mais adequado para isso seria a utilização de subsídios, subvenções ou, mais apropriadamente, pelo exercício de seu poder de compra. Dessa forma estaria incentivando o empresário à produção orientada de uma predefinida linha de produtos, por assegurar-lhe compra de determinada quantidade, ou por determinado período de tempo, do produto resultante.

Dentre possíveis temas focais de P&D, cada um deles gerador de cadeia específica de Projetos de Resultado Esperado, cabe destacar:

- desenvolvimento de produtos de química fina, particularmente fármacos;
- pesquisa de produtos e soluções para agropecuária adequados às nossas condições ambientais;
- pesquisa e desenvolvimento de equipamentos e soluções para prospecção/produção na área de gás e petróleo;
- determinação e aproveitamento de fontes de energia renovável com potencial de efetiva utilização em nosso território, tais como solar, biomassa, eólica e células combustíveis. Em tal determinação, deve ser considerada a adequação do parque industrial que lhe seja afeto;
- desenvolvimento de *softwares* aplicativos;
- desenvolvimento de sistemas de automação industrial.

Brasil em Questão
A Universidade e o Futuro do País

De qualquer forma, embora seja recomendável certo grau de orientação nos temas de P&D, é de todo indesejável seu excessivo enquadramento. Nesse assunto, é necessário não impedir a emergência de genuínas linhas de pesquisa e não inibir a criatividade nem o espírito empreendedor advindos da experiência e da atualização de conhecimentos científicos ou tecnológicos de cada entidade de pesquisa, em favor de uma absoluta centralização de decisões (o impositivo "pensamento único"). Assim, deveria ser sempre reservado um percentual dos recursos para "temas livres", permitindo uma permanente oxigenação do processo, evitando-lhe o empobrecimento e a esterilização de idéias. Nesse particular, a preservação de uma área de aparente caos, administrável, é essencial à vitalidade e ao contínuo enriquecimento e efetividade de um projeto nacional de P&D e IT, tornando-o capaz de produzir concretos resultados globais de curto e longo prazos.

Essa indução virtuosa do Estado no que diz respeito a linhas abrangentes de projetos inseridos na cadeia de CTI (os temas focais de P&D, geradores de conjuntos de Projetos de Resultado Esperado) deveria atender aos seguintes aspectos gerais:

- definição periódica (como planos qüinqüenais ou decenais) de temas focais de P&D estruturantes (dizendo respeito a equipamentos, materiais, processos e atividades de planejamento técnico ou econômico) para cada um dos setores tecnológicos (conforme os diferentes Fundos Setoriais, preferencialmente). Os próprios Fundos deveriam ser priorizados para alcance de adequada mobilização industrial;
- incentivo, interessado, à associação dos diferentes segmentos envolvidos no processo de CTI em projetos específicos. Universidades e centros de pesquisa para pro-

jetos de base tecnológica, envolvimento da indústria em projetos de desenvolvimento experimental, por exemplo;

■ estabelecimento de condições que assegurem – via benefício fiscal, garantia de compra, etc. – que os benefícios dos Projetos de Resultado Esperado venham a realmente atingir o mercado, por meio da efetiva industrialização e da comercialização dos produtos assim enquadráveis, ou sua real utilização nas empresas, quando for este o caso (procedimentos ou metodologias desenvolvidos).

Conclusão

É fundamental que os diferentes segmentos envolvidos (governo, academia e empresas) se reconheçam partícipes de um desafiador processo de evolução tecnológica, e quanto maior for a disposição para atendimento voluntário e interessado ao espírito das leis que norteiam e protegem o processo de inovação tecnológica – bem como a honestidade de propósitos e a disposição para o diálogo e a cooperação mútua –, mais rapidamente estaremos otimizando a utilização dos recursos que a sociedade brasileira está colocando a nosso dispor, de forma que a ela possamos dar o mais rápido retorno, em termos de prosperidade econômica e qualidade de vida.

CULTURA EMPREENDEDORA E UNIVERSIDADE

Luís Afonso Bermúdez

Muitos conceitos têm sido utilizados para caracterizar a figura do empreendedor, contudo o mais utilizado é o que constata que o empreendedor é aquele que cria, que introduz inovações no mercado, aquele que também proporciona empregos e postos de trabalho – que, enfim, tem uma função vital para o êxito de todo o desenvolvimento econômico e social. E fica cada vez mais evidente que, para nosso País atingir níveis de desenvolvimento econômico e social com sustentabilidade, torna-se necessário fomentar uma cultura empreendedora, não somente nos indivíduos, mas, também, internamente nas instituições que compõem o tecido econômico, sejam elas públicas ou privadas.

O desenvolvimento da cultura empreendedora e a função do empreendedor têm sido estudados desde os primórdios do século passado por diversos pensadores e pesquisadores, como Shumpeter,

---

Luís Afonso Bermúdez – Professor do Departamento de Engenharia Elétrica e Diretor do Centro de Apoio ao Desenvolvimento Científico e Tecnológico (CDT) da UnB. Doutor em Engenharia na área de circuitos de microondas e Sistemas, em Limoges, França.

Knight, Hayek, Kizner e, principalmente, Peter Drucker. Desses estudos, observa-se que, com suporte adequado, se podem obter níveis de resultados na mudança da postura empreendedora na sociedade e suas instituições.

Vários estudiosos do tema confirmam que empreendedorismo é atitude de inconformismo com algo existente. O empreendedor normalmente detém um conhecimento e é ousado na proposição de uma nova solução e oferta de produtos ou serviços inovadores, confirmando que criatividade e técnica são ingredientes necessários à sociedade. Ultimamente, tem-se observado uma explosão, principalmente em países menos desenvolvidos, do empreendedorismo por necessidade em razão da falta de empregos, levando grande parcela da população a tentar alternativas de trabalho autônomas para a obtenção de recursos financeiros capazes de garantir a sobrevivência ou como renda complementar.

Já nos países desenvolvidos tem-se o fenômeno, que se contrapõe, do empreendedorismo por oportunidade que está ligado a nichos de mercado, muitas vezes com características inovadoras e que levam ao crescimento econômico duradouro, pois as inovações disponibilizadas à sociedade provêm de áreas tecnológicas de ponta e com forte agregado de conhecimento.

Em ambos os casos, e em cada ambiente citado, pode-se afirmar que os dois aspectos são positivos, pois os benefícios são claros: iniciativa e criação de novos empreendimentos. Assim, os ingredientes *necessidade* e *oportunidade* são essenciais. A iniciativa individual ou coletiva tem como vantagem posturas diferentes ante os desafios que se apresentam. Por sua vez, a formação de novos e inovadores negócios normalmente provém de idéias e oportunidades detectadas em ambientes férteis ao processo de empreender. De qualquer forma, o empreendedorismo é um ingrediente importante para o crescimento econômico. Vários reflexos na sociedade resultam do fomento e do desenvolvimento de uma cultura empreendedora. No indivíduo, por dar acesso a uma oportunidade de trabalho, o resultado é o engajamento e o desafio de realizar. A existência de um grande número de iniciativas leva à criação de novos modelos de investimentos no desenvolvimento econômico e social dos grupos e das regiões onde vive e trabalha o indivíduo. A resultante disso é um grande número de vantagens competitivas para os indivíduos ou os grupos empreendedores.

Para o êxito do desenvolvimento de uma cultura empreendedora, é importante a criação ou o fomento de ambientes adequados, ou seja: para que se tenha iniciativa empreendedora é necessário que se observem marcos regulatórios e tributários adequados. No nosso País, é cada dia mais urgente e importante que a Lei Geral da Pequena Empresa seja aprovada no Parlamento, por exemplo. Outras iniciativas nessa direção necessitam de aperfeiçoamentos e adequações à nova realidade econômica, como, por exemplo, o chamado SIMPLES, tratamento tributário simplificado para a pequena empresa, e os programas de geração de emprego e renda.

A ampliação e a mudança nas instituições promotoras de microcrédito em todas as regiões do País são outro mecanismo de fundamental impulso para que indivíduos e organizações coletivas possam desenvolver-se em ambientes econômicos com a dinâmica necessária.

Também devemos levar em conta o valor social do empreendedor promovendo a inteligência criativa de nossos cidadãos, fomentando mudanças para uma nova realidade econômica e tendo consciência de que a solução de muitos problemas econômicos e sociais passa por suas iniciativas individuais e coletivas. Com isso teremos uma revitalização da economia e da sociedade como um todo.

A necessidade ou a oportunidade de empreender é importante para todos os grupos sociais, independentemente de gênero, pois

Brasil em Questão
A Universidade e o Futuro do País

afeta diretamente o desenvolvimento econômico ou social do País. Por exemplo, as experiências existentes de fomento a atividades empreendedoras com grupos de mulheres para a obtenção de resultados sociais relevantes têm produzido resultados expressivos não somente no aspecto financeiro, mas também na organização social dos grupos apoiados.

Para o financiamento dos empreendimentos de sucesso, é necessária a existência de conhecimentos e de boas idéias inovadoras. Também a criação de redes de relacionamentos entre os empreendedores é de grande importância para que eles possam acessar os capitais financeiros necessários a seus empreendimentos. Isso demanda muitas vezes o envolvimento direto de familiares, de bancos ou de cooperativas de crédito e, naqueles empreendimentos de alta tecnologia, a existência de fundos e de investidores de risco. O financiamento do início dessas atividades é de grande importância, pois sem o aporte de capital, financeiro ou intelectual, a atividade empreendedora se torna muitas vezes inviável por falta desses recursos iniciais, e não pela falta de mercado consumidor do novo produto ou serviço proposto.

A criação e o crescimento constantes de empreendimentos inovadores são fatores de desenvolvimento social e econômico indispensáveis para que o Brasil possa levar adiante um processo de desenvolvimento sustentável de longo prazo. Dar uma resposta urgente à necessidade de promoção de novas fontes de emprego e renda para a população em constante crescimento deve ser um compromisso das instituições de educação superior responsáveis pela formação de uma camada significativa da sociedade que são nossos jovens.

Não se pode esquecer que nosso País tem regiões com diferentes características e que devemos aproveitar os potenciais competitivos de cada uma, como, por exemplo, as qualidades e as qualificações dos homens e das mulheres, especialmente nos seus potenciais criativos, inovadores e de realizações.

Outro aspecto importante no tratamento do ambiente para o empreendedorismo é que, ao se propor ações novas, deve-se ter uma visão mais estratégica do tema para evitar sua fragmentação, o que impede a obtenção de resultados a curto e longo prazos, conciliando criatividade com atitude e com atividades inovadoras, no mundo que está em constante mudança a uma velocidade que muitas vezes os marcos regulatórios não conseguem acompanhar.

Na criação de mecanismos de apoio, numa visão mais estratégica, é importante ter em conta o mercado, a capacidade de empreender, os recursos financeiros adequados, a cultura e a economia da inovação e, principalmente, as novas formas de gestão dos empreendimentos. Não se pode esquecer que no empreendimento é onde se criam riquezas, não somente de capital, mas de conhecimento também. O empreendedor é o cidadão que torna possíveis os empreendimentos dos quais a sociedade necessita. Para que existam empreendedores, é preciso apoiá-los, guiá-los e dar-lhes confiança para a realização dessa atividade.

Observe-se que estamos em uma era em que os indivíduos reclamam ou exigem a possibilidade de ocupar seu lugar e de realizar-se tanto no plano pessoal como no profissional. Mas sabemos que a verdadeira fonte de riqueza na sociedade em que vivemos não é somente o nível de produtividade e competitividade, nem seu produto interno bruto, nem seus bens tangíveis, mas a inteligência criativa de seus cidadãos. A expressão dessa inteligência criativa, é claro, exige o esforço de todos para a construção de um novo modelo de desenvolvimento social e econômico. Daí, para que a sociedade seja mais empreendedora, é preciso que esta seja aberta a pessoas e grupos que apresentam diferentes e inovadoras formas de pensar, quer de maiorias, quer de minorias.

Brasil em Questão
A Universidade e o Futuro do País

Nessas condições, então, insere-se a universidade. Qual seria o papel da nova universidade dentro da realidade que se apresenta e que exige posturas empreendedoras? Particularmente, qual o papel de seu corpo acadêmico, que tem também a obrigação de formar novos talentos para a sociedade?

O objetivo primordial da universidade é a formação desses talentos, que, associado à geração do conhecimento, obriga-a, nos dias atuais, a transferir esses conhecimentos de forma eficaz e rápida para a sociedade em que está inserida. Para que ela então cumpra suas funções e as exigências da sociedade atual, as relações com a sociedade e com as empresas devem ser cada vez mais incrementadas e, também, devem guiar-se pela inovação e pelo fomento à cultura empreendedora. Dentro do seu ambiente, ou seja, na comunidade universitária, as mentalidades, os novos hábitos e as capacidades de iniciativa e de empreender devem ser fomentados.

Uma universidade empreendedora, exigida atualmente pela sociedade, assume esses valores na formação dos seus estudantes e nas relações sociais e de transferência de conhecimento. Seus estudantes devem ser eles próprios empreendedores e treinados para tal, para que venham a ser futuros empresários e não apenas empregados.

A atitude empreendedora deve permear a universidade, dos professores aos estudantes, como um estado de espírito e uma forma de ver a ciência e a sociedade. No grau mais alto, é a própria universidade, como organização, que se torna empreendedora, nos valores do seu ensino e pesquisa, nas suas práticas de relacionamento com a sociedade, na sua governança interna, gestão e políticas.

Os tipos e as formas de ligação com a sociedade pelas universidades empreendedoras são os mais variados: constituição de fundos e empresas de capital de risco, com bancos para financiamento de atividades empreendedoras e inovadoras; parques científicos e tecnológicos e empresas presente nos *campus*; incubadoras de empresas, principalmente de empresas constituídas pelos professores e estudantes de graduação e pós-graduação; centros de transferência de tecnologia; facilidades para congressos, seminários e reuniões que tragam para seu *campus* outras instituições, sejam elas empresas públicas ou privadas; serviços de consultoria, serviços de assistência à gestão das novas empresas; formação continuada; cursos de especialização e colocação de jovens pesquisadores e estudantes graduados nas empresas, etc.

As universidades contemporâneas estão obrigadas a planejar suas atividades fundamentais (ensino, pesquisa e extensão) com uma visão estratégica do conhecimento que produzem, seja por meio da pesquisa, seja pela formação de seu corpo discente.

Na sociedade do conhecimento, a função da universidade é primordial para o desenvolvimento, dada sua essência de geradora, por excelência, da ciência básica ao conhecimento aplicado, que leva a inovação ao mercado e, mais amplamente, à sociedade.

Assim como a universidade se transformou, no final do século XIX, de apenas formadora de profissionais (docência) para uma construtora de conhecimento (pesquisa), nos dias atuais incorpora outras funções substantiva: fomentar o desenvolvimento social e econômico de seu entorno, por meio da transferência de conhecimento e tecnologia; e na relação universidade–empresas–sociedade, ampliar o conceito de extensão, ainda não muito bem compreendido por vários setores da sociedade.

Assim, a universidade cumpre seu novo e desafiador papel na sociedade: ser um novo ator na promoção do desenvolvimento social e econômico na sua região de influência.

Agregando-se aos desafios anteriores, há a necessidade de novos instrumentos regulatórios e de legislação para que tenhamos a efetividade de resultados. Um dos pontos importantes para o incremento das atividades de fomento à cultura empreendedora, dentro e fora da universidade seria a mudança na legislação de funcionamento e financiamento da universidade brasileira, o que facilitaria a relação com a sociedade.

Também é importante que se aumente a atração para dentro da universidade de talentos com visão estratégica de futuro do País e que os novos talentos gerados na nova universidade sejam absorvidos e utilizados com todo o seu conhecimento pelas instituições da sociedade brasileira.

A Universidade de Brasília tem cumprido, nos últimos vinte anos, esse papel de influenciar o desenvolvimento social e econômico de Brasília e de sua região com diferentes e inovadores programas de relacionamento com a sociedade, em todos os aspectos anteriormente citados. Isso pode ser comprovado pelos resultados alcançados pelos seus programas na área de fomento à cultura empreendedora.

Fica claro, também, que a universidade apenas aumentará sua participação e influência na sua região no momento em que tenha visões estratégicas de longo prazo, não somente para o País que temos agora, mas para o País que queremos no futuro.

O momento atual, então coloca em discussão como a sociedade poderá aceitar e entender essa nova função da universidade. Pensando coletivamente, a sociedade e a comunidade acadêmica poderão contribuir para o incremento da construção do desenvolvimento do País.

EMPREENDEDORISMO: NECESSIDADE OU OPORTUNIDADE?

Maurício Mendonça

Introdução

Esta nota tem como intenção provocar uma reflexão, ainda que limitada em escopo, ao tema do empreendedorismo no Brasil. Uma primeira dimensão, típica de países com baixo nível de desenvolvimento humano, é a da sobrevivência. Ou seja, a necessidade de obter uma renda mínima leva os indivíduos a buscarem o caminho de empreender, criar seu próprio negócio. Essa situação, freqüente nas grandes cidades brasileiras, diferencia-se da micro e da pequena empresa e da noção de empreendedorismo como oportunidade. Nesse caso, o que configura o investimento é um conjunto de ações estruturadas, públicas e privadas, que permite à sociedade usar

---

Maurício Mendonça – Diretor-Executivo da Confederação Nacional da Indústria (CNI). Doutor em Economia pela Unicamp e pela Université de Paris. Coordenador de competitividade industrial da Confederação Nacional da Indústria. Membro Titular do Conselho Nacional de Meio Ambiente. Membro Titular do Conselho Diretor da ABNT.

de forma eficiente seus recursos e promover o desenvolvimento tecnológico, econômico e social.

Neste artigo, procurou-se explorar essas duas vertentes, apontando alguns elos importantes nesse processo e essencialmente o papel central das políticas públicas.

Indivíduos e instituições

O tema do empreendedorismo remete, na teoria econômica, ao Professor Schumpeter. No início do século XX, este autor desenvolveu em seu livro *Teoria do desenvolvimento econômico* a idéia de que o desenvolvimento econômico resultava em grande parte da ação de "empresários inovadores". Esse conceito valorizava a idéia, predominante na microeconomia marshaliana, de que a economia funcionava de forma mais eficiente quando próxima do estado de concorrência perfeita. Ou seja, quando todos os agentes econômicos se guiavam pela demanda e pela oferta, sem restrições de caráter tecnológico ou regulatório. Assim, qualquer empresa poderia entrar ou sair de um determinado mercado sem maiores custos, e a oferta sempre tenderia a se adequar à demanda rapidamente.

Os conceitos de Schumpeter permaneceram na literatura econômica e, de tempos em tempos, voltam a freqüentar o imaginário dos economistas e dos formuladores de políticas públicas, como demonstram os conceitos de *small is beautiful* ou dos *clusters* dos distritos italianos. Ou seja, há uma força "cultural" na idéia de que o pequeno empreendedor pode mover a economia de uma região ou país.

A força empreendedora dos indivíduos, contudo, contrapõe-se, nas economias capitalistas avançadas, ao crescimento do papel das instituições: empresas, agências reguladoras, agências de fomento e financiamento, entre outras. O próprio Schumpeter, em seu livro *Capitalismo, socialismo e democracia*, de 1942, já reconhecia o papel central dessas organizações e destacava a grande empresa capitalista como a responsável pelo desenvolvimento das inovações tecnológicas vitais para o crescimento econômico.

A literatura econômica, de inspiração keynesiana e institucionalista, também está recheada de bons exemplos e análises que demonstram o papel central dos contratos, das hierarquias e das instituições no capitalismo atual. Esses estudos indiretamente limitam o papel que os indivíduos podem exercer sobre o desenvolvimento de uma economia e os colocam em uma situação subordinada em relação aos movimentos do grande capital financeiro e industrial.

A questão central é que, embora a relevância dos empreendedores individuais possa ser reduzida, existem oportunidades geradas em especial pelo avanço da fronteira do conhecimento e da tecnologia. Esses espaços privilegiados precisam ser explorados devidamente, mas estão longe de se constituir em alternativa de sobrevivência para parte da população excluída do mercado de trabalho formal.

Oportunidade para empreendedores

O desenvolvimento tecnológico e as inovações decorrentes do avanço da ciência têm implicações sobre a estrutura industrial e as oportunidades para o surgimento de novas empresas. A variável chave para entender esse processo é o risco tecnológico. As novas tecnologias, ainda não testadas e conhecidas pelo mercado, enfrentam dificuldade de substituir as soluções tradicionais. Para as grandes empresas, em muitos casos, esses novos produtos precisam do aval de cientistas e instituições de pesquisa, públicas e privadas, para que sua introdução no mercado ocorra sem maiores traumas.

Nesses casos, há um espaço importante para a criação de novas empresas, *spinoffs* de centros de pesquisa e grandes empresas, empresas de base tecnológica criadas por pesquisadores e cientistas. As empresas

Brasil em Questão
A Universidade e o Futuro do País

de alta tecnologia e alto risco envolvem o desenvolvimento de novos mercados, são intensivas em pesquisa e desenvolvimento e têm um potencial de transformação da estrutura industrial.

O desenvolvimento dessas empresas está associado, no entanto, ao ambiente institucional de cada país e, em alguns casos, ao conjunto de organizações internacionais. Na literatura econômica, especialmente a partir dos anos 1990, desenvolveu-se o conceito de *Sistemas Nacionais de Inovação*, que procurou captar os efeitos sinérgicos das diversas instituições de ensino, pesquisa, metrologia, serviços tecnológicos e empresas. Com base nesse conceito, os economistas passaram a fazer análises comparadas dos diferentes sistemas de inovação e a ressaltar o papel central desses sistemas no crescimento econômico.

Instituições de apoio ao empreendedorismo

Partindo do reconhecimento da relevância do sistema de inovação e das instituições que o compõem, cabe uma avaliação breve da situação brasileira. O Brasil conta com um grande número de organizações que estimulam o empreendedorismo: SEBRAE, Federações de Indústria, SENAI, SESI, agências de fomento (FINEP, CNPq, etc.), fundações de apoio, bancos de desenvolvimento (BNDES, BASA, BNB, entre outros), ONGs, parques e incubadoras, etc.

Essas instituições – todas elas – contam com programas específicos para estimular uma ou diversas etapas do processo de empreendedorismo. Contudo, embora o resultado isolado de cada uma possa ser encorajador, no conjunto os resultados obtidos estão abaixo do esperado, seja pelo volume de recursos disponível, seja pelo elevado grau de empenho das instituições em promover essas ações. Qual a razão para que os resultados estejam aquém do esperado?

Em parte a resposta está na falta de articulação e de coordenação nas ações empreendidas. Os programas das diversas instituições têm superposições de ações e, em muitos casos, não são avaliados as metodologias e os resultados dos projetos implementados. Essa falta de articulação faz com que, passado algum tempo, os novos gestores repitam erros e procedimentos já superados, haja descontinuidade no apoio a projetos selecionados e baixa capacidade de implementação das ações definidas.

Em suma, temos no Brasil um problema de baixa eficácia das instituições públicas e privadas para promover o empreendedorismo. Ademais, a pesquisa científica é ainda voltada para a publicação de seus resultados e não para a avaliação do potencial econômico das criações nos laboratórios. Isso resulta em baixa articulação dos produtores de conhecimento e dos empreendedores, gerando poucos negócios.

Ambiente regulatório

Outro ponto de destaque no Brasil é a falta de um ambiente regulatório adequado. Embora a legislação de incentivos fiscais já se tenha consolidado com o SIMPLES, esse instrumento de certa forma estimula que as empresas permaneçam pequenas. Não há uma regra de saída que estimule o crescimento das empresas.

Ao lado disso, a proposta de Lei Geral da Micro e Pequena Empresas, ainda em discussão, não aponta saída para esse problema, assim como não define claramente como beneficiar as empresas de alto risco.

Mesmo a Lei da Inovação, que em princípio enuncia seu propósito de estimular o desenvolvimento tecnológico nas MPEs, não apresenta concretamente alternativas para incluir essas empresas nas políticas de compras governamentais e de incentivos fiscais.

Brasil em Questão
A Universidade e o Futuro do País

Conclusões

Esta breve nota procurou elencar alguns dos problemas que existem no Brasil com respeito ao empreendedorismo, voltado para o aproveitamento de oportunidades. O principal problema apontado é a falta de articulação e coordenação nas ações das instituições públicas e privadas. O empreendedor tem muitos balcões, mas pouca solução para seus problemas. Para estimular o empreendedorismo de oportunidade – aquele capaz de produzir impactos econômicos significativos –, é preciso rever o escopo das organizações que tratam do tema e da regulação vigente.

COMO UMA PEQUENA EMPRESA INOVADORA CHEGA AO SUCESSO?

Eduardo Moreira da Costa

Resumo

Os ingredientes necessários para que uma empresa tenha sucesso variam de setor para setor e dependem do porte da empresa, do perfil dos proprietários, etc. No caso das pequenas empresas inovadoras, entretanto, é comum verificar-se que os proprietários só têm excelência tecnológica, o que raramente é o suficiente para levar a empresa adiante. Alguns outros fatores são necessários e são comuns à maioria dessas empresas. Este artigo apresenta um modelo batizado de MEDIG, que estabelece que os cinco principais componentes do sucesso são mercado, empreendedorismo, dinheiro, inovação e gestão. As empresas podem ser analisadas com base no modelo e ser

---

Eduardo Moreira da Costa – Superintendente da área de pequenas empresas empreendedoras da FINEP. Engenheiro Eletricista e Mestre em Ciência da Computação pela UFMG. Ph.D. em Eletrônica pela Universidade Southampton, Inglaterra.

verificado, em cada caso, o que falta para que estas atinjam o sucesso ou para acelerar seu desenvolvimento.

Introdução

O caso clássico de início da empresa inovadora, principalmente aquelas de base tecnológica, é conhecido. Leonel, Melão e Moreira, três amigos do mesmo curso da universidade, juntam-se para formar uma nova empresa. Os três sabem mais ou menos as mesmas coisas e têm talentos semelhantes. E nasce a empresa LMM ou, num arroubo de criatividade, a LM2. Os três são tecnicamente muito bons. Vai dar certo, não?

Pode ser. Existem vários exemplos positivos na história das empresas. Mas existem muito mais exemplos de fracasso. Ao se estudar as razões do fracasso, uma das explicações mais comuns é a inadequação da parceria inicial. Verifica-se que a soma dos três talentos não dá três, mas um só mesmo, já que eles sabem as mesmas coisas... Se a nova empresa for de base tecnológica então, o problema é ainda maior: os empreendedores não conseguem compreender como sua competência técnica não foi reconhecida pelo mercado.

Neste artigo identificamos os principais ingredientes do sucesso de uma pequena empresa inovadora com base na experiência de análise de centenas de empresas desse tipo participantes dos programas da Financiadora de Estudos e Projetos (FINEP) (ver www. finep.gov.br) e de dezenas de casos individuais de empresas acompanhados de perto pelo autor ao longo de sua vida profissional. Propomos que os principais ingredientes da sopa de sucesso de uma pequena empresa inovadora sejam cinco: mercado, empreendedorismo, dinheiro, inovação e gestão. As iniciais dessas palavras formam a sigla MEDIG, que identifica o modelo.

Mas antes de descrevermos cada ingrediente, vamos entrar um pouco na discussão do que é mesmo inovação, mais particularmente o que caracteriza uma pequena empresa inovadora.

O que é uma pequena empresa inovadora?

Existem diversas definições no Brasil e no exterior sobre o que é uma pequena empresa (COSTA, 2001). No Brasil, o Ministério do Desenvolvimento, Indústria e Comércio Exterior (MDIC) classifica pequena empresa como aquela que faturou no ano anterior até R$ 10.500.000.[1] Vamos trabalhar com este universo de empresas. Agora, o que é uma pequena empresa inovadora?

A discussão sobre inovação agita os debates acadêmicos e invoca todo tipo de opiniões, algumas completamente contraditórias. Para efeito deste artigo, vamos considerar a definição em vigor na FINEP, que estabelece que pequena empresa inovadora é aquela que transforma conhecimento em um produto ou serviço novo no mercado capaz de alavancar a própria empresa. Esse conhecimento pode ser de natureza tecnológica (e o é na maioria dos casos), mas pode também ser conhecimento de mercado, de processo, de gestão, de produto, etc. E tem de ser capaz de provocar o crescimento da empresa, o que significa que não pode ser apenas um produto ou serviço marginal na linha de produtos ou serviços da empresa.

O conhecimento de natureza tecnológica é mais fácil de identificar. No momento, as vedetes são o setor de tecnologias da informação e comunicação (TICs), a biotecnologia em suas diversas formas e os novos materiais. Os outros conhecimentos, não tecnológicos, são menos óbvios. Vejamos o caso da GOL, por exemplo. A empresa entrou no mercado em 2000, quando as três principais concorrentes estavam quebradas ou em dificuldades. Usou a mesma tecnologia que todas as outras, o avião. No entanto, por

Brasil em Questão
A Universidade e o Futuro do País

serem oriundos do setor de transporte rodoviário, os empreendedores sabiam tudo sobre um personagem negligenciado até então pelas concorrentes: a pessoa que não andava de avião! Eles sabiam de onde e para onde as pessoas viajavam de ônibus, qual a freqüência de viajantes nos diversos trechos, quanto os passageiros estavam dispostos a pagar (ônibus comum e leito), etc. Transformaram esse conhecimento em um novo serviço inovador no mercado: transportar passageiros que nunca haviam viajado de avião. Nos primeiros anos de operação da GOL no mercado, cerca de 1/3 dos passageiros estava andando de avião pela primeira vez. Além de introduzir uma inovação de mercado, a GOL introduziu uma inovação de processo. Seu serviço de reserva de passagens é o mais sofisticado serviço de compras *on-line* de qualquer setor no país. Com essas duas inovações, seguidas por outras como o *check-in* pelo próprio passageiro, a GOL conseguiu firmar-se como uma das maiores empresas brasileiras no setor, conseguiu abrir o seu capital com grande sucesso e catapultou os proprietários para as listas de novos bilionários da revista *Forbes*. A GOL é claramente uma empresa inovadora pela definição anterior.

O conhecimento utilizado pela empresa para desenvolver o novo produto ou serviço pode ser interno, como no caso da GOL, ou externo, incorporado à empresa via compra, licença, contratação de profissional, etc. Não precisa ser necessariamente oriundo da própria empresa. Mas se o conhecimento for externo, a empresa deve demonstrar que há alguma barreira para a entrada de novos concorrentes. A empresa inovadora deve cuidar para que outras empresas não sejam capazes de segui-la facilmente.

Alguns exemplos ajudam a caracterizar o que é e não é inovação. A McDonald's, por exemplo, foi uma empresa inovadora na origem, quando criou um novo processo padronizado e rápido de fazer o mesmo sanduíche que todo mundo já fazia antes. Mas abrir uma franquia McDonald's não é inovação. Ampliar a produção não é inovação (comprar o quinto torno, por exemplo). Produzir de uma outra forma ou para um novo mercado pode ser. Uma empresa de Minas Gerais, por exemplo, foi considerada inovadora ao lançar uma nova linha de produção de laticínios orgânicos. Várias fazendas artesanais já produzem e vendem esses laticínios orgânicos no mercado. A novidade foi o novo processo com capacidade de produzi-los em escala industrial.

Uma indústria têxtil comum não é inovadora. Mas uma nova linha de uniformes de grife pode ser. Igualar-se à concorrência, ou ao que já existe, ainda que seja importante para a empresa, não é inovação. A inovação leva a um produto ou serviço novo no mercado. Uma empresa inovadora nos EUA, a Netflix (ver www.netflix.com), lançou um serviço de assinatura de aluguel de DVDs pelo correio que foi um enorme sucesso – um novo serviço, com 65 mil DVDs disponíveis, em cima de um mercado já existente, que foi um sucesso graças a uma inovação que estava ao alcance de qualquer um. Uma boa idéia, tão simples, no caso, que teve de ser implementada com grande rapidez para evitar a entrada de concorrentes. A barreira de entrada foi o tempo necessário para organizar o serviço.

Um exemplo de inovação que não rendeu frutos ao dono da idéia foi o lançamento do serviço de DDC (ligação direta a cobrar) pelas empresas da antiga TELEBRAS no Brasil. Diversos laboratórios no mundo inteiro (o autor viu um desses grupos no famoso Bell Labs na década de 1980) estavam estudando como implementar o DDC por meio do reconhecimento da voz do recebedor da chamada dizendo sim ou não para a chamada a cobrar. Até que apareceu um engenheiro da TELESC de Santa Catarina que sugeriu: basta tocar uma gravação perguntando se o sujeito quer receber e pagar a chamada ou não; se ele não quiser, desliga! Foi

Brasil em Questão
A Universidade e o Futuro do País

um enorme e imediato sucesso no Brasil. O Brasil lançou o DDC antes de qualquer outro país. Infelizmente, a idéia era tão simples que o autor não conseguiu patenteá-la e não usufruiu os benefícios da sua grande "sacada".

O modelo MEDIG

- M ercado
- E mpreendedorismo
- D inheiro
- I novação
- G estão

Apresentamos os ingredientes do sucesso da pequena empresa inovadora como o conhecimento de mercado, a capacidade empreendedora, o dinheiro para alavancar a empresa, a inovação e a capacidade de gestão. Uma empresa que tenha cinco sócios, cada um capaz de incorporar à empresa um desses ingredientes, tem uma enorme chance de sucesso. Ou até mesmo aquela com um número menor de sócios, mas que em conjunto são capazes de aportar à empresa os cinco ingredientes. Pode haver, por exemplo, um sócio empreendedor que também é o inovador, um segundo sócio dono do dinheiro que é também o gestor, e um terceiro que é o que entende do mercado-alvo. Qualquer combinação serve, claro. Mas é comum isso acontecer? Infelizmente, não. E isso explica a maioria dos insucessos no mercado. Mas vamos detalhar os cinco ingredientes.

O ingrediente mercado

Ah, o mercado! Esta donzela elusiva, cheia de truques, insensível aos seus encantos!

Como uma Pequena Empresa Inovadora Chega ao Sucesso?
Eduardo Moreira da Costa

É muito difícil ter sucesso sem entender do mercado-alvo. No auge da bolha da Internet (janeiro de 1997 – março de 2000), centenas de empresas de "especialistas" em informática foram criadas com muito pouco conhecimento do mercado. Três recém-formados em Ciência da Computação (ver LMM, anteriormente) montavam a nova empresa pets.com para vender acessórios de animais domésticos sem nunca ter entrado numa loja respectiva no mundo real. Não podia dar certo, claro. Imaginava-se uma receita grande de venda de produtos e uma outra, ainda maior, de publicidade. A expectativa de geração de receita via publicidade era tão grande na época que um engraçadinho propôs um *site* específico para vender notas de US\$ 100 por US\$ 99. A receita de publicidade do *site* seria capaz de gerar receita suficiente para cobrir o US\$ 1 da diferença e ainda gerar lucro!

A reação da empresa com um mercado pouco receptivo é que o mercado "não entende", "é burro" ou "não tem competência" para avaliar as maravilhas do seu produto ou serviço. Não caia nesta armadilha. Parta do princípio que o mercado está certo, e se ele não "entendeu" seu produto é porque *você* não soube explicá-lo. Incorpore à sua empresa alguém que já tenha larga experiência com aquele mercado, ainda que essa experiência tenha sido vivida com um produto diferente do seu. O importante é conhecer em detalhe o mercado-alvo, como funciona, quem são ao atores principais, quais são os volumes de venda existentes, quem serão seus potenciais concorrentes, etc.

O jovem empreendedor é às vezes ingênuo a ponto de avaliar que seu serviço "não tem concorrente". Pode ser verdade, claro, se você estiver realmente lançando um produto que represente uma inovação radical. Mas infelizmente, na maioria das vezes, houve um erro de avaliação: seus concorrentes existem e vão competir com você, vindo às vezes de setores que você nem ao menos imaginou que estariam interessados no seu mercado.

O ingrediente empreendedorismo

Esse ingrediente é como o curry indiano, uma combinação de diversos ingredientes. Envolve a visão do negócio e da empresa, a capacidade de liderança para formação e manutenção da equipe chave, a capacidade de injetar ânimo em tempos difíceis, a persistência (em acreditar no negócio), etc.

Às vezes vem mesclado com a inovação na mesma pessoa. Mas nem sempre. Se o inovador não é empreendedor (e muitos pesquisadores ligados ao mundo acadêmico definitivamente não são), essa função deve ser incorporada por outra pessoa, em geral um novo sócio. Preste atenção num tipo especial de empreendedor, que é o empreendedor serial, aquele que já abriu vários negócios, de sucesso ou não. Pode ser o seu sócio ideal. A nossa cultura não tende a valorizar a experiência de fracasso. Mas, na verdade, o empreendedor que deu errado pode ter acumulado justamente a experiência necessária para dar certo da próxima vez. A simples vontade de tentar novamente é um ótimo sinal.

O movimento do empreendedorismo no Brasil, capitaneado por alguns novos gurus do setor (DOLABELA, 1999; DORNELAS, 2005) e também pelo movimento das incubadoras de empresas (ver www.anprotec.org.br), vem ampliando consideravelmente o número de empreendedores no país, dando vazão a um desejo latente que, no passado, no Brasil, ainda não era muito bem visto. Nossa cultura ainda valoriza muito mais o emprego fixo, numa empresa grande (talvez no Governo), em detrimento da abertura de um novo negócio. Mas os tempos estão mudando, e para melhor.

O ingrediente dinheiro

A empresa vai precisar de dinheiro para crescer. Às vezes até antes disso vai precisar de dinheiro na forma de capital de giro para poder produzir antes de entregar e receber. A maioria das empresas tenta alavancar os negócios com o dinheiro gerado no próprio negócio. Se for possível, ótimo. Mas a falta de dinheiro desvia a atenção do negócio principal afetando os negócios e a própria sobrevivência da empresa.

A má notícia é que o crédito bancário no Brasil para as pequenas empresas é um verdadeiro escândalo. As taxas de juros cobradas pelo sistema financeiro são uma extorsão! Nos raros casos em que há uma linha de crédito específica para pequenas empresas, o tomador, para se "beneficiar" da nova linha, tem de levar no pacote uma série de outros "colaterais" (plano de capitalização, seguros, etc.) que anula o suposto benefício do empréstimo original.

A boa notícia é que estão sendo desenvolvidas outras formas de dinheiro específicas para pequenas empresas inovadoras. Além do dinheiro na forma de empréstimo (ver Juro Zero na FINEP), há agora também o dinheiro na forma de *grant* (dinheiro não reembolsável) e *venture capital* (capital empreendedor, ou capital de risco[2]).

A Lei de Inovação, promulgada em 2004 (ver www.mct.gov. br), permite ao Governo brasileiro contratar projetos de P&D diretamente nas empresas privadas. Editais competitivos regularmente realizados pela FINEP (ver "edital de subvenção", na FINEP) abrem a possibilidade de desenvolvimento de projetos de inovação com recursos públicos. O retorno para a sociedade se dá de forma indireta, pela geração de empregos, impostos e riqueza.

O capital empreendedor, largamente utilizado nos EUA, está finalmente chegando ao Brasil.[3] O dinheiro é investido na empresa em geral por um fundo de investimento em empresas emergentes

Brasil em Questão
A Universidade e o Futuro do País

(ver relação de fundos em www.abvcap.org.br). O fundo entra como sócio no negócio, aportando não só o dinheiro, mas também outros componentes da sopa do sucesso, como ajuda no acesso a mercados e apoio na gestão, principalmente financeira.

O ideal para a existência do componente dinheiro é o sócio que entra com dinheiro. Na falta deste, o fundo de investimento de capital empreendedor é uma excelente oportunidade que agora começa a ficar disponível no Brasil.

O ingrediente inovação

A grande fonte de inovação tradicionalmente eram as universidades. O modelo era mais ou menos assim. A) Um pesquisador desenvolvia uma tecnologia na universidade. B) Essa tecnologia era absorvida por uma empresa. C) O produto era lançado no mercado. Hoje, a maior fonte de inspiração é o próprio mercado. O modelo ficou mais próximo da seqüência seguinte. A) Um pesquisador ou empreendedor identifica uma oportunidade no mercado. B) Busca na universidade ou no centro de pesquisas o conhecimento necessário para desenvolver o produto/serviço. C) A empresa desenvolve o produto/serviço e o lança no mercado.

As pequenas empresas inovadoras em geral têm apenas esse ingrediente de inovação para mostrar. Claramente não é o suficiente. Se a principal fonte de inspiração para a inovação está no próprio mercado, como progredir sem entender dele? Estudo na universidade de Harvard sobre o ciclo de vida das empresas inovadoras concluiu que o produto que levou as empresas inovadoras de sucesso ao primeiro bilhão de dólares em vendas é o segundo produto da empresa. Isso se dá porque é só com as vendas do primeiro produto que a empresa compreende melhor o mercado em que vai atuar. No segundo produto, este sim, focado no mercado-alvo, vem o sucesso.

É importante lembrar novamente que inovação não é apenas de natureza tecnológica. Pode ser uma inovação de mercado, de processo, de produto, etc.

O ingrediente gestão

Alguém tem de tomar conta da "lujinha", não?

A capacidade administrativa completa a nossa lista de ingredientes. Parece óbvio, mas o problema é que todo mundo, em maior ou menor grau, acha que pode administrar uma empresa, já que administra talvez a própria casa, a conta no banco, os pagamentos de carnê, etc. Mas é importante ter a capacidade e a prática de gestão do dia-a-dia de empresa. Pensar em planejamento tributário, fluxo de caixa, contratação de pessoal, antecipar potenciais problemas. Isso é coisa de profissional.

Um verdadeiro crime de lesa-pátria no Brasil é a questão tributária. Além de ter de pagar uma lista infindável (e mutável) de impostos, a pequena empresa tem de lidar com o processo de pagamento, tão custoso quanto o numerário em si. São dias diferentes, impostos em três níveis, com periodicidade diferente, um verdadeiro calvário. E no caso de atraso, um sacrifício dobrado para pagamento, com filas gigantescas, horários defasados, informações incompletas. A esperança aqui é a entrada em vigor no país do chamado governo eletrônico (COSTA, 2006), que pode finalmente introduzir a racionalidade e a eficiência no sistema tributário brasileiro. A conferir.

O outro lado de gestão mais complicado é a administração de pessoal. As pequenas empresas inovadoras costumam ter pessoal contratado de diversas formas, além da tradicional CLT: são contratos de pessoa jurídica, cooperativas e empresas terceirizadas. Estima-se que 60% dos trabalhadores no Brasil não têm carteira assinada. Nas empresas de *software*, por exemplo, nas quais a folha de pessoal tende a ser a maior despesa, os contratos "criativos" de pessoal são a única saída, o que exige uma gestão profissional para que não seja criado um gigantesco passivo trabalhista.

Conclusão

Seria ótimo se as empresas tivessem em sua formação os ingredientes descritos neste artigo. Raramente é o caso. Nas universidades, as empresas são formadas primordialmente por alunos de um mesmo curso. Nas universidades grandes, os alunos às vezes completam o curso sem ter feito nenhuma disciplina em outro departamento e sem ter tido nenhuma disciplina em comum com alunos de outros cursos. Assim fica difícil a formação de empresas multidisciplinares, que seria o ideal.

Para as empresas já existentes, é importante completar o elenco de funções necessárias com pessoas de fora. Algumas funções devem ser exercidas por sócios. Empreendedorismo, por exemplo, não pode ser fornecido por um funcionário. Outras já são mais flexíveis. É possível contratar um gestor de qualidade ou um especialista de mercado experiente. Mas como essas funções são fundamentais, as pessoas responsáveis devem estar no nível mais alto da empresa, sendo ou não sócias do negócio.

No caso do ingrediente dinheiro, a melhor opção de solução é o capital empreendedor. Além do dinheiro, o novo sócio gestor do fundo de investimento ou investidor anjo vai trazer para sua empresa o chamado capital humano, para completar alguns dos outros ingredientes necessários. É um ótimo casamento para um empreendedor-inovador. Ele quer provar para o mundo que sua tecnologia é a melhor que existe. O gestor do fundo, ainda que admitindo essa premissa, está preocupado em saber como a empresa vai ganhar dinheiro em seu mercado-alvo e em como geri-la para atender a sua fase de crescimento.

Se à sua empresa falta mais de um ingrediente para o sucesso, tente adquiri-los, na medida do possível. E se tiver de começar por um, apesar de serem todos importantes, comece pelo mercado.

Enquanto a donzela não ceder aos seus encantos...

Notas

[1] Eu sei, é esquisito: dez milhões *e quinhentos*. Tem a ver com uma referência cambial na época da definição.

[2] A melhor tradução para *venture capital* seria capital empreendedor. Entretanto, a segunda tradução, capital de risco, apesar de pior (chama atenção para um aspecto negativo do *venture capital*), é a mais utilizada.

[3] Um empresário disse ao autor em 2005 que *venture capital* para ele era como "cabeça de bacalhau": ele já tinha ouvido falar, mas nunca tinha visto!

Referências

COSTA, E. *Global e-commerce strategies for small businesses.* MIT Press, 2001. 202 p.

DOLABELA, F. *O segredo de Luísa.* São Paulo: Cultura Editores, 1999. 320 p.

DORNELAS, J. *Empreendedorismo: transformando idéias em negócios.* 2. ed. Editora Campus, 2005, 300 p.

COSTA, E. Qualidade de serviço em governo eletrônico. In: KNIGHT, P. Projeto *e-Brasil*: promovendo o desenvolvimento do país através das tecnologias da informação e comunicação. Pearson, 2006 (a ser lançado).

EMPREENDEDORES INOVADORES: PRINCIPAIS ATIVOS DE UMA NAÇÃO

Marcos Mueller Schlemm

Introdução

A busca da compreensão da atividade empreendedora, de sua natureza, dinâmica e dos processos é uma preocupação mundial, dada a importância percebida do seu papel no desenvolvimento econômico, social e tecnológico dos países. Neste artigo, são analisadas algumas das questões levantadas pela pesquisa GEM no Brasil, traçando alguns paralelos com outros participantes da pesquisa que envolve quase quarenta países, salientando as características e as limitações do empreendedor brasileiro diante dos desafios colocados. É feita também uma análise da qualidade do empreendedorismo no Brasil

---

Marcos Mueller Schlemm – Diretor Superintendente do SESI/IEL (PR), Diretor da Universidade da Indústria (UNINDUS) e Coordenador Nacional do Projeto GEM (Global Entrepreneurship Monitor). Ph.D. em Administração Pública e Master of Public Administration (MPA) pela University of Southern California, nos EUA. Master of Science in Management Agribusiness pela Hult International School of Business (Boston). Bacharel em Administração de Empresas pela UFPR.

considerando os aspectos oportunidade e necessidade, que muito condicionam a capacidade de agregação de valor e inovação da atividade empreendedora no Brasil. Por fim, ao analisar alguns dos aspectos vistos como cruciais para o crescimento dos negócios, o artigo deixa, de certa forma, uma sugestão dos fatores que mais contribuem para esse crescimento, quais sejam: o uso de tecnologias inovadoras, mercados não marcados pela concorrência intensiva, a orientação do negócio, a intensidade do interesse em crescer, exportar e inovar, seja em produto, processo ou mercado.

Uma visão global

A posição de liderança ocupada pelo Brasil no *ranking* mundial dos países que apresentam um nível mais elevado de atividade empreendedora, segundo dados da pesquisa GEM, enseja ainda hoje, após seis anos de pesquisa, perplexidades e questionamentos. Afinal, como pode um país tão sofrido e inconstante no direcionamento econômico apresentar taxas tão elevadas de pessoas envolvidas com algum tipo de atividade empreendedora? O Brasil, desde 2000, quando da sua primeira participação no consórcio GEM que investiga o nível de empreendedorismo de países tão distintos como Japão, Finlândia, Alemanha, Canadá, China, Nova Zelândia, Austrália, França, Argentina Holanda, Inglaterra, EUA, tem-se posicionado entre os dez mais empreendedores. As conclusões que podem ser destiladas dos dados acumulados pelo projeto podem ser de grande valia para a melhor compreensão deste fenômeno mundial, uma vez que os quase quarenta países que dele participam respondem por 2/3 da população e 90% do PIB mundial.

O que o *ranking* e a comparação mundial permitem constatar é a conformação de três conjuntos de países conforme seu nível de renda e crescimento econômico. Partindo das categorias de análise recém-criadas pelos pesquisadores do consórcio de universidades que integram a rede do GEM, constata-se que existem taxas diferenciadas entre empreendimentos iniciais e os estabelecidos, dependendo do conjunto de países analisados. Países de alta renda apresentam uma maior incidência de empreendimentos estabelecidos, se comparados aos países do conjunto de renda média, onde prevalecem os empreendimentos nascentes, novos negócios e em estágios iniciais (de 3 meses a até 42 meses de atividade). A análise internacional sugere que quanto mais elevada a razão entre empreendedores estabelecidos em relação àqueles que se encontram em estágios iniciais maiores as chances destes de suceder e sobreviver por mais de 42 meses. É evidente o cuidado a ser tomado na análise e na extrapolação de resultados ao lidar com fenômenos complexos e multifacetados. Mas alguns padrões importantes parecem estar surgindo a partir da análise longitudinal das séries históricas acumuladas pela pesquisa GEM, permitindo algumas especulações neste aspecto (Quadro 1).

Quadro 1 – Relação oportunidade x necessidade baseada em empreendimentos iniciais por país

Relação/ranking	Estágio inicial OP	Estágio inicial NEC
Argentina	2.2	27
Austrália	7.1	9
Áustria	5.9	15
Bélgica	8.7	6
Brasil	1.7	34
Canadá	6.0	13
Chile	2.8	24
China	1.2	33
Croácia	0.9	35
Dinamarca	27.4	1
Finlândia	6.3	11
França	1.3	32
Alemanha	2.4	26

Brasil em Questão
A Universidade e o Futuro do País

Relação/ranking	Estágio inicial OP	Estágio inicial NEC
Grécia	5.7	16
Hungria	1.5	30
Islândia	18.2	2
Irlanda	4.2	22
Itália	5.0	19
Jamaica	1.7	28
Japão	4.2	23
Latvia	4.9	20
México	4.7	21
Países Baixos	11.5	4
Nova Zelândia	12.7	3
Noruega	9.8	5
Singapura	5.3	18
Eslovênia	7.8	7
África do Sul	1.5	31
Espanha	5.9	14
Suécia	5.6	17
Suíça	6.1	12
Tailândia	2.8	25
Reino Unido	6.7	10
Estados Unidos	7.2	8
Venezuela	1.6	29
Média	**5.9**	

Países de diferentes graus de desenvolvimento compõem os grupos de maiores e menores taxas de empreendedores em estágio inicial com até 42 meses de existência. Entre os países em que essa taxa é maior está a Venezuela, com 25 %, a Tailândia, com 20,7%, e a Nova Zelândia, com 17,6%, sendo importante observar que os dois primeiros são países de média renda média, e o último, alta renda. No outro extremo, está a Hungria, com 1,9%, o Japão, com 2,2%, e a Bélgica, com 3,9%, países estes em que as taxas de empreendedores iniciais são as mais baixas. Também nesse caso se encontram representantes dos dois grupos considerados nesta pesquisa: os dois últimos países sendo de alta renda, e o primeiro, de média renda.

Assim como ocorre com os empreendedores iniciais, é grande a variação nas taxas de empreendedores estabelecidos (acima de 42 meses de atividade) entre os países participantes do GEM. África do Sul (1,3%), México (1,9%), Hungria (2,0%) e França (2,3%) são os países onde as referidas taxas são as menores. Tailândia (14,1%), China (13,2%) e Nova Zelândia (10,8%) apresentam as maiores taxas de empreendimentos estabelecidos.

A situação do Brasil

O Brasil mantém em 2005 a condição de país onde mais se criam negócios comparativamente a todos os demais. A taxa de empreendedores iniciais de 11,3% situa o País na sétima colocação entre os participantes do GEM (Figura 1).

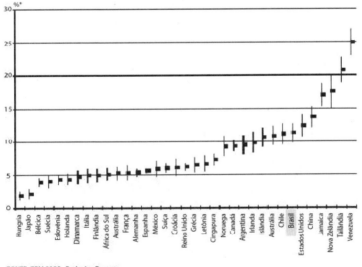

Figura 1 – Empreendimentos iniciais por países

Brasil em Questão
A Universidade e o Futuro do País

Tomando-se a série desde 2001, percebe-se uma leve tendência de redução na taxa de empreendedores iniciando negócios (de 14,2% para 11,3%), embora tal variação não seja significativa. Esse comportamento é influenciado pela diminuição na taxa de empreendedores nascentes, com menos de três meses, ao longo dos anos em que foi realizada a pesquisa, uma vez que as taxas de empreendedores novos já geram renda por pelo menos três meses. Olhando para os empreendimentos estabelecidos, o Brasil apresenta uma taxa de 10,1%, o que o coloca na quinta posição neste *ranking* (Figura 2), sugerindo um leve crescimento dessa taxa a partir de 2002 (de 7,8% para 10,1% em 2005).

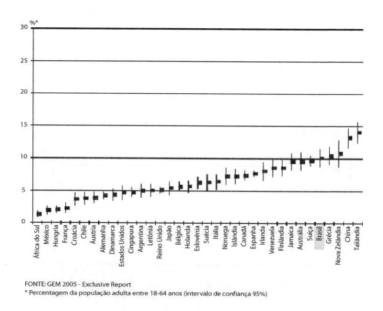

FONTE: GEM 2005 - Exclusive Report
* Percentagem da população adulta entre 18-64 anos (intervalo de confiança 95%)

Figura 2 – Empreendimentos estabelecidos por países

Como a razão entre a taxa de empreendedores estabelecidos e a taxa de empreendedores iniciais, dividindo-se a primeira pela segunda, permite uma avaliação das condições de sobrevivência dos negócios, percebe-se uma variação significativa entre os países nas chances de os empreendimentos sobreviverem por mais de 42 meses. O Brasil fica na 14ª posição no *ranking* global quanto à probabilidade de os negócios iniciais se tornarem estabelecidos (Quadro 2).

Quadro 2 – Razão entre empreendedores estabelecidos e empreendedores iniciais por países

Países	Empreendedores estabelecidos/ Empreendedores Iniciais	
	Razão	Posição
Japão	2,45	1
Finlândia	1,73	2
Grécia	1,61	3
Suíça	1,60	4
Suécia	1,56	5
Eslovênia	1,44	6
Bélgica	1,43	7
Espanha	1,36	8
Holanda	1,30	9
Itália	1,30	10
Hungria	1,06	11
China	0,96	12
Dinamarca	0,92	13
Brasil	**0,89**	14
Austrália	0,88	15
Irlanda	0,82	16
Reino Unido	0,82	17
Canadá	0,79	18
Noruega	0,79	19
Alemanha	0,78	20
Letônia	0,75	21

Brasil em Questão
A Universidade e o Futuro do País

Países	Empreendedores estabelecidos/ Empreendedores Iniciais	
	Razão	Posição
Áustria	0,73	22
Islândia	0,68	23
Tailândia	0,68	24
Cingapura	0,66	25
Nova Zelândia	0,62	26
Croácia	0,60	27
Jamaica	0,56	28
Argentina	0,52	29
França	0,42	30
Estados Unidos	0,38	31
Chile	0,34	32
Venezuela	0,34	33
México	0,32	34
África do Sul	0,25	35
Média	**0,92**	

FONTE: GEM 2005 – *Executive Report*

As altas taxas de empreendedorismo mantidas pelo Brasil podem somente ser compreendidas quando a real motivação que está levando o indivíduo a empreender é examinada. A metodologia utilizada pelo GEM permite estabelecer a distinção ao investigar as razões que motivaram o comportamento empreendedor, estabelecendo duas categorias principais:

- O desejo ou a vontade de explorar uma oportunidade de negócios percebida (empreendimento por oportunidade).
- A indução a alguma atividade empreendedora porque todas as outras oportunidades para trabalhar e gerar renda são inexistentes ou insatisfatórias (empreendedorismo por necessidade).

Ao conduzir a pesquisa de campo, os indivíduos consultados são instados a responder a uma das alternativas anteriores como razão por estarem empreendendo. Alguns respondentes alegam os dois motivos, o que impede sua classificação de forma não ambígua. Na maioria dos países, no entanto, praticamente todos os indivíduos podem ser designados para uma das duas opções colocadas pelo GEM.

A posição de liderança brasileira muda significativamente ao se estabelecer o *ranking* dos motivos pelos quais os indivíduos afirmam estar empreendendo. A grande maioria dos empreendedores iniciais mundo afora sustenta estar seguindo uma oportunidade de negócio. Em 2005, a maioria dos empreendimentos iniciais orientados por uma oportunidade encontra-se na Nova Zelândia e na Holanda. O Brasil e a Croácia encontram-se no extremo oposto da escala em termos de negócios por oportunidade. Não de forma surpreendente, os países com níveis econômicos elevados são também aqueles onde a taxa de empreendedorismo por oportunidade prevalece sobre a taxa de empreendedorismo por necessidade (Quadro 3).

Quadro 3 – Motivação dos empreendedores iniciais por países

Países	MOTIVAÇÃO PARA EMPREENDER					
	Razão emp. oportunidade/ emp. necessidade		Oportunidade		Necessidade	
	Razão	Posição	Taxa	Posição	Taxa	Posição
Dinamarca	27,4	1	4,2	23	0,2	35
Islândia	18,2	2	9,5	6	0,5	30
Nova Zelândia	12,7	3	16,2	1	1,3	15
Holanda	11,5	4	3,9	25	0,3	34

Brasil em Questão
A Universidade e o Futuro do País

Países	MOTIVAÇÃO PARA EMPREENDER					
	Razão emp. oportunidade/ emp. necessidade		Oportunidade		Necessidade	
	Razão	Posição	Taxa	Posição	Taxa	Posição
Noruega	9,8	5	7,8	10	0,8	22
Bélgica	8,7	6	3,4	29	0,4	33
Eslovênia	7,8	7	3,8	27	0,5	31
Estados Unidos	7,2	8	10,5	4	1,5	13
Austrália	7,1	9	9,3	7	1,3	14
Reino Unido	6,7	10	4,7	20	0,7	27
Finlândia	6,3	11	3,8	26	0,6	28
Suíça	6,1	12	5,1	18	0,8	21
Canadá	6,0	13	7,5	11	1,3	16
Espanha	5,9	14	4,7	19	0,8	22
Áustria	5,9	15	4,4	21	0,8	25
Grécia	5,7	16	5,3	17	0,9	19
Suécia	5,6	17	3,2	30	0,6	29
Cingapura	5,3	18	6,1	14	1,2	17
Itália	5,0	19	4,0	24	0,8	24
Letônia	4,9	20	5,4	16	1,1	18
México	4,7	21	4,3	22	0,9	19
Irlanda	4,2	22	7,9	9	1,9	11
Japão	4,2	23	1,8	34	0,4	32
Chile	2,8	24	8,2	8	2,9	7
Tailândia	2,8	25	13,9	3	5,0	5
Alemanha	2,4	26	3,8	28	1,6	12
Argentina	2,2	27	6,3	13	2,9	8
Jamaica	1,7	28	10,0	5	6,0	3

| Países | MOTIVAÇÃO PARA EMPREENDER | | | | | |
| | Razão emp. oportunidade/ emp. necessidade | | Oportunidade | | Necessidade | |
	Razão	Posição	Taxa	Posição	Taxa	Posição
Venezuela	1,6	29	15,6	2	9,4	1
Hungria	1,5	30	1,1	35	0,7	26
África do Sul	1,5	31	3,0	31	2,0	10
França	1,3	32	2,6	33	2,1	9
China	1,2	33	7,3	12	6,2	2
Brasil	1,1	34	6,0	15	5,3	4
Croácia	0,9	35	2,9	32	3,1	6
Média	5,9	....	6,2	....	1,9	....

FONTE: GEM 2005 — Banco de Dados Internacional

O Brasil ocupa a 15ª posição no *ranking* do empreendedorismo por oportunidade, com uma taxa de 0,6%, e a 4ª posição no *ranking* de empreendedorismo por necessidade, com uma taxa de 5,3%. Calculando-se a razão entre essas duas taxas, o Brasil fica com a 34ª posição entre os países pesquisados, evidenciando-se cada vez mais a influência do empreendedorismo movido pela necessidade na posição do Brasil em relação aos demais países. O que merece atenção nesta avaliação é a constatação da existência de uma correlação positiva significativa entre a razão do empreendedorismo por oportunidade para o de necessidade e as taxas de transição dos empreendimentos em estágio inicial e os já estabelecidos. Países com altas taxas de empreendedorismo por oportunidade detêm uma proporção menor de fracasso no início dos negócios. Segundo o *GEM 2005 Executive Report*, essa constatação pode estar sugerindo que talvez exista uma relação sistemática entre a motivação de iniciar um negócio e a chance de obter sucesso na empreitada. Neste caso, países como o Brasil, a Croácia, a China e a África do Sul, que acusam baixos índices de qualidade de vida, baixa renda e segurança social incipiente, apresentam altas taxas de empreendedorismo por necessidade. No Brasil, como nesses países, dada a escassez de alternativas viáveis, os indivíduos são levados a querer iniciar um negócio, mesmo que sua perspectiva de sucesso seja muito pequena. Em contrapartida, nos países com bons sistemas de segurança social e níveis de renda alta, como é o caso da Suécia, do Japão ou a da Suíça, os indivíduos não se vêem compelidos a iniciar negócios com baixas perspectivas de sucesso.

Esse quadro pode explicar uma das razões críticas que faz os empreendimentos apresentarem um índice de mortalidade infantil elevado no Brasil, que impede o avanço dos negócios, para que passem a gerar emprego e renda de forma mais consistente e longeva ao próprio empreendedor, seus familiares e, enfim, aos seus empregados. A quase totalidade desses negócios acontece em setores e segmentos tradicionais, de baixa tecnologia e baixo valor agregado.

Segundo Hamel e Prahalad (1994), a dimensão fundamental que regula o destino e o crescimento de um empreendimento é a intenção estratégica (*strategic intent*) do(s) empreendedor(es). Uma investigação mais profunda da origem dos empreendimentos e das razões de base que movem o indivíduo empreendedor pode ser promissora na identificação dos ingredientes necessários, ou mesmo determinantes, para o crescimento e a consolidação da empresa brasileira. Os avanços observados no campo da psicologia cognitiva podem ajudar a esclarecer o nível de empenho e comprometimento do empreendedor com o crescimento do negócio, revelando a extensão de sua visão estratégica quanto às oportunidades no setor ou no ramo de atividade em que está atuando ou pretende atuar. Se a motivação ou impulso inicial for a mera sobrevivência – como aparenta ser o caso de praticamente 50% dos empreendedores brasileiros que afirmam ter optado por esta modalidade por necessidade, e não por que voluntariamente estão perseguindo uma oportunidade com potencial para crescer –, então poder-se-ia conjecturar que a falta de uma intenção estratégica, conforme afirmam Hamel e Prahalad (1994), pode estar impedindo os empreendimentos brasileiros – mesmo os que são fruto de oportunidade – de buscar realizar seu potencial e consolidar sua posição no segmento em que atuam. Essa mesma falta pode explicar também a baixa procura por nichos e tecnologias inovadoras que poderiam assegurar uma posição mais estratégica e competitiva entre empreendimentos semelhantes.

Uma fraca intenção estratégica impede o empreendedor de perceber e desejar avançar para além do território conhecido, valendo-se de conceitos e técnicas de gestão avançados que permitiriam o controle gerencial das operações internacionais, a exemplo dos empreendimentos estrangeiros que aportam no País e propiciam o avanço dos negócios no contexto global.

Outro aspecto levantado pela pesquisa GEM que provavelmente tem influência no tipo e na qualidade do empreendedorismo que prevalece no Brasil, e, possivelmente, nos demais países que compõem o grupo baixa renda é a proporção de mulheres envolvidas com algum tipo de empreendimento comparativamente aos países de renda mais elevada. Segundo os dados do GEM, o Brasil situa-se numa posição destacada em relação aos demais países no que tange à igualdade dos gêneros, com uma taxa de 10,8% para o empreendedorismo feminino e de 11,8% para os homens. Em 2005, as empreendedoras brasileiras envolvidas com negócios iniciais praticamente se equipararam em número aos empreendimentos liderados por homens, estando a segunda maior prevalência atrás apenas da Hungria, onde as empreendedoras correspondem a quase o dobro dos empreendedores. O lado problemático novamente é a questão da motivação pela

Brasil em Questão
A Universidade e o Futuro do País

qual estão empreendendo. Praticamente a metade das mulheres que empreendem no Brasil o faz voluntariamente, mas por necessidade. Novamente neste caso, e mesmo nos negócios por oportunidade, os empreendimentos são de baixo valor agregado e potencial de crescimento, concentrados geralmente em atividades tradicionais na área de serviços de beleza, alimentação e confecção. Este quadro, por certo, não prenuncia uma ruptura, levando à inovação em setores com alto potencial de crescimento e geração de emprego e renda.

Inovação e crescimento

O economista austríaco Joseph Schumpeter em 1934 (1977) estabeleceu que uma economia cresce e mantém níveis de desenvolvimento sustentável quando a dinâmica interna dos negócios é impactada por rupturas causadas por inovações em produtos, processos e novos materiais engendrados por indivíduos empreendedores, que, ao inovar, destroem a ordem estabelecida, introduzindo um novo patamar tecnológico e abrindo novos mercados. Com esse processo, novas fronteiras se abrem, oportunidades surgem, nova riqueza é produzida e o desenvolvimento acontece.

Uma baixa taxa de empreendimentos inovadores gera um baixo nível de renovação dos ativos sociais, comprometendo o acúmulo de novos conhecimentos, essencial para a dinâmica e o crescimento econômico, que, em última análise, levariam ao desenvolvimento social e tecnológico.

O desafio da inovação permeia toda e qualquer discussão ou política pública voltada ao desenvolvimento econômico de um país. Empreendedores são agentes que demonstram possuir uma alta capacidade de percepção das oportunidades e a forma de explorá-las economicamente. Ao mesmo tempo em que contribuem para a eficiência dos mercados, introduzem inovações disponibilizando à sociedade novos produtos ou serviços nos âmbitos local, regional e global. Empreendedores inovadores representam, portanto, um dos principais ativos que uma nação possa cultivar, com o propósito de manter sua economia ativa e próspera, originando um fluxo contínuo de geração de empregos, riqueza e desenvolvimento social.

A relevância desses aspectos para melhor compreender esse fenômeno e seu papel no desenho de políticas de apoio e fomento de uma cultura empreendedora voltada para a inovação é comprovada quando se examinam os resultados da pesquisa GEM, quando esta aborda questões como inovação genuína, novos mercados e intenção de exportar por parte do empreendedor brasileiro.

Negócios inovadores e expectativa de crescimento

Uma nova idéia de negócio – produto, processo ou combinação de materiais – pode ser considerada como realmente inovadora pelos consumidores quando não encontra ainda concorrência direta ou utiliza novos processos no mercado em que atua. Para analisar o grau de inovação de um produto ou idéia e qual a perspectiva de crescimento, a metodologia do GEM indaga, aos indivíduos, que estão empreendendo, a forma como avaliam o quanto seu produto ou serviço é novidade na sua comunidade e a intensidade da concorrência enfrentada, bem como o quão recente é a tecnologia utilizada.

Parece evidente que a inovação e o potencial de crescimento estão condicionados ao contexto no qual surgem. Um produto pode ser inovador num país e não em outro, contudo a globalização crescente acaba por nivelar as diferenças. Uma inovação pode sofrer ou pode beneficiar-se mais de uma dada condição num determinado mercado, dependendo do nível de carência ou demanda local.

Tendo em consideração que a contribuição do empreendedor para que a inovação ocorra e, com isso, induza o crescimento econômico, torna-se importante reconhecer que tal contribuição não acontece de forma harmonizada entre a população de empreendedores no mundo. Conforme os dados indicam, o percentual de empreendedores realmente inovadores é pequeno e localizado aleatoriamente na população.

Os dados acumulados do GEM entre 2000 e 2004 permitem realizar algumas análises tendo como base mais de 500 mil entrevistas coletadas de forma aleatória entre a população adulta em 44 países. É considerado negócio com alta expectativa de crescimento todo negócio que aspira a contratar pelo menos vinte pessoas em um período de cinco anos. No Brasil, como nos demais países pesquisados, a expectativa de geração de empregos não é grande para parte significativa dos empreendedores iniciais. Em torno de 32% destes não esperam criar novos postos de trabalho no prazo de cinco anos (Figura 3). Entretanto, vale notar que 24% dos empreendedores iniciais esperam contratar mais de cinco empregados.

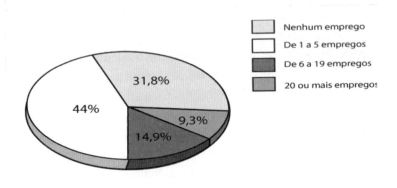

FONTE: Pesquisa de campo - GEM Brasil 2001, 2002, 2003, 2004, 2005

Figura 3 – Expectativa de geração de empregos no Brasil

No âmbito global, apenas 10% dos empreendedores no estágio inicial atendem aos critérios de negócios de alta expectativa de crescimento estabelecidos pelo GEM, que é contratar um mínimo de vinte empregados em um prazo de cinco anos.

Os resultados globais do GEM revelam que a grande maioria dos empreendedores oferece produtos ou serviços que não são novos aos seus clientes ou mercados. Somente uma pequena parcela deles oferece algo realmente novo e desconhecido para todos os consumidores. Nesse aspecto, tanto os empreendedores iniciais de países de renda mais alta quanto aos de renda mais baixa afirmam estar oferecendo produtos ou serviços genuinamente inovadores aos seus clientes (Figura 4).

O empreendedor brasileiro segue o padrão detectado nos demais países participantes do GEM, não buscando a inovação em produtos ou processos na grande maioria dos casos. Os dados acumulados entre 2002 e 2005 revelam que 82,3% dos empreendedores iniciais no País afirmam que nenhum de seus consumidores consideraria seus produtos como novos no mercado; 5,2% desses empreendedores declaram que seus produtos são considerados novos por todos os clientes (Figura 5).

Da mesma forma, seguindo o padrão internacional observado no GEM 2005 Executive Report, 85,7% dos empreendedores brasileiros localizados na categoria de negócios estabelecidos declaram que seus produtos não são considerados novos por seus clientes. Apenas 5,8% destes empreendedores afirmam oferecer produtos realmente novos.

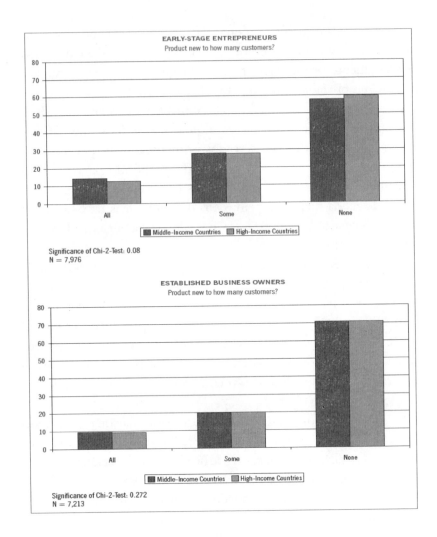

Figura 4 – Novos produtos por grupos de países

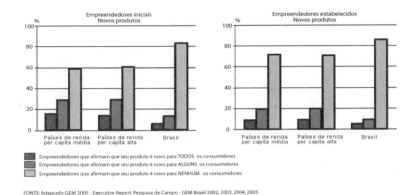

Figura 5 – Novos produtos por grupos de países e Brasil

Intensidade da concorrência

Outra dimensão importante avaliada nos modelos de negócios e na análise da dinâmica de um setor industrial, seguindo o esquema proposto por Michael Porter, é a intensidade com que se dá a concorrência em um mesmo setor ou segmento de negócios. Aqui também, não muito distante dos empreendedores identificados pela pesquisa GEM nos países participantes, a maioria dos empreendedores brasileiros atua em segmentos de alta concorrência, porém podendo-se observar uma intensidade um pouco mais acentuada, constatada em 66,0% dos empreendedores iniciais e 72,5% dos empreendedores estabelecidos, em contraste ao padrão internacional detectado pelo GEM de 65,0% e 55,9%, respectivamente (Figura 6).

Brasil em Questão
A Universidade e o Futuro do País

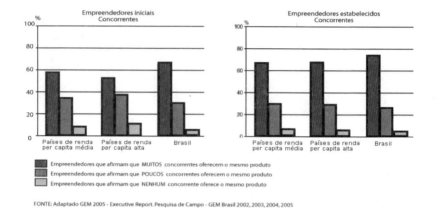

Figura 6 – Intensidade da concorrência por grupos de países e Brasil

Idade das tecnologias e processos

Os empreendedores brasileiros não têm priorizado o uso de tecnologias disponíveis há menos de um ano no mercado, ficando abaixo dos seus pares nos demais países emergentes na mesma categoria de renda. Segundo o GEM, 97,4% dos empreendedores afirmam utilizar tecnologias ou processos conhecidos há mais de um ano. No conjunto dos países de média renda, esses grupos de empreendedores somam, respectivamente, 70% e 80%. Curiosamente, os empreendedores iniciais e estabelecidos desses países de média renda afirmam utilizar tecnologias ou processos novos (disponíveis há menos de um ano) com maior freqüência que seus pares nos países de alta renda (Figura 7).

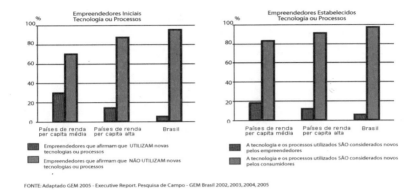

Figura 7 – Nova tecnologia e processos por grupos de países e Brasil

É provável que esse fato ocorra porque economias emergentes possuem um nível de atualização tecnológica menor, ou seja, tecnologias já conhecidas e dominadas por empreendedores em países com economias mais avançadas podem representar uma grande inovação para empreendedores em países menos desenvolvidos.

Expectativa de exportação

A análise desta questão revela uma condição bastante desfavorável para o empreendedor brasileiro. Noventa por cento dos empreendedores pesquisados em 2004 não consideram a exportação uma expectativa a ser atendida. Apenas 9% deles consideram a possibilidade de ter certo volume (entre 1% e 25% das vendas totais) direcionado ao mercado externo. Somente 1% dos empreendedores pesquisados pelo GEM em 2004 considera a possibilidade de direcionar mais de 25% das vendas para o mercado externo. Uma análise do gráfico (Figura 8) permite observar que nos países de renda alta 55% dos empreendedores pesquisados esperam colocar até 25% de suas vendas no mercado externo, enquanto a proporção de empreendedores brasileiros que manifestam essa intenção é de apenas 9%, o que o coloca abaixo até mesmo do grupo de países de renda baixa do qual faz parte, onde a expectativa é de 22,5%.

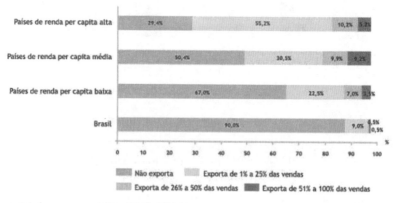

Figura 8 – Proporção de empreendimentos segundo intensidade de exportação esperada e grupos de países por renda *per capita*

Aspectos como a extensão territorial, a instabilidade econômica, a flutuação do câmbio e o desconhecimento dos mercados internacionais da diversidade cultural e dos hábitos e dos padrões diferentes podem explicar em parte a pouca disposição do empreendedor brasileiro para considerar a opção da exportação como uma possibilidade concreta e viável. Outros fatores, no entanto, também devem ser considerados no desenho de políticas e programas de apoio e incentivo ao empreendedorismo que visem a uma atitude mais agressiva por parte do empreendedor brasileiro. Uma das razões, muito provavelmente, é a baixa intenção estratégica, no sentido de Hamel e Prahalad (1994), percebida entre os empreendedores nacionais, que revelam não aspirar a liderar empreendimentos globais. A título de ilustração, o setor têxtil e de confecções no Brasil, constituído em sua grande maioria de pequenas e microempresas, exporta 7% de sua produção, direcionando 93% para o mercado interno.

Outro fator importante por certo, e que não pode ser desconsiderado, é o baixo nível educacional de nosso empreendedor e a alta proporção de negócios atuando em setores tradicionais, com tecnologia defasada, o que dificultaria sua inserção em mercados internacionais. Uma das dimensões muito consideradas na análise de planos de negócios de projetos empreendedores no exterior é justamente seu grau de inovação e seu potencial exportador, aspectos pouco considerados pelo empreendedor brasileiro. Finalmente, a baixa capacidade financeira do empreendedor brasileiro limita ou inibe qualquer aspiração de sustentar um porte maior de negócios que seriam obrigados a enfrentar mercados mais competitivos em que os competidores locais teriam acesso a capital em condições mais vantajosas e agressivas do que as condições oferecidas ao empreendedor brasileiro.

Acesso e uso de recursos

O GEM revela que em todos os países pesquisados o universo de empresas criadas com capital de risco clássico (institucional) é diminuto quando comparado com outras fontes de recursos, em especial do próprio empreendedor ou de investidores informais. A taxa de investidores informais, computando todos os países participantes da pesquisa GEM, é de 3,3%, ou seja, 3,3 adultos em cada 100 consultados são investidores informais, 66% do investimento necessário para iniciar algum empreendimento provém dos próprios empreendedores ou de seus familiares mais próximos. As condições adversas enfrentadas pelos empreendedores brasileiros, com as restrições e as dificuldades para o acesso a capital representando uma forte barreira à abertura de negócios formais, condicionam o crescimento e a predisposição do empreendedor a assumir riscos mais elevados. Os negócios no Brasil, por essas razões, mas também pela precária condição de sua população, utilizam baixos montantes em grande parte dos empreendimentos. Vinte de dois por centos dos empreendimentos identificados pela pesquisa são iniciados com somas inferiores a R$ 22.000,00; 60% dos investidores informais, por sua vez, investem até R$ 10.000,00 no empreendimento e, destes, 45% investem menos de R$ 2.000,00; 52% dos investidores informais apóiam empreendedores com os quais possuem vínculos familiares. Amigos e vizinhos (23,3%) também merecem destaque como destinatários do apoio de investidores informais. Esses aspectos sugerem que o uso de recursos, como o *seed money*, por parte de instituições formais deverá ser pensado no sentido de tornar esta opção suficientemente atraente, sem as restrições de barreiras tradicionais, para que de fato atraia o empreendedor e este alimente a intenção de fazer seu empreendimento crescer.

Orientação para iniciar o empreendimento

Uma questão importante a ser considerada na investigação das formas e dos motivos que fazem uma pessoa optar ou enveredar pelo empreendedorismo é identificar a origem e a natureza da orientação recebida para criar o negócio. É evidente que a primeira pergunta a ser feita é se o empreendedor teve alguma orientação ou se ele teve algum processo de autodesenvolvimento que o impeliu a criar seu negócio da forma como o fez. Bastante próxima da questão relativa à intenção estratégica, mas operando em uma dimensão distinta, a orientação recebida ou a busca por uma orientação pode modelar significativamente o projeto inicial e, conseqüentemente, impactar o destino traçado e seu potencial de crescimento.

Segundo o GEM, 33% dos empreendedores iniciais recebem orientações de familiares e amigos. Nos empreendedores estabelecidos, esse percentual é reduzido para 20%, sugerindo que à medida que o empreendedor adquire maior conhecimento sobre seu negócio, tende a buscar menos esse tipo de aconselhamento. Ao lado disso, a experiência profissional anterior é, em 20% das menções, a principal fonte de conhecimento e aprendizado dos empreendedores estabelecidos. Entre os iniciais, esse fator é mencionado por apenas 7% dos empreendedores, o que pode parecer uma contradição, uma vez que os empreendimentos estabelecidos já passaram pela fase inicial. O que esses dados podem estar sugerindo é que tal comportamento se deve à própria natureza dos empreendimentos de baixa complexidade tecnológica e comercial em razão da grande incidência de empreendimentos motivados pela necessidade, nos quais o indivíduo não encontra entre seu meio as fontes de referência e aconselhamento, tendo dificuldade também de ter acesso a outros tipos de apoio e orientação.

A condição de empreendedor por necessidade pode levar o indivíduo a iniciar um negócio mesmo que dissociado de sua experiência anterior. A experiência obtida com os PDVs (Planos de Desligamento Voluntário) demonstrou que a ingenuidade e a falta de experiência com certos aspectos do negócio escolhido pelo ex-funcionário levaram ao fracasso e à desistência de um grande número de empreendedores iniciais que procurarou criar um novo negócio.

Brasil em Questão
A Universidade e o Futuro do País

Considerações finais

De modo geral, constata-se que o nível do empreendedorismo no Brasil sofre uma série de limitações tanto do ponto de vista da gestão dos negócios quanto da infra-estrutura de apoio oferecida pelas instituições governamentais e financeiras.

Os fatores destacados – como a idade das tecnologias utilizadas, a baixa inovação nos produtos e nos processos, a dificuldade de acesso a recursos financeiros competitivos, a não-contemplação do mercado externo como forma de expansão e consolidação do negócio e a conseqüente insistência de concorrer em mercados domésticos saturados, aliada à baixa intenção estratégica sugerida pela tendência a não esperar que seus empreendimentos tenham um crescimento mais ambicioso – comprometem a capacidade de viabilizar os investimentos feitos, impedindo que a força da atividade empreendedora se manifeste. Com isso, a renovação e o crescimento da economia não ocorrem na medida em que poderia e deveria, se outros países forem tomados como parâmetro.

O nível educacional e o nível de renda do empreendedor brasileiro são relativamente mais baixos se comparados aos países de média e alta rendas. Esses dois aspectos refletem-se no baixo uso de informação e de ferramentas de gestão que permitiriam o investimento em negócios mais complexos.

Para apoiar efetivamente a atividade empreendedora no Brasil, devem ser buscadas medidas corretivas sérias voltadas aos dispositivos de apoio e fomento disponíveis no País, bem como às agências responsáveis pela instrumentação do empreendedor. Além disso, tais iniciativas deveriam ser sustentadas por uma forte transformação do ambiente de negócios, dos valores e dos padrões que constituem a cultura nacional.

Referências

GEM Executive Report, Boston: Babson, 2005.

GEM Relatórios Executivos, Curitiba: IBQP-PR. 2004, 2005.

HAMEL, G.; PRAHALAD, C. K. *Competing for the Future*. Boston: The Harvard Business School Press, 1994.

PORTER, Michael E. *Competitive Strategy: Techniques for Analizing Industries and Competitors*. Nova York: The Free Press, 1980.

SCHUMPETER, Joseph. *Teoria do desenvolvimento econômico*. São Paulo: Nova Cultural, 1977.

Tema
Sociedade e Economia

PASSADO E FUTURO DE GRANDES EMPRESAS ESTRATÉGICAS

Dércio Garcia Munhoz

Introdução

O tema "O Brasil que deu certo: na terra, no mar e no ar", do *Fórum Brasil em Questão*, analisa a trajetória de três dos mais importantes empreendimentos do Governo brasileiro – EMBRAER, EMBRAPA e PETROBRAS –, que fazem parte, à exceção da primeira, privatizada no início dos anos 1990, de um conjunto de empresas criadas e controladas pelo Estado a partir dos anos 1940 para desempenhar papel estratégico em programas de desenvolvimento. Razão por que as empresas, em sua grande maioria, surgiram como instrumentos voltados para fundamentar o desenvolvimento industrial em setores de alta tecnologia, na busca de auto-suficiência enérgica e na

---

Dércio Garcia Munhoz – Professor Titular do Departamento de Economia da UnB. Mestre em Economia pela Fundação Instituto de Pesquisas Econômicas da Universidade de São Paulo. Título de *Notório Saber* concedido pelo Conselho Federal de Educação. Ex-Presidente do Conselho Federal de Economia e do Conselho Superior da Previdência Social. Pesquisador do Núcleo de Políticas Públicas da UnB.

capacitação de pesquisas na área agrícola, visando ao aproveitamento de terras até então pouco produtivas, na busca da expansão da fronteira agrícola.

Ao observar a forma como as empresas governamentais ao atuar no setor produtivo se ajustavam ao papel de agentes do crescimento, por sua participação direta suprindo a economia de itens essenciais e indireta removendo pontos de estrangulamento que inibiriam os investimentos privados, é apenas um desdobramento natural chegar-se à conclusão de que em verdade o País seguia os rumos da teoria do desenvolvimento desequilibrado (HIRSCHMANN, 1961). Nela, os investimentos estatais desempenham o papel de indutor a investimentos privados quando, promovendo investimentos estatais em setores básicos da infra-estrutura que registrem plena ocupação da capacidade instalada, fazem reverter as curvas de preços e de custos no global da economia. Como tais investimentos caracterizam-se pelo longo prazo de maturidade e elevada escala de produção, é inevitável que na fase inicial de funcionamento de um novo empreendimento se trabalhe com ampla capacidade ociosa, o que significa baixas taxas de retorno do capital investido na maior parte do tempo, até quando se passe a utilizar plenamente a capacidade produtiva. Não fora essas características que identificam os grandes investimentos na infra-estrutura produtiva, certamente não haveria como justificar a presença empresarial do Estado em determinados setores da economia.

Expansão do setor produtivo estatal na economia brasileira. um pouco de história

A presença do setor produtivo estatal brasileiro teve papel de extrema importância no desenvolvimento econômico do País desde o Pós-Guerra. Ainda na década de 1940, com a implantação de empresas do porte da Cia. Siderúrgica Nacional e da Cia. Vale do Rio

Doce, seguem-se, nos anos 1950, novas iniciativas governamentais, após um trabalho de planejamento que contou inicialmente com a colaboração do Governo americano, desaguando num plano qüinqüenal de desenvolvimento (1950-1954) – o Plano SALTE, de abril de 1950, voltado para os setores de saúde, alimentos, transportes e energia. Surgiriam, então, em 1952, um banco estatal voltado para o financiamento de longo prazo para apoio de projetos de investimento, o BNDE, um órgão para gerir a política de financiamento do plantio e comercialização do café, o Instituto Brasileiro do Café (1952), e empresas que deveriam desempenhar funções importantes na área energética, como a ELETROBRAS e a PETROBRAS, ambas criadas em 1953.

Como resultado da estratégia econômica do Pós-Guerra e das políticas governamentais pós-1950, ancoradas por empresas governamentais em áreas-chave, a economia brasileira registrou elevadas taxas de crescimento até 1956 – média de aproximadamente 7,0% ao ano entre 1947 e 1956 (Fundação Getúlio Vargas – FGV, 1972). Posteriormente, com a política de industrialização do Governo JK (orientada pelo Plano de Metas) e apoiada numa forte presença de empresas estatais em setores estratégicos, a taxa de crescimento do País pode repetir, entre 1957 e 1961, as altas taxas de crescimento do decênio anterior.

A experiência dos primeiros 15 anos do Pós-Guerra evidencia que o crescimento da economia brasileira se destaca não só pelas elevadas taxas de expansão da produção, como também pela regularidade no ritmo de crescimento ao longo do período e ainda pelo equilíbrio no crescimento setorial. O que evidencia que a estratégia de crescimento inserida na ação governamental teve sucesso quando procurou orientar a expansão econômica por meio de investimentos em diferentes áreas, evitando, pela presença

Brasil em Questão
A Universidade e o Futuro do País

oportuna de eficientes empresas estatais, estrangulamentos setoriais que pudessem comprometer os objetivos globais.

Depois da uma indesejável interrupção no crescimento rápido da economia entre 1962 e 1967, ou seja, desde o momento em que o FMI, em março de 1961, impôs desastrosas medidas de reforma cambial, até 1957, com o término do programa de ajuste inserido em 1964 com o PAEG, o País, já então contando com uma ampla rede de eficientes empresas estatais atuando nos setores-chave da infra-estrutura – siderurgia, petróleo, indústria química, energia elétrica, telecomunicações, ferrovias, portos, armazéns e silos, bancos de fomento, etc. –, retoma o caminho da expansão, alcançando, no período entre 1968 e 1973, taxas de crescimento médio da ordem de 11,0% ao ano.

Essa fase contou com a participação fundamental de instituições financeiras internacionais, como o Banco Mundial, proporcionando linhas de financiamento de longo prazo. Para isso, todavia, o governo brasileiro viu-se compelido a transformar antigos departamentos vinculados à administração pública direta ou indireta, federal ou estadual – nas áreas principalmente de energia, telecomunicações e abastecimento –, em sociedades de economia mista: as chamadas empresas estatais. Buscava, com isso, o BIRD, com a forma legal de sociedades anônimas, forçar maior transparência contábil e patrimonial das empresas financiadas, visando com isso também a influenciar a política de preços, assegurando que as empresas mantivessem capacidade de pagamento dos encargos financeiros que viessem a assumir. Em síntese, buscava o financiador a criação de condições objetivas na administração das empresas que garantissem o retorno dos recursos fornecidos pela entidade financeira. Essa a lógica que orientou a ação governamental no período em que maior número de novas empresas estatais surgiu no País.

A crise do petróleo, com a quadruplicação dos preços do produto em outubro de 1973, constituiria uma experiência amarga para os países emergentes, já que as políticas de ajuste das economias centrais – as grandes consumidoras mundiais – tiveram como objetivo – alcançado com notável sucesso – transferir suas próprias contas do petróleo para terceiras nações economicamente mais frágeis. Com isso, os desequilíbrios no balanço de pagamentos de nações como o Brasil, que provocariam um grande endividamento externo, provocaram a reorientação dos planos de desenvolvimento do País, dando-se ênfase a inversões em setores nos quais se pudesse maximizar as vantagens comparativas ante ao resto do mundo. Em razão do que, e uma vez que se tratava de investimentos de alto risco para o capital privado, ante a desaceleração da economia brasileira e a generalização do protecionismo no comércio mundial, mais uma vez o Estado teve de assumir a iniciativa, criando-se novas empresas estatais – ainda que em número mais reduzido em comparação com o período anterior. Desta vez empresas voltadas para a produção de itens que pudessem substituir importações, como na área do petróleo, ou que tivessem preços competitivos no comércio internacional, como alumínio, aço, papel e celulose, produtos químicos, etc.

Foi graças a essa estratégia que o Brasil conseguiu manter uma taxa de crescimento média anual da ordem de 7,0% mesmo no período mais crítico da crise do petróleo – entre 1974 e 1980 –, quando ocorriam simultânea e seguidamente novos aumentos nos preços do produto e nas taxas de juros internacionais.

Finalizando, pode-se, portanto, concluir que essa nova etapa de crescimento no número de empresas estatais no Brasil no decorrer dos anos 1970 tem, como ocorrera entre 1968 e 1973, uma lógica irrecusável, já que a missão que essas empresas desempenhariam seria a de, paralelamente ao aumento das receitas de exportação, também reduzir os dispêndios com importação, evitando, assim, que

Brasil em Questão
A Universidade e o Futuro do País

o estrangulamento externo viesse a impor uma situação de recessão permanente, dadas as dificuldades de administrar um endividamento crescente.

O ocaso das estatais brasileiras

No centro de um dos mais surpreendentes paradoxos observados na economia brasileira dos últimos trinta anos foram colocadas as empresas estatais no decorrer das décadas de 1980 e 1990. Alguns fatos mostram com clareza absoluta a natureza dos esquemas de desinformação preparados para envolver as empresas governamentais. Estratégia que tinha o objetivo não confessado de, enfraquecendo politicamente as empresas, tornar mais fácil vencer as resistências dos que se opunham à desestatização da economia a qualquer preço – um processo ansiosamente procurado por alguns setores, buscando amealhar recursos, quaisquer fossem as origens, para que o Governo pudesse liquidar ainda que parcialmente a dívida pública. Esse comportamento tem sido recorrente por parte dos que acumulam fortunas com a especulação financeira, já que a contrapartida dos ganhos fáceis de alguns é o aumento desmedido da dívida do governo, fazendo surgir receios de perdas diante dos riscos de insolvência do Tesouro. Um exemplo foi a intensa campanha sustentada por grupos que tinham interesse na privatização, atribuindo às empresas estatais a responsabilidade pelo endividamento externo, quando, em realidade, as empresas estatais apenas impediram, por meio de empréstimos externos de longo prazo – para o que foram utilizadas pelo Governo –, que a escassez de dólares no mercado de câmbio interno em decorrência dos déficits do balanço de pagamentos em contas correntes provocasse a insolvência externa do País.

Com a política de ajuste externo dos anos 1981 e 1983, baseada na elevação das taxas de juros e outras decisões que aumentaram os custos do setor produtivo local, o País passou a enfrentar fortes pressões inflacionárias, tendo o Governo, na tentativa de segurar os aumentos de preços, impedido que as estatais repassassem integralmente os aumentos de custos para os preços, desequilibrando financeiramente as empresas.

Estas, descapitalizadas e paralelamente impedidas de obter financiamento para ampliação da capacidade produtiva – sob a alegação capciosa, ainda que infantil, de que investimentos de estatais significavam aumento dos déficits público –, passaram em seguida a ser apontadas como ineficientes, e daí responsáveis pelo surgimento de estrangulamento na infra-estrutura econômica. Impunha-se então – concluíam sem pudor os privatistas-vampiros – a privatização das estatais como único meio de aumentar a eficiência das empresas e assim garantir a retomada do crescimento sustentável.

Poucas empresas escaparam das hordas privatistas

Foram praticamente 15 anos de sucessivos ataques frontais enfrentados pelas empresas a partir do início da década de 1980, enquanto diferentes Governos, dóceis aos interesses privatistas, ou muitas vezes articulados com estes, as mantinham imobilizadas, inertes, sob verdadeiros grilhões, forçando uma "morte natural" por inanição.

Diante desse campo minado, algumas empresas conseguiram revelar maior grau de resistência, expandindo-se e fortalecendo-se no novo milênio, e uma vez passada a tempestade, quer com a mesma configuração de empresas estatais, quer como entidades privadas. São verdadeiros "salvados do incêndio", e dentre eles se colocam as empresas selecionadas como exemplos dentro do tema "O Brasil Que Deu Certo" – EMBRAER, EMBRAPA e PETROBRAS. E cada uma das empresas listadas tem sua própria história, registrando as

Brasil em Questão
A Universidade e o Futuro do País

circunstâncias dramáticas vividas para superar os obstáculos que se multiplicavam em seus caminhos.

O caso EMBRAER

A EMBRAER surgiu a partir de um sonho alimentado por um grupo de oficiais da Aeronáutica, com a liderança de figuras notáveis, tais como o Coronel Osires Silva, que, nos anos 1960, dedicados a um projeto pioneiro e atuando ainda no seio do Instituto Tecnológico da Aeronáutica, em São José dos Campos, trabalhava com um entusiasmo juvenil no desenvolvimento do avião Bandeirante.

Ao final de 1967, o Bandeirante constituía ainda um simples mas denso conjunto de desenhos técnicos que orientava a construção de um *mock-up* em madeira e marcava com uma presença triunfante, tal qual um imbatível Golias, um dos hangares do

respeitado e admirado ITA.

A despeito da importância estratégica do desenvolvimento do setor aeroespacial, a EMBRAER, mesmo depois de comprovar seu alto nível de capacitação técnica, mesmo depois de projetar, construir e colocar competitivamente em diferentes mercados mundiais sucessivos novos modelos de aviões, com escala crescente de incorporação de avanços tecnológicos, ainda assim a empresa viu-se pressionada a se apresentar como uma entidade simplesmente ineficiente, incapaz, devoradora de recursos públicos.

Para que se possa avaliar a forma desagregadora como a Embraer passou a ser tratada pelo próprio Governo, a despeito da resistência oposta pelo Ministério da Aeronáutica, basta lembrar que, visando a estrangular financeiramente a empresa, houve recusa até mesmo na transferência de recursos do Tesouro para o desenvolvimento, em conjunto com a Argentina e já no final da década de 1980, de um novo projeto de aeronave; o que obrigou a

EMBRAER a recorrer a capitais de curto prazo, remunerados pelas taxas do *overnight*, para cobrir os dispêndios com o desenvolvimento de um projeto binacional, em iniciativa que tenderia a ter um inegável desdobramento político nas relações entre as partes.

Apesar das dificuldades financeiras a que era submetida de modo impiedoso, ao lado de outras empresas estatais, a Embraer conseguiu sobreviver, e sua privatização, reservado ao Governo a posse de uma *Golden-Share*, talvez tenha sido a melhor solução para impedir o completo esfacelamento da empresa. Pois salvar a empresa, permitiu até mesmo que viesse a se materializar a construção de novos aviões que já saíam das pranchetas quando da transferência do comando da empresa, bem como se desenvolvessem novos projetos voltados para aviões de maior porte, já na categoria dos equipamentos que fazem parte das linhas de produção dos grandes e antigos construtores mundiais. Pode-se concluir, portanto, que a Embraer, quatro décadas após seus primeiros e decisivos passos, alcança plena maturidade.

O caso EMBRAPA

A Empresa Brasileira de Pesquisa Agropecuária EMBRAPA faz parte do núcleo de empresas governamentais que não atua no chamado setor produtivo da economia, liderando a área da pesquisa e desenvolvimento tecnológico de produtos agropecuários.

Ela foi criada em 1973, quando até então pesquisas pioneiras para adaptação de novas culturas ao cerrado, por exemplo, eram desenvolvidas por pesquisadores isolados em trabalhos sustentados mais no entusiasmo e na crença da capacidade do homem em adaptar diferentes culturas às condições do meio ambiente. Outro objeto era complementar condições naturais para tornar viável o transplante de determinadas culturas para regiões com terras de características diversas, e ainda com possíveis ganhos de produtividade em relação às regiões de origem.

O surgimento da EMBRAPA preenchia um vácuo na administração federal num campo em que antes despontava quase isoladamente, ao nível de instituições, o cientificamente reconhecido Instituto Agronômico de Campinas – criado em 1887 e desde 1892 pertencente ao Governo do Estado de São Paulo. Em realidade, até então o Estado brasileiro atuava na agricultura de forma burocrática, mais como entidade normativa; ou, como no caso do antigo Instituto Brasileiro do Café, no financiamento da produção e na regulação do mercado.

Multiplicando pesquisas, criando campos experimentais em diferentes regiões do País, a empresa funciona ainda como elo principal do Sistema Nacional de Pesquisa Agropecuária, que abrange diferentes entidades da administração pública federal e estadual, universidades, fundações e empresas privadas envolvidas na pesquisa agrícola. E como uma síntese da contribuição das pesquisas da EMBRAPA para o desenvolvimento de novas culturas em terras antes condenadas à monocultura ou à pecuária, tem-se a transformação da economia de toda a área do cerrado, onde a adaptação, em especial da soja, com elevadas taxas de produtividade, provocou transformações socioeconômicas antes nem sonhadas.

A despeito do sucesso da EMBRAPA, também a empresa sofreu toda a sorte de pressões quando da onda privatista que dominou grande parte das décadas de 1980 e 1990. E, num processo que tangenciava algo como simples traição aos interesses da nação, passou-se a incluir a EMBRAPA como uma empresa estatal do setor produtivo que, por suposto nacionalismo exacerbado, ocupava espaços destinados a empresas privadas apontadas geneticamente como mais eficientes, mais bem administradas, dirigidas de forma olímpica, sem a interferência de qualquer tipo de interesse. A EMBRAPA estaria, com outras entidades administradas pelo Estado, ocupando o lugar de empresas que, dirigidas com a pureza própria dos santuários, teriam condições de transformar o País num verdadeiro Éden.

Foi na onda neoliberal que inicialmente surge com o Governo Collor, em 1990, que a EMBRATER – uma empresa subordinada ao Ministério da Agricultura que atuava diretamente na assistência técnica aos agricultores – foi simplesmente liquidada. E foi em decorrência de ações orquestradas voltadas para o desmonte do Estado, com transferência de recursos fiscais para cobrir os custos da dívida pública – especialmente após o explosivo aumento do endividamento com a política de sustentação artificial do Plano Real –, que minguavam os repasses para os setores da administração que não dispunham de receitas próprias, como é o caso da EMBRAPA. A depreciação premeditada do trabalho de especialistas na Administração Pública Federal, de pesquisadores do mais alto quilate, como a grande maioria dos quadros da EMBRAPA, seguida da sistemática redução dos salários reais, visava a desestimular o desenvolvimento tecnológico nas áreas mais estratégicas, nos campos vitais para sucesso de qualquer política de desenvolvimento.

A EMBRAPA conseguiu até agora superar os obstáculos que foi encontrando num caminho mais parecido com um campo minado. O que falta agora é a criação de uma corrente de pessoas e entidades, no país, que possam desenvolver um trabalho permanente de apoio político, visando a atuar no sentido da preservação e da sustentação dos núcleos governamentais que terão papel estratégico em qualquer política de desenvolvimento que futuros governos, recuperando os compromissos tantas vezes presentes em governantes do passado, voltem a implementar.

Afinal se o País contou, em décadas passadas, com administrações comprometidas com o futuro da nação, com o desenvolvimento, com a criação de empregos, com a melhoria das condições de vida da

Brasil em Questão
A Universidade e o Futuro do País

população, com o revigoramento do mercado interno, não se deve abandonar a esperança de que em algum momento, possa ocorrer o esperado reencontro com o futuro. Não se pode simplesmente admitir que a administração pública sempre estará, como nas últimas décadas, mais preocupada em auto-sustentar-se, em agraciar o capital especulativo com juros imorais, desviando recursos que deveriam ser destinados a dispêndios essenciais nas áreas de saúde, educação, habitação, saneamento básico, transportes urbanos, recuperação e modernização de centros urbanos e vias urbanas das cidades de porte médio e grande, etc.

O caso **PETROBRAS**

A PETROBRAS surgiu em 1953 como conseqüência dos esforços de Vargas para que o Estado pudesse atuar em setores vitais da economia, evitando que o estrangulamento na oferta de itens essenciais pudesse dificultar o desenvolvimento do País e a materialização de projetos tais como o Plano SALTE – um plano de desenvolvimento voltado para as áreas de saúde, alimentação, transporte e energia, e que na fase inicial contou até mesmo com a colaboração do governo americano.

A PETROBRAS, ainda que tenha registrado notável atuação na exploração do petróleo nas duas primeiras décadas de sua existência – a produção brasileira aumentou de 2,0 milhões de barris diários em 1955 para 29,6 milhões em 1960 (MUNHOZ, 2002) –, enfrentou as circunstâncias pouco favoráveis derivadas dos preços aviltados praticados no comércio internacional, explicados em parte pelos baixos custos de extração das jazidas no Oriente Médio.

De fato, enquanto o preço do barril do petróleo da Arábia Saudita esteve entre U$ 1,71 e US$ 1,93 entre 1950 e 1956, inicia-se em 1957 um longo período de queda, até atingir um mínimo de US$

1,30/barril em 1970 (IMF, 1980); reagindo somente a partir de 1971, após a criação da OPEP, com sucessivos novos aumentos anuais, até alcançar US$ 2,70/barril em 1973.

Praticamente em todo o Pós-Guerra, as grandes companhias petrolíferas mundiais não tinham motivos para buscar extrair petróleo em outras regiões fora o Oriente Médio. E as prospecções levadas avante no início da década de 1970 ou se centravam em terra, como no Alasca, ou, quando no mar, tinham à frente fundamentalmente empresas estatais, como a British Petroleum, no Mar do Norte, ou a PETROBRAS, na Bacia de Campos. As grandes empresas petrolíferas privadas não revelaram interesse nem mesmo nos leilões de blocos para trabalhos de prospecção feitos pelo Governo britânico antes de 1973, mesmo após os sucessos alcançados pela estatal inglesa. E só depois da quadruplicação dos preços do petróleo, em outubro de 1973, é que as grandes empresas alocaram áreas no Mar do Norte e construíram o oleoduto no Alasca para transporte do petróleo até a Baia de Valdez, na costa Oeste americana.

A rememoração de tais fatos históricos tem o objetivo de mostrar a natureza da campanha visando ao desmonte da política brasileira de petróleo, que ressurgia com ímpeto nos anos 1970, quando, já no final da década, os gastos do País com importação de óleo chegaram a representar metade dos gastos totais com importações. A PETROBRAS, todavia, logo nos primeiros anos da crise do petróleo, já a partir de 1974, foi acusada de ser responsável pelos problemas de balanço de pagamentos então surgidos e apontada como incapaz de ter evitado a dependência brasileira do petróleo importado. Como poderia a PETROBRAS ter-se aventurado na extração de petróleo em lâminas de água de cem ou duzentos metros se nem tecnologia dispunham as grandes empresas petrolíferas e se os custos da empreitada eram, portanto, desconhecidos? Certamente a empresa teria sido totalmente liquidada se, ainda no início dos anos 1970, se tivesse capacitado a extrair petróleo de Campos a um custo duas ou três vezes superior aos preços do petróleo no mercado internacional.

A PETROBRAS – com o amplo apoio de setores mais conscientes do que sejam objetivos permanentes da nação dotados de uma visão geopolítica amadurecida, distinguindo a natureza dos fatos que geram conflitos de interesses entre as nações – provou, com o desenvolvimento pioneiro de tecnologias apropriadas para extração do petróleo em águas profundas, que o País pode, ao contar com recursos humanos de excelência, e dispondo de vontade política, enfrentar e vencer desafios que engrandecem e enchem de orgulho toda a nação.

O caso da PETROBRAS representa de forma límpida o que pode representar, e o que pode significar, a presença de empresas sob controle governamental – na verdade empresas mistas, com participação de capitais privados, como é o caso da totalidade das estatais brasileiras no setor produtivo – em áreas estratégicas para o desenvolvimento do País.

Conclusões

Os exemplos citados de casos de sucesso de empresas brasileiras – entidades componentes da administração indireta, empresas privatizadas que atuam voltadas para objetivos nacionais, ou empresas de economia mista – evidenciam que existe o lado d'O BRASIL QUE DEU CERTO. Resta agora aguardar para ver até onde será possível evitar que a nova moda – as Parcerias Público-Privadas – não venha a servir apenas para abrir uma ampla e longa avenida para o capital sanguessuga, pois da forma como se pretende estruturar as PPPs se estará criando um verdadeiro maná, assegurando ganhos sem riscos ao capital não estatal participante dos empreendimentos. E, mais grave ainda, com os interessados privados reivindicando que sejam garantidos lucros – chova ou faça sol – nos mesmos níveis das taxas de juros propiciadas pelo Banco Central aos capitais especulativos aplicados em títulos públicos. Fenômeno também já constatado, com grande preocupação, nas reações empresariais nos leilões para a construção de novas hidroelétricas.

Cabe lembrar, portanto, a título de advertência, que o País ingressa numa faixa de alto risco quando, considerando os novos mecanismos inovadores para substituir a presença das estatais, a cada momento novos ofertantes de itens da infra-estrutura econômica buscam ajustar seus lucros aos níveis dos ganhos do capital especulativo, caminho que inevitavelmente comprometerá a capacidade competitiva do País no exterior, afetando conseqüentemente a capacidade de pagamento e o nível das importações.

De tudo isso se pode concluir quão trabalhosa é a luta diária, a batalha diuturna, para que as elites aceitem que o Governo – designação genérica para o conjunto de órgãos que constituem a administração pública – se mantenha nos trilhos da retidão, dos compromissos assumidos perante a nação. E que não se perca, pelo predomínio desigual das pressões originadas de diferentes setores da população, a noção de que o governante do momento é apenas um efêmero condutor de um processo político que deve ter uma direção certa, um rumo, um objetivo maior, do qual desenvolvimento econômico-social e garantias democráticas constituem componentes indissolúveis.

Notas

[1] PAEG – Plano de Ação Econômica do Governo, Ministério do Planejamento, 1964.

[2] A intervenção do IBC dava-se por meio do financiamento da estocagem do café ou da compra de excedentes; tendo como objetivo evitar que grandes flutuações

Brasil em Questão
A Universidade e o Futuro do País

nos preços afetassem as receitas de exportação de um produto que nos primeiros anos da década de 1950 chegou a contribuir com até três quartos do total das vendas externas do País.

[3] A EMBRATER foi criada em 1974 para promover, estimular e coordenar programas destinados à difusão nas áreas rurais de conhecimentos agrícolas, econômicos e sociais. Foi extinta no bojo das primeiras medidas de grande alarde do Governo Collor em março de 1990.

[4] Se se considera que a inflação nos Estados Unidos foi de aproximadamente 33,0% de 1950 para 1970 (IMF, 1980), conclui-se que os preços do petróleo da Arábia Saudita em 1970 representavam, de fato e em termos reais, apenas metade dos preços praticados em 1950 – um recuo da ordem de 50,0%, portanto.

Referências

FUNDAÇÃO GETÚLIO VARGAS; IBRE. Política econômica: registros de um quarto de século. *Conjuntura Econômica*, FGV, Rio de Janeiro, v. 26 (11), novembro, p. 11-20, 1972

FUNDO MONETÁRIO INTERNACIONAL. Commodity Prices. *International Financial Statistics Yearbook*, 1980.

HIRSCHMAN, Albert. *A estratégia de desenvolvimento econômico*. Rio de Janeiro: Fundo de Cultura, 1961.

MUNHOZ, Dércio Garcia. Plano de Metas: uma visão de futuro para o Brasil. *Revista do Legislativo*, Assembléia Legislativa do Estado de Minas Gerais, Belo Horizonte, Edição Histórica, n. 33, janeiro/abril de 2002.

O BRASIL QUE DEU CERTO: PETROBRAS

Irani Carlos Varella
Adelman Moreira Ribeiro

Auto-suficiência

Em abril de 2006, o País atingiu a auto-suficiência na produção de petróleo, ao alcançar a marca de 1,9 milhão de barris extraídos por dia, minimizando sua dependência externa de energia, fortalecendo a economia do País e proporcionando mais tranqüilidade à população, além da satisfação de ver que o esforço e a confiança depositados na PETROBRAS ao longo de 53 anos desde sua criação, em 1953, mais uma vez atendem às expectativas da sociedade.

Irani Carlos Varella – Assessor do Presidente da PETROBRAS. Engenheiro Civil pela UFSM. Especialista em Engenharia de Petróleo. Coordenou o Programa de Excelência em Gestão Ambiental e Segurança Operacional da PETROBRAS (PEGASO). Foi Gerente-Executivo de Segurança, Meio Ambiente e Saúde da Companhia, e Diretor-Gerente dessa área. Em 2003 assumiu o cargo de Gerente-Executivo de Desenvolvimento de Sistemas de Gestão (DSG).
Adelman Moreira Ribeiro – Consultor de Negócio da PETROBRAS e Coordenador Corporativo de Projeto de Melhoria da Qualidade da Gestão da Área Internacional. Químico Industrial pela UFPA. Mestre em Ciência pela UFRJ e MBA em Administração de Empresas pelo IBMEC Business School.

Essa conquista colocou o Brasil no seleto clube de países que produzem mais petróleo do que consomem.

O feito reveste-se de maior importância ainda ante a recente escalada do preço do petróleo, que atingiu US$ 78/barril no mercado internacional, o equivalente a mais de US$ 40 bilhões por ano, caso o produto fosse totalmente importado. Valeu a pena sonhar.

Com o início da produção da plataforma marítima PETROBRAS 50 – a P-50 –, na Bacia de Campos, no litoral do Rio de Janeiro, a 200 km da cidade de Macaé, a PETROBRAS passa a produzir 1,91 milhão de barris de petróleo por dia, para um consumo de 1,85 milhão de bpd.

PETROBRAS, em busca da auto-suficiência

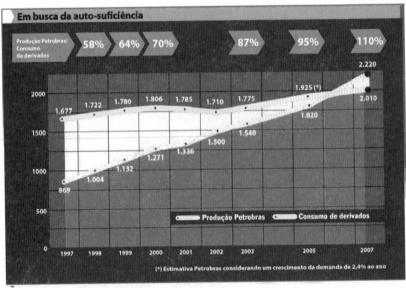

Porém, novos desafios se apresentam: manter a produção alta e o crescimento de suas reservas; ampliar o parque de refino com especificações cada vez mais exigentes; desenvolver energias renováveis e alternativas; fazer frente à competição no mercado internacional; dar continuidade a seu desenvolvimento em segurança, meio ambiente e saúde; e aprofundar ainda mais a responsabilidade social corporativa. Enfim, uma empresa que continue a contribuir de forma significativa para o desenvolvimento sustentável da sociedade em que ela exerce suas atividades.

Pois o desafio foi e sempre será a nossa energia!

O retrato da PETROBRAS – indicadores

Indicadores 2005	
Receita líquida	136,6 bilhões (R$)
Lucro líquido	23,7 bilhões (R$)
Produção de petróleo	1.684 mil barris por dia
Produção de gás	45 milhões de m^3 por dia
Petróleo e gás	1.958 mil barris de óleo equivalente por dia – boed
Reservas	13,23 bilhões de barris de óleo equivalente, sendo 11,36 de óleo, LGN e condensado
Carga média processada	1.861 mil barris de petróleo por dia – bpd
Capacidade de refino	1.950 mil barris de petróleo por dia
Energia: capacidade instalada	3.203 (MW)
Energia: venda	16,64 (TWh)
Empresa de petróleo	14ª maior empresa de petróleo do mundo
Funcionários	54 mil, no mundo
Acionistas	400 mil – no Brasil e no exterior
Ações	55,7% das ordinárias, com direito a voto, pertencem ao Estado brasileiro, e 32,2%, do total

Indicadores 2005	
Atuação	21 países; 10 países da América Latina, EUA, Inglaterra, 5 da África, Iran, 3 na Ásia
Investimentos	25,7 bilhões (R$)
Petróleo Brent	54,38 (US$/bbl)

Criação da PETROBRAS

Em 1953, no dia 3 de outubro, um sábado, o Presidente Getúlio Vargas sancionou, no Palácio do Catete, a Lei nº 2.004, já aprovada pelo Poder Legislativo, de criação da PETROBRAS – Petróleo Brasileiro S.A. – e do monopólio estatal do setor. O ato atendia ao clamor popular da campanha "O Petróleo é Nosso". Porém, a saga de criação da empresa estatal começou bem antes, em 1939, com a descoberta de petróleo em Lobato, no Estado da Bahia, em um poço de 210 m. Esse marco se deve ao empreendedorismo do engenheiro Manuel Inácio Bastos em sociedade com o empresário Oscar Cordeiro.

No ano de sua criação, a PETROBRAS produziu 2.700 barris de petróleo por dia, refinando cerca de 10 mil barris. O consumo diário de derivados no país era de 150 mil barris. O Conselho Nacional de Petróleo (CNP), já em atividade naquele ano, estimava as reservas em 15 milhões de barris.

Petróleo no Brasil – a legislação

Em 1953, por meio da Lei nº 2.004, foi criada a PETROBRAS e deferido o monopólio estatal do petróleo. A PETROBRAS passa a ser a única empresa a exercer as atividades de petróleo no Brasil.

Em 1964, a PETROBRAS passa a responder por todas as importações de petróleo bruto e derivados, de acordo com o Decreto nº 53.337, de agosto de 1963, que estendeu o monopólio do petróleo a essas atividades.

De 1975 a 1988, foram permitidos, no Brasil, os contratos de risco nos quais a PETROBRAS, mediante decretos presidenciais, concede a outras empresas o direito de atuar na exploração e na produção de petróleo. A constituição de 1988, porém, vetou a continuação dos contratos de risco.

Em 1995, a emenda constitucional número 9 quebrou o monopólio estatal da PETROBRAS. E, em 1997, por meio da Lei nº 9.478, que regulamentou a Emenda Constitucional número 9, foram criados o Conselho Nacional de Política Energética (CNPE) e a Agência Nacional do Petróleo (ANP).

Esse regime de concessões concedidas, por meio de leilões, pela ANP a empresas estatais ou privadas encontra-se em vigor.

Exploração e produção

A PETROBRAS recebeu do CNP campos que produziam 2.700 bbl/dia. Ao final da década de 1960 e início de 1970, a produção atinge pouco mais de 200.000 bpd, com tendência declinante.

O grande fato alavancador da produção nacional acontece a partir do descobrimento do Campo de Garoupa, em 1974, na Bacia de Campos, e o início de produção também na Bacia de Campos, 1977.

A Bacia de Campos tornou-se o maior complexo petrolífero submarino do mundo. Mais de mil poços de petróleo e gás, 4.220 km de dutos submarinos, 42 plataformas instaladas. Ali, a PETROBRAS já bateu vários recordes mundiais, como a produção de óleo em águas de 1.886 metros de profundidade; ancoragem de plataforma a 1.420 metros; instalação de monobóia a 903 metros; operação de

Brasil em Questão
A Universidade e o Futuro do País

dutos submarinos a 886 metros; e perfuração de poços horizontais a 903 metros. O maior índice de sucesso de poços pioneiros no mundo – 50%.

Hoje, as bacias marítimas de Santos e do Espírito Santo vêm apresentando grandes expectativas de reservas e produção de petróleo, confirmando, mais uma vez, nossa vocação para o mar.

A descoberta de campos em águas cada vez mais profundas impôs à PETROBRAS mais um desafio – o desenvolvimento de tecnologias até então não disponíveis, mantendo sempre a mesma estratégia: parcerias com universidades e empresas e forte investimento nas pessoas.

Em 1997, a produção atinge 1 milhão de bbl/dia, e, em 2000, mais de 1,5 milhão de barris de petróleo por dia.

Em 2006, a PETROBRAS atinge a produção de 1,9 milhão por dia, marco importante para a Companhia e para o País.

PETROBRAS: recordes mundiais de produção, por lâmina d'água

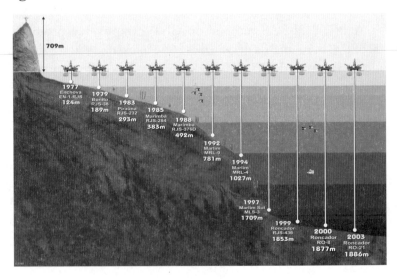

O Brasil que Deu Certo: PETROBRAS
Irani Carlos Varella e Adelman Moreira Ribeiro

PETROBRAS: evolução da produção

Refino, transporte e comercialização na PETROBRAS

A primeira prioridade na PETROBRAS foi investir em refinarias que permitissem a geração dos produtos necessários ao abastecimento do mercado interno. Importávamos petróleo prioritariamente do Oriente Médio, o petróleo árabe leve. Em 1953, o Brasil importava 98% de derivados e só produzia 2% de petróleo.

Nossas unidades de refino foram projetadas, inicialmente, para processar o óleo árabe leve, e o petróleo produzido na Bacia de Campos, por causa de sua gênese, é mais pesado do que o árabe leve. A partir do final da década de 1970 e início dos anos 1980, a produção nacional de petróleo começa a crescer. Naquele momento, o Brasil importava gasolina, produto de maior demanda, e gerava todo o diesel necessário para seu consumo.

Em 1978, o álcool começa a reduzir o consumo de gasolina no Brasil, pelo consumo de álcool hidratado e pela adição de álcool anidro à gasolina, fazendo com que o Brasil passasse a exportador de gasolina e importador de óleo diesel, situação mais desfavorável que a anterior no mercado internacional. Além disso, o refino do nosso óleo gerava mais óleo combustível e menos produtos leves, como gasolina e diesel. Essa mudança em nosso quadro de abastecimento exigiu novos processos e tecnologias para maior produção de leves a partir do nosso petróleo. Exigiu, também, mudanças de procedimento e tecnologia na movimentação de diferentes produtos (inclusive com a participação do álcool, produto totalmente novo, demandando novas técnicas no transporte e na inspeção) e uma dinâmica da área de *marketing* na importação de diesel, na exportação de gasolina e de óleo combustível.

Nenhum outro país do mundo passou por tamanha mudança em sua matriz de derivados do petróleo, exigindo criatividade, competência, mudanças de procedimentos, investimentos em tecnologia e forte articulação externa.

Hoje, a Companhia é uma das maiores detentoras de tecnologia de processamento de óleos pesados.

Essa a história do refino. A história da PETROBRAS que também deu certo em terra!

A área de gás e energia

A área de gás e energia foi criada na reestruturação organizacional de 2000 e visava a tornar a PETROBRAS uma empresa de energia, e não mais exclusivamente de petróleo, e aumentar a participação do gás na matriz energética brasileira de 2% para 10% em 2008.

Em 1993, os governos do Brasil e da Bolívia assinam acordo para importação de gás natural e para construção de um gasoduto. Em 1999, o gasoduto entra em operação, iniciando o suprimento de significativos volumes de gás ao Brasil.

O aumento da participação do gás na matriz energética brasileira antecipou as perspectivas de entrada em operação de reservas de gás já descobertas, principalmente na Bacia de Santos.

Também tem sido dada ênfase ao uso de álcool e a investimentos no desenvolvimento e na utilização de novos combustíveis, como biodiesel e o H-Bio, desenvolvidos pelo CENPES – o centro de pesquisas da Companhia.

A PETROBRAS também planeja a importação de GNL (gás natural liquefeito) para suprir as necessidades futuras do produto.

Hoje, a PETROBRAS produz energia em 11 térmicas situadas no Brasil, uma na Argentina, e duas hidroelétricas também na Argentina.

A área internacional

A atividade internacional da PETROBRAS teve início em 1972, com a Braspetro, quando a produção brasileira era de 200 mil bpd. Seu principal objetivo era garantir o suprimento do mercado nacional. Com a quebra do monopólio, em 1995, o crescimento da PETROBRAS no exterior passou a ser um dos pilares de sua estratégia de desenvolvimento.

O propósito da empresa é sedimentar sua posição de multinacional brasileira, de referência mundial de tecnologia e competitividade. Por intermédio de sua Área de Negócio Internacional, a PETROBRAS exerce em outros países atividades que vão desde o setor petróleo e gás natural até a petroquímica, passando pela geração e a transmissão de eletricidade. Os negócios da Companhia no exterior representam 11% da receita líquida total e devem chegar a 17% até 2010. Até lá, a PETROBRAS investirá US$ 7,1 bilhões no exterior.

A PETROBRAS atua, hoje, principalmente nas áreas de exploração, produção, refino, distribuição, geração e transmissão de energia na Bolívia, Colômbia, Equador, Estados Unidos, Guiné Equatorial, Irã, México, Nigéria, Líbia, Angola, Peru, Tanzânia,

Turquia, Uruguai, Argentina, Paraguai, Venezuela, mantendo escritórios financeiros nos Estados Unidos (em Nova York e em Houston) e em Tóquio, e escritórios de *trading* em Buenos Aires, Cingapura, Londres e Pequim. Suas ações são comercializadas nas bolsas de Nova York, Madrid e Buenos Aires.

PETROBRAS, tecnologia e engenharia

O Centro de Pesquisas e Desenvolvimento Leopoldo A. Miguez de Mello (CENPES) é o coordenador institucional das tecnologias que movem a PETROBRAS. Em seus laboratórios são desenvolvidas pesquisas para todos os órgãos da Companhia, além de projetos de engenharia básica, equipamento e materiais para os empreendimentos da Companhia.

Tecnologia e inovação são fatores críticos de sucesso da PETROBRAS.

Programas tecnológicos

Hoje, o CENPES coordena 12 programas tecnológicos, tais como:

- INOVA – Programa Tecnológico de Inovação em Combustíveis.
- PROREC – Programa Tecnológico de Otimização e Confiabilidade. Visa a otimizar o desempenho e a confiabilidade operacional das instalações industriais da PETROBRAS.
- PROTER – Programa Tecnológico de Refino de Petróleo. Desenvolve tecnologias para agregar valor ao petróleo produzido pela PETROBRAS.

- PROTRAN – Programa Tecnológico de Transporte. Visa ao desenvolvimento de tecnologias para o transporte de petróleo e combustíveis.
- PROFEX – Programa Tecnológico de Fronteiras Exploratórias. Visa a aumentar as reservas da empresa.
- PROMOB – Programa de Modelagem de Bacias. Visa a desenvolver tecnologias para modelagem de bacias sedimentares.
- PRAVAP – Programa de Recuperação Avançada de Petróleo. Visa a aumentar o fator de recuperação do petróleo nos reservatórios.
- PROCAP – Programa Tecnológico de Águas Profundas. Tem como objetivo desenvolver tecnologias para produção de petróleo em águas profundas e ultraprofundas.
- PROPES – Programa de Tecnologia de Óleos Pesados. Visa a desenvolver tecnologias para produção de óleos pesados.
- PROAMB – Programa Tecnológico de Meio Ambiente. Visa a desenvolver tecnologias voltadas para a questão ambiental.
- PROGAS – Programa Tecnológico de Gás Natural. Visa a desenvolver tecnologias para incrementar a utilização do gás natural na matriz energética brasileira.
- PROGER – Programa de Tecnologia de Energias Renováveis. Visa ao desenvolvimento de tecnologias para utilização de biomassa, eólica e solar.

Atualmente, a PETROBRAS investe na duplicação de seu Centro de Pesquisas, pois a história demonstra que esta área rende excelentes resultados e, acima de tudo, é fundamental na construção da sustentabilidade da empresa.

A área de engenharia da PETROBRAS, além de desenvolver competências nas áreas de refino, dutos e plataformas, historicamente tem exercido papel de importância singular na gestão de empreendimentos industriais no Brasil.

Foi pioneira em programas de qualidade: seu Setor de Qualificação de Pessoal e Procedimentos (SEQUI), em São José dos Campos, tem como objetivo a qualificação de pessoal e de procedimentos para as atividades de construção e montagem da Companhia; a própria engenharia implantou sistemas de gestão em suas atividades; e técnicos oriundos da engenharia da PETROBRAS contribuíram de maneira decisiva na preparação e no lançamento do Programa Brasileiro de Qualidade e Competitividade.

A PETROBRAS Distribuidora S.A. – BR

Criada em 12 de novembro de 1971, como subsidiária da PETROBRAS, a BR atua na comercialização e na distribuição de derivados de petróleo para todo o Brasil, detendo 33,8% do mercado.

Foi pioneira na distribuição de gás natural veicular (GNV) em seus postos e hoje é líder deste segmento.

Dispõe de 60 bases operacionais para garantir a capilaridade de entrega de seus produtos, 763 postos próprios, 12 postos-escola e atende a 10 mil empresas, 295 postos com GNV e 6.933 postos com sua bandeira.

TRANSPETRO

Criada em 1999, a partir da Lei nº 9.478, é responsável pela operação de 50 navios petroleiros próprios e 75 fretados, dispõe de

44 terminais, 10 milhões de metros cúbicos de tancagem e 9.839 km de dutos, prestando serviços ao Sistema PETROBRAS como forma de agregar valor a seus produtos.

A TRANSPETRO desenvolve, atualmente, um arrojado programa de construção de navios com a indústria naval brasileira, com encomendas de 42 navios para atender às necessidades de transporte de petróleo e de derivados da PETROBRAS.

PETROBRAS – responsabilidade social

A PETROBRAS desenvolveu projetos de responsabilidade social para o Brasil e para os países em que atua.

1. O Pacto Global da Organização das Nações Unidas (ONU) – *The Global Compact* – e os indicadores do Global Reporting Iniciative (GRI) são referências básicas para a ação social da Companhia. A PETROBRAS aderiu ao Pacto Global em outubro de 2003 e tem desenvolvido os seus projetos sociais com base nesses princípios.

Meio Ambiente, Segurança e Saúde

O Brasil, por intermédio da PETROBRAS, foi o primeiro país no mundo a eliminar o chumbo tetra-etila da gasolina, em 1989.

Sua Política de Segurança, Meio Ambiente e Saúde (SMS) tem por base 15 diretrizes corporativas, aprovadas pela diretoria em 2001 e desdobradas em padrões de diversos níveis, reunidos no *Manual de gestão de SMS*. Essas diretrizes vêm sendo implantadas desde 2002 por meio do Programa de Segurança de Processo (PSP), mediante o

Brasil em Questão
A Universidade e o Futuro do País

qual estão sendo desenvolvidos e operacionalizados planos de ação corporativos e planos específicos para as unidades de negócio e serviço, a fim de que os objetivos da política de SMS sejam alcançados em todos os níveis da organização.

Projeto PEGASO

O Programa de Exceiência em Gestão Ambiental e Segurança Operacional (PEGASO) data de janeiro de 2000, logo após os vazamentos de petróleo ocorridos na Baía de Guanabara.

Antes disso, porém, a PETROBRAS já era a empresa no Brasil que mais investia em SMS. O grande desafio do Programa foi promover a integração entre as atividades operacionais e de SMS.

Seu objetivo é a eliminação dos riscos e dos passivos nas instalações e nas atividades da Companhia, constituindo uma das maiores iniciativas do gênero na indústria petrolífera mundial. Ao todo, desde 2000, o PEGASO demandou investimentos e despesas operacionais de R$ 9,266 bilhões, incluindo o Programa de Integridade de Dutos, no qual foram aplicados R$ 226,5 milhões em 2005. Este programa abrange projetos de inspeção, teste, avaliação, reparo e reabilitação de oleodutos e gasodutos para garantir a segurança das operações e minimizar os impactos de eventuais acidentes sobre as comunidades do entorno.

A execução da Política de Segurança, Meio Ambiente e Saúde na PETROBRAS é aferida pelo Programa de Avaliação da Gestão de SMS. Em 2005, foram realizadas 13 avaliações em instalações no Brasil e sete no exterior. Tais avaliações abrangem o cumprimento das diretrizes corporativas e o atendimento aos requisitos das normas ISO 14001 e BS 8800 ou OHSAS 18001, que certificam os sistemas de gestão ambiental, saúde e segurança em 171 unidades no País e no exterior.

O Sistema de Gestão de Emissões Atmosféricas tem como objetivo o desenvolvimento de um sistema de coleta e comunicação de dados que, por meio de protocolos de cálculo, seja capaz de totalizar as emissões de material particulado, dióxido de enxofre, óxidos de nitrogênio, monóxido de carbono, compostos orgânicos voláteis e os gases do efeito estufa: metano, dióxido de carbono, e óxido nitroso, permitindo a identificação de ações de controle e redução das emissões.

Destaque também para o Centro de Excelência Ambiental da PETROBRAS na Amazônia (CEAP), em cuja visão, missão e objetivos podem-se destacar a formação de parcerias estratégicas com universidades, centros de pesquisa, órgãos de governo, ONGs e outras instituições no Brasil e no exterior; a aquisição de novos conhecimentos; e o desenvolvimento de métodos inovadores sobre a questão ambiental e o desenvolvimento sustentável.

Gestão PETROBRAS

A busca constante e permanente da excelência em gestão já é cultura na PETROBRAS. No início da década de 1990, a Companhia passou a adotar os Critérios de Excelência da Fundação Prêmio Nacional da Qualidade (FPNQ), hoje Fundação Nacional da Qualidade (FNQ), da qual é fundadora, para modelar a gestão das empresas do Sistema PETROBRAS.

O Programa de Avaliação da Qualidade da Gestão, criado em 1993, chegou ao sexto ciclo de realização em 2005. Muitas práticas de gestão utilizadas na Companhia foram criadas ou aprimoradas graças a este Programa. São provas do reconhecimento da excelência da gestão PETROBRAS inúmeros prêmios que recebeu.

A PETROBRAS do futuro

A seguir, transcrevemos o Plano Estratégico 2015 e o Plano de Negócios 2007-2011, que descrevem as metas e as perspectivas da PETROBRAS do Futuro.

Posicionamento estratégico

Missão 2015 – Atuar de forma segura e rentável, com responsabilidade social e ambiental, nas atividades da indústria de óleo, gás e energia, nos mercados nacional e internacional, fornecendo produtos e serviços adequados às necessidades dos seus clientes e contribuindo para o desenvolvimento do Brasil e dos países onde atua.

Visão 2015 – A PETROBRAS será uma empresa integrada de energia com forte presença internacional e líder na América Latina, atuando com foco na rentabilidade e na responsabilidade social e ambiental.

Valores e comportamentos

Os valores e os comportamentos orientam a postura profissional da força de trabalho da Companhia.

Valores

- Valorização dos principais públicos de interesse: acionistas, clientes, empregados, sociedade, governo, parceiros, fornecedores e comunidades em que a Companhia atua.
- Espírito empreendedor e de superar desafios.
- Foco na obtenção de resultados de excelência.

- Espírito competitivo inovador com foco na diferenciação em serviços e na competência tecnológica.
- Excelência e liderança em questões de saúde, segurança e preservação do meio ambiente.
- Busca permanente da liderança empresarial.

Comportamentos
- Ética nos negócios.
- Liderança pelo exemplo.
- Ênfase na integração e no desenvolvimento do trabalho de equipe.
- Foco no desenvolvimento e na sustentação de vantagens competitivas.
- Acompanhamento rigoroso dos resultados com reconhecimento e responsabilização pelo desempenho.
- Transparência nas relações com os acionistas, os empregados, as comunidades e com os demais públicos de interesse da PETROBRAS.

PETROBRAS: por que dá certo?

– Constância de propósito

A PETROBRAS é uma empresa que nasceu para atender às legítimas necessidades da sociedade brasileira.

Cresceu mantendo uma constante troca de valores com a sociedade. Mantém parcerias com empresas no Brasil e no exterior. Não é uma empresa que visa ao lucro pelo lucro.

A PETROBRAS desenvolveu um DNA social, que carrega com ela atualmente, para todas as sociedades onde atua.

Brasil em Questão
A Universidade e o Futuro do País

– Estratégias e planos (visão e missão)

A PETROBRAS, desde sua criação, sempre atuou com base numa visão estratégica, definindo prioridades e prazos para todas as suas atividades. Sem dúvida nenhuma, pelo seu pioneirismo, arrojo e resultados alcançados, sua estratégia de exploração e produção no mar é um diferencial extremamente importante para a empresa.

Evolução da missão e visão da PETROBRAS

Missão (de 1990 a 1998) – Assegurar o abastecimento do mercado nacional de óleo, gás natural e derivados, por meio das atividades definidas na Constituição e na Lei nº 2.004, de forma rentável e aos menores custos para a sociedade, contribuindo para o desenvolvimento do País.

Missão (de 1999 a 2003) – Atuar de forma rentável nas atividades da indústria de óleo e gás, e nos negócios relacionados, nos mercados nacional e internacional, fornecendo produtos e serviços de qualidade, respeitando o meio ambiente, considerando os interesses dos seus acionistas e contribuindo para o desenvolvimento do País.

Missão (a partir de 2004) – Atuar de forma segura e rentável, com responsabilidade social e ambiental, nas atividades da indústria de óleo, gás e energia, nos mercados nacional e internacional, fornecendo produtos e serviços adequados às necessidades dos seus clientes e contribuindo para o desenvolvimento do Brasil e dos países onde atua.

Visão 2010 (1999) – A PETROBRAS será uma empresa de energia com atuação internacional e líder na América Latina, com grande foco em serviços e com a liberdade de atuação de uma corporação internacional.

Visão 2010 (2001-2003) – A PETROBRAS será uma empresa de energia com forte presença internacional e líder na América Latina, liberdade de atuação de uma corporação internacional, com foco na rentabilidade e na responsabilidade social.

Visão 2015 (a partir de 2004) – A PETROBRAS será uma empresa integrada de energia com forte presença internacional e líder na América Latina, atuando com foco na rentabilidade e na responsabilidade social e ambiental.

– Tecnologia e inovação

- A PETROBRAS sempre investiu em tecnologia.
- Estabeleceu parceria com os mais diversos tipos de empresas nacionais e internacionais.
- Estabeleceu e desenvolve parcerias com universidades.
- Estabeleceu e desenvolve parcerias nos países onde atua.

Só se consegue excelência em tecnologia e inovação quando se tem a excelência operacional.

Só se consegue excelência na operação quando se tem excelência na tecnologia e na inovação.

Qualquer atividade operacional só consegue definir suas necessidades de forma precisa se executada segundo padrões de alto nível técnico. Esta precisão orienta e facilita o trabalho nas áreas de tecnologia e inovação.

A dinâmica entre as áreas de operação e pesquisa gera o desenvolvimento da empresa.

– Pessoas, seu maior valor

- A PETROBRAS, desde sua criação, investe nas pessoas para o desenvolvimento de talentos.

Brasil em Questão
A Universidade e o Futuro do País

- ■ Capacitação no Brasil e no exterior.
- ■ Desenvolvimento e experiências.
- ■ Confiança e autonomia.
- ■ Parceria com universidades no Brasil e no exterior.

– Desenvolvimento da indústria nacional

A PETROBRAS estimula fortemente o desenvolvimento de fornecedores nacionais de materiais e serviços por meio de programas específicos da empresa. Além destes, atualmente, participa do Programa de Mobilização da Indústria Nacional de Petróleo e Gás Natural (PROMINP). Esta parceria contribui com a sustentabilidade da empresa.

– Exercício do monopólio nacional

O exercício do monopólio pela PETROBRAS permitiu a formação de equipes e seu desenvolvimento tecnológico. Fez com que a empresa assumisse riscos, em nome da sociedade brasileira, que possibilitaram alcançar o estágio em que hoje se encontra a indústria nacional de petróleo.

Sem o monopólio – podemos afirmar com toda certeza – não estaríamos hoje no estágio em que estamos. Passamos pela infância, pela adolescência e estamos hoje na maturidade.

A PETROBRAS é uma empresa preparada e atuante no mercado competitivo internacional.

– Empresa dinâmica e integrada

Focada nas necessidades de energia do Brasil, nas expectativas das partes interessadas – acionistas, clientes, governos, sociedades, fornecedores e pessoas –, nas·oportunidades de crescimento e rentabilidade dos mercados e na tecnologia, a PETROBRAS integra-se com multiinstituições e se dinamiza no Brasil e no mundo.

– Liderança PETROBRAS

A cultura da PETROBRAS é sustentada por valores da sociedade brasileira. O *slogan* "O Desafio é a nossa Energia" traduz sua determinação em envidar todos os esforços para conquistar os objetivos que são compartilhados pelos brasileiros. As lideranças da PETROBRAS, mesmo quando oriundas de outras áreas da sociedade, ao conhecerem melhor a empresa, rapidamente compreendem seus objetivos e valores e realizam seu trabalho fundamentados nessa cultura. Isso se manteve mesmo em tempos em que houve freqüentes mudanças de presidentes e diretores. Essa sintonia da PETROBRAS com a sociedade brasileira tem sido a grande e permanente liderança da empresa.

DEZ DESAFIOS DA AGRICULTURA TROPICAL BRASILEIRA

Aliomar Gabriel da Silva

O problema

No início da década de 1970, o Brasil crescia à taxa média de mais de 10% ao ano. No entanto, no mesmo período, a produção anual de grãos estava estagnada entre 40 e 45 milhões de toneladas.

Alguns mitos contribuíram para essa estagnação. Entre eles destacavam-se os seguintes: (1) que seria possível transferir para países como o Brasil, via assistência técnica e extensão rural, procedimentos agrícolas praticados em países desenvolvidos, normalmente localizados em regiões de clima temperado; (2) que não seria possível desenvolver agricultura competitiva em regiões de clima tropical, exceto para alguns produtos como café, cacau, borracha e

---

Aliomar Gabriel da Silva – Assessor do Diretor-Presidente da EMBRAPA. Graduado em Engenharia Agronômica. Mestre em Nutrição Animal e Pastagens pela Escola Superior de Agricultura "Luíz de Queiroz" – Universidade de São Paulo – Assistente Técnico - Departamento das Rações Anhangüera. Professor Titular – Departamento de Zootecnia da Faculdade de Agronomia e Zootecnia "Manoel Carlos Gonçalves".

Brasil em Questão
A Universidade e o Futuro do País

pimenta-do-reino; e (3) que os agricultores das regiões tropicais não responderiam aos incentivos econômicos, nem adotariam técnicas modernas de plantio.

Como conseqüência, o País dependia da importação de alimentos da Europa e da América do Norte. O desafio era transformar o Brasil de importador em produtor de alimentos, tanto para atender às suas necessidades como para se tornar competidor no mercado mundial.

O sonho

Naquela época alguns visionários começaram a idealizar o desenvolvimento da agricultura brasileira em base técnica e competitiva. Entre eles podem ser citados Alfonso Celso Pastore, Antônio Delfim Neto, Eliseu Roberto de Andrade Alves, José Irineu Cabral, José Pastore e Otto Lyra Schrader. Sonharam transformar o Brasil em grande produtor de alimentos, desmentindo as previsões pessimistas que assombravam o mundo e que haviam sido desenvolvidas nos anos 1950 e 1960 de que a fome mataria milhões de habitantes dos países em desenvolvimento já nas duas décadas seguintes. Quatro grandes propósitos foram então vislumbrados: (1) garantir o abastecimento de alimentos às populações, principalmente àquelas que viviam nas cidades, onde também se concentravam as mais carentes; (2) desenvolver o interior do País promovendo a criação de riquezas, o aumento de empregos e a melhoria do bem-estar; (3) preservar a base de recursos naturais do País; e (4) criar excedentes para a exportação.

A estratégia

A estratégia idealizada passava pelo desenvolvimento de conhecimento técnico-científico que permitisse transformar os

Dez Desafios da Agricultura Tropical Brasileira
Aliomar Gabriel da Silva

trópicos em importante área produtora de alimentos, pelo treinamento de pesquisadores, pela criação de estruturas ágeis tanto de pesquisa como de transferência do conhecimento gerado, pela instalação de infra-estrutura adequada para o transporte e o armazenamento do alimento produzido, pelo estabelecimento de linhas de créditos que estimulassem a produção e pelo estímulo aos investimentos para a criação de novos insumos e processos que facilitassem, de forma acelerada, a adoção de novas tecnologias.

Na área do conhecimento, o objetivo era criar o que passou a ser conhecido como Sistema Nacional de Pesquisa Agropecuária (SNPA). As ações principais consistiam no fortalecimento das pesquisas desenvolvidas pelas universidades e pelos institutos estaduais de pesquisa, como aqueles existentes nos Estados do Rio Grande do Sul, do Paraná, de São Paulo, de Minas Gerais e de Pernambuco; no desenvolvimento de sistemas de pesquisas em estados e regiões onde ainda não havia instituições com essa finalidade; e na criação da Empresa Brasileira de Pesquisa Agropecuária (EMBRAPA), que veio a substituir, na área federal, o Departamento Nacional de Pesquisa Agropecuária (DNPEA), órgão do antigo Ministério da Agricultura.

O modelo de desenvolvimento do conhecimento seguiu aquele utilizado a partir dos anos 1950 pelos centros internacionais de pesquisa e que se consolidou na criação do Consultative Group on International Agricultural Research (CGIAR), em 1971. Esse modelo passou a ser conhecido como Modelo Concentrado de Pesquisa e tinha enfoque oposto ao modelo seguido pelo DNPEA, conhecido como Modelo Difuso de Pesquisa. A EMBRAPA, criada em 1973, sob esse conceito, inicialmente se estruturou em Centros Nacionais de Produtos, Centros Nacionais de Recursos e Unidades Estaduais de Pesquisa. O esforço de pesquisa se concentrava em 17 produtos considerados importantes, tais como arroz, feijão, milho, soja, trigo,

Tema – Sociedade e Economia

bovinos de corte e de leite, aves, suínos, seringueira e dendê. Os recursos considerados inicialmente foram os cerrados, a Amazônia, o Pantanal e as terras baixas da Região Sul. Atualmente, o SNPA conta com 13 Centros Nacionais de Produtos, 15 Centros Agroflorestais ou Agropecuários, 10 Centros Nacionais de Temas Básicos, 3 Serviços Especiais, 2 Laboratórios no Exterior, 1 Escritório de Negócios na África, todos da EMBRAPA, e 17 Organizações Estaduais de Pesquisa Agropecuária, além das universidades. A distribuição nacional dessas unidades pode ser observada na Figura 1.

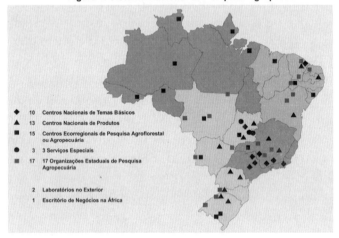

Figura 1. Sistema Nacional de Pesquisa Agropecuária

Outro significativo aspecto estratégico foi o treinamento de cientistas que permitiu a formação de importante corpo técnico capaz de realizar pesquisas científicas de reconhecimento internacional e gerar técnicas endógenas adequadas às diferentes condições socioeconômicas e de clima do Brasil. Professores bem treinados permitiram que as universidades desenvolvessem bons cursos de pós-graduação em Ciências Agrárias. O Quadro 1 mostra o total de pesquisadores treinados no período de 1974 a 2005.

Quadro 1 – Pesquisadores da EMBRAPA e do SNPA treinados no País ou no exterior

EMBRAPA				
	Mestres	Doutores	Pós-Doutorados	**Total**
País	1.447	713	20	**2.180**
Exterior	262	535	194	**991**
Subtotal	**1.709**	**1.248**	**214**	**3.171**
SNPA				
	Mestres	Doutores	Pós-doutorados	Total
País	699	92	0	791
Exterior	135	131	0	266
Subtotal	**834**	**223**	**0**	**1.057**
Total	**2.543**	**1.471**	**214**	**4.228**

FONTE: DGP/EMBRAPA, 2006

Os resultados

Desde a criação do SNPA, a safra de grãos (arroz, feijão, soja, milho, trigo, café, etc.) quadruplicou. Esse resultado não se deu somente pela expansão da área cultivada, mas, principalmente, pelo aumento da produtividade. Somente nos últimos 15 anos, enquanto a área cultivada aumentou 28,4%, a produção de grãos aumentou 96,7% (Figura 2). Crescimento semelhante também foi observado na pecuária. Nos últimos 15 anos, a produção de frango cresceu 249,5%, o que dá uma média anual de 9,4%. No mesmo período, a produção de suínos cresceu 157,1% e a de carne bovina 94,4% (Figura 3). A oferta de leite, couro, pele, embutidos, queijo e ovos seguiu o mesmo caminho, e, em maior ou menor grau, fato semelhante aconteceu com hortaliças, frutas, flores, fibras e essências florestais.

O aumento e a estabilidade da produção de alimentos tiveram reflexo importante para toda a população. Além de não ser observada mais a falta de produtos, o custo dos alimentos para o consumidor diminuiu de maneira constante ao longo do período. Como conseqüência, a população toda se beneficiou do desenvolvimento da agricultura brasileira.

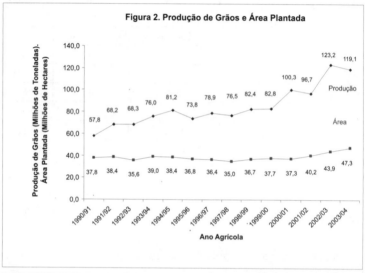

Figura 2. Produção de Grãos e Área Plantada

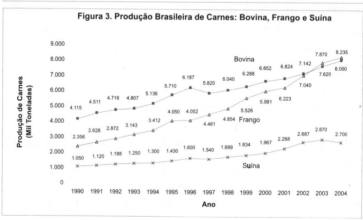

Figura 3. Produção Brasileira de Carnes: Bovina, Frango e Suína

Dez Desafios da Agricultura Tropical Brasileira
Aliomar Gabriel da Silva

Outra importante conquista observada nas últimas três décadas foi o aumento da produção e do uso do álcool como combustível. As sucessivas crises ocorridas a partir dos anos 1970, no fornecimento de petróleo, com a conseqüente disparada do preço dessa importante fonte energética, levaram à busca de outras fontes de energia. O álcool produzido da cana-de-açúcar mostrou-se a alternativa viável. Hoje o Brasil produz, anualmente, cerca de 16 bilhões de litros de álcool. Destes, cerca de 13 bilhões de litros são utilizados pela frota de veículos brasileiros, enquanto o excedente é vendido no mercado internacional.

O sucesso na produção de alimentos foi tal que conseguiu estabilizar o mercado interno e tornar o Brasil importante exportador de grãos e carne. Os resultados logo se fizeram sentir na balança comercial. Os sucessivos superávites obtidos pelo agronegócio brasileiro se tornaram importantes para o equilíbrio das contas e para a estabilização da economia. Os resultados da balança comercial do agronegócio correspondentes ao período de 1989 a 1995 podem ser observados na Figura 4.

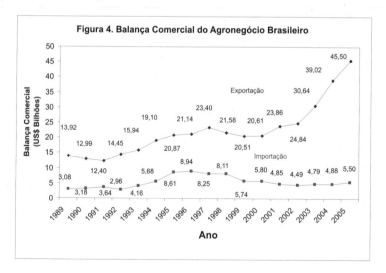

Tema – Sociedade e Economia

A renda da produção agropecuária praticamente quadruplicou nos últimos dez anos, como mostra a Figura 5. Como resultado, o PIB do agronegócio se tornou importante componente do PIB brasileiro. Como exemplo, tome-se a composição do PIB correspondente ao ano de 2004. Naqueles ano o PIB total do Brasil foi de R$ 1,777 trilhão. Desse total, R$ 534 bilhões corresponderam ao PIB do agronegócio, ou seja, 30% do PIB brasileiro foi resultado de atividades ligadas à agricultura e à pecuária.

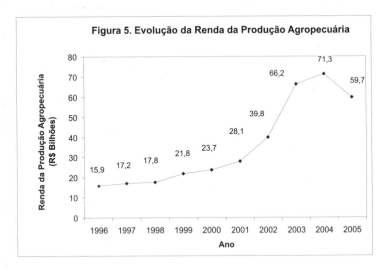

Figura 5. Evolução da Renda da Produção Agropecuária

Na preservação do meio ambiente é importante ressaltar o crescimento do conhecimento sobre o assunto, bem como o desenvolvimento de técnicas que permitiram o manejo sustentável das áreas agrícolas. Como exemplo podem ser citados: a fixação biológica de nitrogênio, que diminuiu significativamente o uso de nitrogênio obtido com a utilização de energia fóssil; o controle integrado de pragas, que resultou em significativa diminuição do uso de produtos tóxicos pelos agricultores; e o plantio direto, que reduziu em muito a ação da erosão e o intervalo entre lavouras sucessivas.

Os próximos desafios

O constante crescimento da população mundial, principalmente daquela que vive nas regiões menos desenvolvidas dos trópicos, o rápido esgotamento das fontes tradicionais de energia, o aumento da poluição e a conseqüente possível alteração do clima são fatos que preocupam. Projeções desenvolvidas pela Organização das Nações Unidas (ONU) estimam que a área agriculturável disponível para cada habitante do mundo, que era 1,2 ha em 1960, seja reduzida para 0,2 ha por volta do ano 2100. A Organização das Nações Unidas para Alimentação e Agricultura (FAO) estima que o consumo mundial de carnes que era de 139 milhões de toneladas em 1983 atinja 303 milhões de toneladas em 2020. Crescimento semelhante é esperado para o consumo de grãos. A quantidade de petróleo disponível está rapidamente se esgotando, o que resultará em total mudança da matriz energética. Para o ano 2100, especula-se que a base dessa matriz serão a biomassa e a energia solar. Esses e outros fatores deixam claro que não se pode descansar sobre os resultados alcançados pela agricultura tropical. Novos e sérios desafios estão à frente. É urgente que se pense em soluções futuras com a mesma competência com que se enfrentaram os desafios dos anos 1950 e 1960.

Nesse contexto, os seguintes desafios merecem consideração para que a agricultura brasileira continue ocupando o lugar de destaque que conquistou nas últimas três a quatro décadas e amplie sua capacidade competitiva em uma economia globalizada.

1. Manter a capacidade de pesquisa, desenvolvimento e inovação existente pelo aporte de recursos para custeio e investimentos, pela renovação de quadros qualificados e pelo constante treinamento dos quadros existentes.

Brasil em Questão
A Universidade e o Futuro do País

2. Ampliar áreas de pesquisa que estão se tornando importantes para o desenvolvimento agrícola, tais como a biotecnologia e a bioenergia.
3. Criar equipes e laboratórios necessários para o uso de novas ferramentas geradoras de conhecimento, como a nanotecnologia e a antropologia voltadas para o desenvolvimento da agricultura.
4. Manter a infra-estrutura existente em boas condições de uso e ampliá-la de modo que acompanhe o crescimento da produção agrícola. Boas estradas, que permitam escoamento rápido e barato, armazéns condizentes e estrategicamente localizados e portos com capacidade adequada são alguns exemplos das necessidades de infra-estrutura.
5. Desenvolver variedades de plantas e técnicas agrícolas adequadas à inclusão de parte da sociedade que ainda está à margem do processo produtivo. A inclusão social das diferentes populações marginalizadas deve ser preocupação constante.
6. Resgatar os conhecimentos tradicionais e validá-los para serem difundidos, ampliando seu uso.
7. Ampliar o conhecimento da biodiversidade tropical e dos diferentes ecossistemas onde esta biodiversidade ocorre e utilizar esses conhecimentos no desenvolvimento de oportunidades de uso para novos produtos.
8. Desenvolver técnicas de manejo adequado que preservem o meio ambiente e que resultem em uma agricultura sustentável. Técnicas poupadoras de insumos, que preservem a água, o solo e o ar são essenciais.
9. Manter rigoroso controle sanitário, tanto animal como vegetal, é uma exigência do mercado. Técnicas adequadas de controle da qualidade e de boas práticas de manejo são necessárias.
10. Desenvolver as diferentes alternativas para a produção de agroenergia. A exploração e o desenvolvimento das quatro

principais vertentes da agroenergia – ou seja, o álcool, o biodiesel, as florestas energéticas cultivadas e o uso dos resíduos agroflorestais oferecem – grande oportunidade para a agricultura brasileira.

Referências

ALVARES, L.; ANDRADE, L. M. Sugestões para a formulação de um Sistema Nacional de Pesquisa Agropecuária. *Embrapa Informação Tecnológica*, Brasília, 2006. 122 f.

BRASIL. Ministério das Relações Exteriores. *Agronegócio no Brasil.* Brasília: Ministério das Relações Exteriores, 2005. 147 p.

EMBRAPA. Plano Diretor da Embrapa – 2004 a 2007. *Embrapa Informação Tecnológica*,Brasília, 2006.

FUNDAÇÃO GETÚLIO VARGAS. *AgroANALYSIS: A Revista do Agronegócio da FGV*, v. 25-26. São Paulo, Fundação Getúlio Vargas, 2005-2006.

PATERNIANI, E. (Ed.). Ciência, agricultura e sociedade. *Embrapa Informação Tecnológica.* Brasília, 2006.

ERRADICAÇÃO DA POBREZA: A FALTA DAS POLÍTICAS

Lúcia Avelar

A pobreza é um fenômeno político, social, econômico, geográfico, ético e moral. Ela se localiza, predominantemente, nas periferias dos grandes centros urbanos e nos municípios de porte micro e pequeno do interior do País, principalmente nos estados do Nordeste. Hoje, os dados relativos à dimensão da pobreza são atestados por estudos e pesquisas das instituições governamentais, como o Instituto Brasileiro de Geografia e Estatística (IBGE) e o Instituto de Pesquisa Econômica Aplicada (IPEA), bem como pelos Relatórios do Desenvolvimento Humano Municipal IPEA/PNUD.

O tema da pobreza no Brasil emergiu com maior intensidade a partir da década de 1960. O livro de Josué de Castro, *A geografia da fome*, foi recebido como um manifesto sobre nossa triste realidade, mesmo tendo sido lançado no período otimista do desenvolvimento

---

Lúcia Avelar – Diretora do Instituto de Ciência Política (IPOL/UnB). Doutora em Ciência Política, com Pós-Doutorado na Yale University. Foi Professora da Unicamp, atualmente é Professora Titular do Departamento de Ciência Política da Universidade de Brasília. É autora, entre outros, de *O segundo eleitorado: tendências do voto feminino no Brasil* (Ed. da UNICAMP).

Brasil em Questão
A Universidade e o Futuro do País

industrial dos anos 1950 e também quando a geração nascida no pós-guerra chegava aos cursos de ensino superior, com maior acesso às informações de natureza sociológica e política. As ciências sociais ganhavam impulso, e era grande o interesse na produção sistemática de dados sobre o País. Jacques Lambert, estudioso francês da realidade brasileira, escreveu um livro com o sintomático título de *Os dois Brasis,* mostrando as realidades do Centro-Sul e do Nordeste, fortemente contrastantes, pois, com exceção destes estados do Sudeste e do Sul, o resto era pobre, arcaico, negligenciado pelos governos. As atividades de cultura, da música, do Cinema Novo mostravam igualmente a triste realidade da pobreza brasileira. Em um de seus manifestos, dizia Glauber Rocha: "O Brasil é um país pobre, emocional, um país sem gravatas".

Só muito mais tarde o tema da pobreza chegou à agenda pública. As análises sociais e políticas reconheciam que o modelo de desenvolvimento iniciado com Getúlio Vargas nos anos 1930 havia contribuído seminalmente para a arrancada da industrialização brasileira, continuada no governo Juscelino Kubitschek, entre 1955 e 1960, e pelos governantes militares, entre 1964 e a década de 1980. Contudo, os erros no campo da redistribuição social da riqueza se acumulavam, concomitantemente com a urbanização crescente do País. Nenhuma medida pública abrangente acompanhou o fenômeno migratório de modo a dirimir seu impacto. As favelas brotavam, a olhos vistos, nos maiores centros urbanos.

O ritmo das mudanças econômicas e da urbanização não veio acompanhado pela mudança na elite política, razão pela qual não entravam na agenda pública a questão da pobreza e o compromisso para sua erradicação. A Constituição *cidadã* de 1988, graças aos movimentos da sociedade organizada, incorporou, em parceria com a população, regras ligadas à implementação das políticas redistributivas. Na década de 1990, políticas e alternativas comprometidas com a erradicação da pobreza foram iniciadas, embora pressionadas pelos programas de ajustes estruturais impostos pelas nações credoras do mundo desenvolvido que exigiam menores gastos públicos com os programas sociais para aumentar o volume de pagamento das dívidas externas a esses países. O recuo do Estado no campo social, a economia globalizada com uma lógica de mercado permeando as relações econômicas em todos os seus níveis, inclusive no campo político, e o capitalismo da era da informação enxugando o volume de empregos são, entre outros, os responsáveis pelo aumento da pobreza. Ficou então claro que o Estado não pode recuar. Os programas de transferência de renda para os mais carentes entraram na agenda governamental e, ao que tudo indica, devem continuar. Enquanto isso, outras medidas são proclamadas como essenciais para que passemos da dependência extrema do poder público à autonomia das populações desprivilegiadas.

O debate está presente, mas pouco dele se sabe no Legislativo federal, estadual e municipal. As entidades da sociedade civil intensificam seu trabalho de pressionar os governos para que o compromisso político com a erradicação da pobreza se torne um programa de Estado e não apenas de governos. Se o tema ainda está longe de ser universalizado, contudo, ele não está mais fora do debate, nem na sociedade, nem na política.

Assim, para debater o tema, temos a contribuição dos ilustres professores Carlos Pacheco e Armando Mendes.

TRÊS TURVOS TEXTOS[1]

Armando Dias Mendes

*Todos (os futuros) fora felicidade antever:
Os felizes para a esperança e os infelizes para a cautela.*
Pe. Antônio Vieira, *História do Futuro*,[2] Tópico 17.

Peado pelo Estado do Brasil, o Estado do Grão-Pará deixa de cumprir seu destino manifesto. E a América Portuguesa segue patinando.

O contexto

A presente reflexão, à margem de teorias, vai apoiar-se em três turvos e tenebrosos textos – (per)turbadores.

Armando Dias Mendes – Presidente do Banco de Crédito da Amazônia. Diretor da Faculdade de Ciências Econômicas Contábeis e Atuariais do Pará. Bacharel em Ciências Jurídicas e Sociais pela Faculdade Livre de Direito do Pará. Doutor pela UFPA. Doutor pela Universidade da Amazônia (UNAMA). Especialista em Planejamento Regional (SPVEA/FGV – Belém). Professor Benemérito do NAEA. Assessor do Superintendente do Instituto de Economia e Finanças da Bahia (IEFB). Membro Técnico de Planejamento da SPVEA.

Brasil em Questão
A Universidade e o Futuro do País

Em primeiro lugar, a própria Constituição Federal vigente. E depois, dois livros editados quase simultaneamente, o primeiro mais focado nas causas e nos efeitos da desconcentração *física* do sistema produtivo nacional, em especial a indústria de transformação. O segundo, nas causas e nos efeitos de uma imaginária e imaginosa desagregação político-territorial do Brasil real. Um desses estudos resulta de investigação científica, o outro, de imaginação profética. Os dois se completam.

Ambos os autores são não amazônidas: o primeiro é paranaense radicado em São Paulo, o segundo é carioca radicado no Rio – mas revelam-se brasileiros.[3] Por isso, embora não só por isso, os preferi entre muitos outros – são exemplos de que nem tudo está perdido nesse "salve-se quem puder" a que os mais impudicos dos nossos desarvorados corifeus se empenham em tempo integral e dedicação exclusiva.[4]

A conferir.

A norma

1. Em nome da igualdade social e espacial são praticadas, com perdão da palavr a, *imposturas*. Uma das mais gritantes delas enraíza-se na Constituição vigente. É o primeiro texto a examinar.

É certo que o art. 3º, III, incorpora aos objetivos fundamentais da República, precisamente o da redução das desigualdades sociais e regionais. Numerosos outros dispositivos apontam na mesma direção (*v.g.,* os artigos 21, IX e XVIII; 48, IV; 151, I; 157, II; 158, I; 159, *caput*; 165, Parágrafos, 4º, 6º e 7º; 170, VII; 192, VII e Parágrafo 3º; e ainda os arts. 35 e 40 do ADCT). Assim, por exemplo, foram ampliados os Fundos de Participação dos Estados e dos Municípios (mas todos os estados e municípios, não só os da Amazônia ou os da periferia nacional) e criados os Fundos Constitucionais, assim como *royalties*, mecanismos para retenção de poupanças... A Zona Franca de Manaus foi mantida, consolidada e mesmo convertida: agora é o *Pólo Industrial de Manaus (PIM)*. Transcorridos quase vinte anos, poucos dos demais dispositivos foram regulamentados. O mais compreensivo e ambicioso dos provimentos, aquele que devia ser a matriz de tudo mais, o art. 43, permanece estéril à espera de Godot – quero dizer, da legislação complementar que lhe insuflaria vida.

No seu rastro, a Superintendência de Desenvolvimento da Amazônia (SUDAM) foi extinta, substituída precariamente pela Agência de Desenvolvimento da Amazônia (ADA)[5], e ainda estamos no aguardo da lei da nova SUDAM, cuja tramitação se arrasta no Congresso Nacional no rastro da recriação da SUDENE.

Prematuro, por inócuo, discuti-la.

2. Provisões outras operam na contramão desses propósitos e constituem as "compensações dos ricos".

Assim foram elas etiquetadas de forma consuetudinária nos desvãos da Assembléia Nacional Constituinte. Definidas pela assessoria de alto nível de que se cercou a bancada suprapartidária de São Paulo, foram, a seguir, ardorosamente defendidas por esta nas várias instâncias da Constituinte ao arrepio das conflitantes siglas, legendas e plataformas de suas agremiações políticas. Quase sempre com sucesso.

Coisas simples assim:

- ■ Um *adicional estadual do Imposto de Renda* arrecadado em cada Unidade da Federação, proporcionalmente ao arrecadado: até 5,0% do valor da arrecadação no Estado. O percentual é o mesmo, já o valor absoluto...

Brasil em Questão
A Universidade e o Futuro do País

- O Fundo do Imposto sobre Produtos Industrializados (IPI), a ser distribuído aos estados exportadores de produtos industriais proporcionalmente às suas exportações (a duras penas foi estabelecido um teto de 20,0%, ou seja, a parcela cativa de São Paulo).
- A imunidade tributária do Imposto sobre Circulação de Mercadorias e Serviços (ICMS) nas exportações interestaduais de energia elétrica, bem como de petróleo e seus derivados.

É consultar os artigos 155, *caput* II e X, *b*, e § 3º; 159, II e § 2º, entre outros. Pode parecer um modesto leque de disposições, comparativamente às destinadas a reduzir desigualdades. Mas é preciso medi-las não pelo quantitativo das disposições, e sim pelo alcance qualitativo dos seus resultados concretos. Ou seja: em termos de efetiva transferência de recursos da União, não mais para as áreas atrasadas do território nacional, mas para as avançadas.

Ao mesmo tempo, sempre em nome do princípio federativo foram extintos importantes Fundos Nacionais redistributivos, préexistentes, tais como o Rodoviário e o de Eletrificação. Como no futebol, também aqui a regra é clara: tudo é permitido com o intuito de desonerar as matérias-primas e os insumos de que a região industrializada do país precisa a fim de poder produzir a custos mais baixos, mas sem a contrapartida da desoneração dos preços dos produtos finais ao consumidor nas regiões menos industrializadas. Não fica difícil perceber quais os estados e os municípios que mais se beneficiam desses mecanismos de "compensação" na contramão.

Da mesma forma com relação aos produtos de exportação. Basta lembrar, a respeito, a intrusão da bomba de sucção da Lei Kandir nos estados exportadores de produtos primários, em especial minérios, agravada pela sistemática lerdeza do Tesouro Nacional em respeitar e efetuar as compensações a que está obrigado. É, pois, digna de estranheza a destravada guerra fiscal em curso para captura de novos investimentos?

Tudo em nome do Pacto Federativo – e na cômoda ignorância do seu deletério impacto.

3. Algumas dessas regras foram alteradas posteriormente, e mesmo suprimidas, via emendas constitucionais.

A supressão mais imprevista foi a do adicional do imposto de renda (Emenda Constitucional nº 3, de 1993). Em contrapartida, a determinação de reter nas regiões menos desenvolvidas parcela significativa das poupanças nelas geradas igualmente desapareceu no pacote das disposições relativas ao Sistema Financeiro Nacional. O art. 192 ficou reduzido a uma declaração de princípios para inglês ver, e ainda pendente de lei complementar. Livre para operar, após a total amputação dos oito incisos e dos três parágrafos desse dispositivo (Emenda Constitucional nº 40, de 2003), o sistema financeiro tornou-se, como é sabido, o setor mais obscenamente rentável da economia brasileira.[6] Aí está, com todas as letras, um mecanismo fortalecedor da iniqüidade. A quem tem, dar-se-á. O rio corre para o mar. E por aí adiante. Apotegmas aplicáveis à espécie dos autos, fartos, fácil é fisgá-los em dicionários especializados.

E é compreensível, pois a parcela do sistema que permanece nacional é sediada no centro "dinâmico" nacional – e assim o represamento das economias recolhidas nos brasis das carências é operado nos cofres-fortes dos brasis das opulências. Salvam-se os bancos oficiais regionais – mas estes estão recorrentemente ameaçados de extinção, privatização ou incorporação aos nacionais. Por isso mesmo: têm o mau vezo de aplicar os depósitos capturados, predominantemente, nas regiões natais destes. Que atraso imperdoável,

Brasil em Questão
A Universidade e o Futuro do País

que tacanho espírito, que hediondo crime contra a modernidade, que pecado mortal contra a Federação!

Balanço final: a Constituição Federal de 1988, a "Constituição-Cidadã", resultou ser escancarada (re)produtora das desigualdades regionais.

(Hipó)tese oferecida a quem dela queira fazer uso para profunda prospecção nas entranhas das distorções nacionais.

A realidade

A conjugação das desigualdades regionais com as sociais, dessa forma sustentadas, só pode resultar na fragilização do edifício nacional.

4. Nesta segunda parte da prospecção sobre os desequilíbrios espaciais é desejável, e mesmo inevitável, instalar uma clarabóia a mais e procurar ver até que ponto e como se está desenhando essa ameaça conjugada.

Começo com o livro do Professor Carlos Américo Pacheco *Fragmentação da nação*, fruto de tese de doutorado defendida na UNICAMP.

Já na Introdução o autor dá os contornos do seu labor:

- O objeto de estudo declarado é a *desconcentração produtiva* recente no país e seus determinantes.
- Analisa também o resultante *dinamismo localizado*, pontual, e as formas inter-regionais de sua articulação.
- Interpreta o *discurso localista* predominante, voltado para oportunidades de negócios

- ✓ onde quer que se apresentem
- ✓ e como quer que resultem, bem ou mal,
- ✓ do ponto de vista do interesse maior da nação.
- ■ Aos olhos do autor, em suma, para além dos desequilíbrios regionais o que existe é *a ausência de uma* referência nacional *capaz de se colocar como horizonte digno e solidário do crescimento econômico* (p. 15, destaque meu).

Traduzindo: faz falta um *projeto nacional,* uma *utopia norteadora,* ou, veremos, um *grande sonho, uma visão (ou estratégia) de longo prazo ou alternativa, um grande projeto de desenvolvimento nacional....*[7] E é isso, concluo eu, que expressa o desaparecimento dos intérpretes do sentir e do fazer nacionais, estadistas ou estrategos e condutores da nacionalidade. Em algum momento do acidentado percurso, e em larga escala, houve notável transumância desses notáveis, convertidos que foram em homens de empresa, capitães de indústria, gênios das finanças – migrantes do setor público para o privado, que mais e melhor remunera. A acelerada substituição, também, dos autênticos economistas por aplicados crematistas.[8] Mammon entronizado, muitos são os seus adoradores.

Mas o objeto do trabalho de Carlos Américo é, como ele próprio o diz, a "fragmentação econômica da nação" (p. 16) – preferi etiquetá-la de fragmentação física.

Haverá uma outra, a ser abordada ao final, "metafísica".

5. A *fragmentação* aponta para uma "problemática nova" na década de 1980, mediante a qual foi abalada "a lógica de integração do mercado nacional que presidiu a configuração do desenvolvimento regional brasileiro desde o início deste século" (p. 17 – a obra é ainda do século XX).

Brasil em Questão
A Universidade e o Futuro do País

O que o estudo propõe é chamar a atenção para "a natureza **fragmentada** e **espacialmente heterogênea** do desenvolvimento econômico recente" (negritos no original, p. 18). Lamenta que a imensa maioria dos economistas desconsidere esse fenômeno em favor tão-só do estudo dos novos "requisitos locacionais da terceira revolução industrial". A seu ver, ao contrário, o exame da desconcentração física "é ao menos útil para evidenciar quão complexos são os determinantes da questão social brasileira" (sublinhei questão social, p. 19). Mas acrescenta: "É, ao mesmo tempo, igualmente útil para deixar claro que aumentou em muito a heterogeneidade econômica interna às macrorregiões brasileiras."

E esses novos processos "colocam em cheque a dinâmica anterior e passam a requerer que [o estudioso] se detenha com mais vagar nos conceitos de **integração** ou de **homogeneização** do espaço nacional" (negritos originais, p. 21). Com arrimo em Furtado, entende ser a integração "um componente dinâmico do crescimento. [...] Pensa aqui a nação, um efetivo projeto nacional" (Grifei, p. 22).

6. Para poder avançar, Carlos Américo retoma a discussão fundamental, inconclusa, do conceito mesmo de região – "uma questão quase insolúvel" como de há muito sabem os regionalistas (p. 27).

Mesmo sem a reprodução da incursão que ele enceta pelo emaranhado teórico e ideológico de numerosos regionalistas, marxistas e não marxistas, importa reter o conceito, eu diria elusivo, assumido junto com Markusen: "Uma região é uma sociedade historicamente desenvolvida e territorialmente contínua que possui um ambiente físico, socioeconômico, um meio político e cultural, e uma estrutura espacial distinta de outras regiões e das outras unidades territoriais principais (cidades e nações)" (p. 37). Ou, mais pragmaticamente, com apoio em Sérgio Boisier, o reconhecimento de que embora [...] "muitos considerem o conceito de região como uma construção mental que não tem contrapartida na realidade, ela continua sendo uma questão importante, sobretudo para os que nela habitam." Eu ousaria acrescentar que a questão é importante não sobretudo, mas só para os que nela habitam. Os outros, para usar linguagem vulgar, quase sempre não estão nem aí.

E ainda na ótica de Richardson, assaz difundida no período áureo da chamada ciência regional, lembra o autor que regiões se definem na prática por serem visíveis a olho nu, dado que existem

✓ diferenças inter-regionais públicas e notórias;
✓ interdependências intra-regionais importantes;
✓ e objetivos regionais de políticas públicas direcionadas (p. 38).[9]

Surgiu, contudo, insiste o autor, um fator de desarrumação das regiões que subverteu os conceitos, os critérios e os contornos tradicionais. Criou, desmembrou, (con)fundiu regiões de tal modo que a categoria espacial tendeu a perder importância, torna-se mais do que nunca retórica inútil, inoportuna e inoperante. E esse fator, se bem o entendi, teria resultado do fato de terem prevalecido interesses econômicos particulares, tópicos, mais articulados com mercados internacionais do que intranacionais – claro subproduto, acrescento eu, da globalização deglutida sem antiácido. Para Carlos Américo, com efeito, as iniciativas com maior impacto sobre o desenvolvimento regional brasileiro resultam da abertura crescente da economia brasileira e do "acirramento brutal das rivalidades e do conflito federativo, que em alguma medida é alimentado pela fragmentação dos interesses econômicos gerada pelas alternativas da integração internacional competitiva" (sublinhei, p. 45).

Tema – Sociedade e Economia

Brasil em Questão
A Universidade e o Futuro do País

A meu ver, colocou o dedo na ferida. Em palavras outras: o preço de uma maior integração internacional é a crescente desintegração intranacional do Brasil. Já tínhamos visto esse filme no caso amazônico: a integração exterior, inter-regional, alcançada à custa da desintegração interior, intra-regional.

Sobre algumas das raízes dos conflitos federativos, dissemos algo mais anteriormente.

7. Para terminar este sumário, uns poucos arremates ainda, porque decisivos.

Carlos Américo assinala, logo a seguir ao que vem de ser transcrito: "Essa ruptura no padrão anterior tendeu a ser vista apenas do lado da desconcentração produtiva, sem grande preocupação com seu significado para o país enquanto **nação**" (negrito no livro, p. 45). No caso particular da Amazônia, acrescento eu, a reflexão precisaria aprofundar a avaliação do autismo dos grandes projetos, quer os de extrativismo mineral, quer os de montadoras de bens finais de consumo (eletroeletrônicos, veículos...). Autismo no sentido de que esses entes quase sempre existem para si, não se integram à base física e econômico-social da região, não multiplicam nela, a não ser secundária e marginalmente, seus efeitos de renda e emprego. Mas após citar o Relatório Final da Comissão Mista sobre o Desequilíbrio Inter-Regional Brasileiro, no Congresso Nacional, e complementos, o livro em apreciação conclui o Capítulo 1 pela forma que ponho em destaque:

Em um país ainda em formação, como é o Brasil, a predominância da lógica das empresas transnacionais na ordem das atividades econômicas conduzirá quase necessariamente a tensões inter-regionais, à exacerbação de rivalidades corporativas e à formação de bolsões de miséria, tudo apontando para a <u>inviabilização</u> do país como projeto nacional (sublinhei, p. 50).

Para encerrar, a conclusão da dissecação empreendida não podia ser outra:

> O que isto significa é que a problemática regional brasileira carece mais do que nunca de um projeto nacional. [...] Largada ao mercado, sem políticas ativas, o que se vislumbra são iniciativas pontuais e isolacionistas que fraturam a nação e alicerçam o regionalismo. Nada mais longe de um efetivo enfrentamento do problema das desigualdades regionais. [...] reforçam-se assim as disputas entre regiões e Unidades da Federação, enquanto as políticas federais, formuladas *ad hoc*, sancionam uma trajetória de conflito entre os diversos interesses nacionais (op. cit., p. 268-269).

A profecia

A hipótese da inviabilização nacional, à primeira vista, pode parecer pura escatologia ou terrorismo psicológico. Será?

8. Na verdade, sua eventual efetivação seria de certo modo um retorno ao passado histórico da América Portuguesa. Para quem não sabe, ou não lembra, ou prefere deslembrar: coexistiram até 1822, na chamada América Portuguesa, dois Estados autônomos entre si, diretamente vinculados a Lisboa.

> ■ Um era o Estado do Brasil, com sede em Salvador e depois no Rio de Janeiro. Vinha de 1500 e dos dois primeiros Pedros (o Cabral e o Caminha).

- O outro era o do Maranhão e Grão-Pará, posteriormente Grão-Pará e Maranhão, primeiro com sede em São Luiz e depois em Belém. Surgiu no século XVII, e deveu a sua final conformação principalmente a um terceiro Pedro (o Teixeira).

A fundação de Belém é de janeiro de 1616 (mas aí o astro foi Francisco Caldeira Castelo Branco) e viabilizou a posse portuguesa sobre a imensa região, ao abrigo da união pessoal dos Felipes, simultaneamente reis de Espanha e Portugal entre 1580 e 1640. A expedição de Pedro Teixeira, nos anos 30 desse século, selou na prática a ruptura do meridiano das Tordesilhas, ruptura afinal consagrada, após a restauração da Coroa portuguesa, em sucessivos tratados cujo ciclo somente se encerraria em 1750. Por isso, 60 % da Pan-Amazônia é brasileira.

O Estado do Grão-Pará "aderiu" tardiamente à Independência do Brasil quase um ano depois desta, em 15 de agosto de 1823, sob os convincentes auspícios de uma armada imperial comandada por mercenários ingleses, um mês após a derrota do general Madeira, na Bahia. Só aí o Império do Brasil se completou.

9. Entretanto, dois anos antes da tese de Carlos Américo Pacheco fora publicado livrinho profético a respeito de um novo provável fracionamento da América Portuguesa.

O economista carioca João Paulo de Almeida Magalhães é o autor do Relatório da Comissão Mista Nações Unidas—Banco Mundial de Desenvolvimento, datado de Nova York em abril de... 2030. Atenção! Falta menos de um quarto de século.

O Relatório premonitório cuida precisamente das *Causas da Inviabilização Econômica da América Portuguesa*. Nele, João Paulo não hesita em presumir o fracionamento territorial e político do Brasil em algum momento do final do século XX a partir de uma conjunção de causas:

- a opção pela inserção passiva no mundo (tem muito a ver com a tese de Carlos Américo);
- a desindustrialização;
- o desemprego crescente;
- o agravamento da concentração de renda;
- e uma convulsão social crônica.

Tudo coroado pelo estímulo à demagogia de despreparados desembocando em a provável ascensão à Presidência da República de um deles [...]. O título de popularização do Relatório é "Por que o Brasil não deu certo". Prudentemente, o autor apegou à capa uma tarjeta de explicitação: "Ficção econômica" Mas também adverte na Apresentação: "Em certos casos, e parece que é o que está acontecendo no Brasil, a efetiva concretização desse cenário adquire alta probabilidade." Motivo para funda meditação.

Uma das frações resultantes do imaginoso cenário prospectivo recebe do autor o nome de "Amazônia Livre". Mas nessa inquietante história do futuro, a partição fora maior do que na real história do passado, e o velho Estado do Brasil não permanecera íntegro, cindira-se só ele em cinco países separados. Os seis países em que o velho Brasil se despedaçara no total cedo se aperceberam de que todos eles se haviam tornado inviáveis. Abriram-se-lhes, às lideranças remanescentes, perplexas, os olhos antes toldados pela absorta adoração do próprio umbigo e alheamento ao entorno. Davam por isso os primeiros passos na esperança de superar a nostalgia e a analgia

Brasil em Questão
A Universidade e o Futuro do País

da unidade perdida. O diagnóstico embutido chama a atenção para as causas principais da implosão:

- o mimetismo acrítico dos condutores das políticas econômicas;
- a falta de um "grande sonho" (uma utopia norteadora, se preferirem, um projeto nacional, uma referência nacional, etc., etc.) a conduzir as ações;
- a incompetência em usar as óbvias vantagens comparativas dinâmicas do país ("vantagens competitivas", se quiserem);
- e até uma certa resistência do intelectual à intuição criadora.

E referia-se aos intelectuais em geral, não apenas ao excelso intelectual então no poder.

10. A previsão seguinte é a de uma "explosão social" por volta de 2010, à conta do agravamento das desigualdades e das injustiças. Paradigmático, por atual, destaco:

As táticas de guerrilha que o segmento criminoso havia aprendido nos presídios com supostos subversivos de esquerda, encarcerados pelo regime militar de 1964, seriam utilizadas em assaltos a bancos, seqüestros e outras ações ilegais. Ou seja, a atividade criminosa inviabilizou um potencial movimento de resistência armada, tomando seu lugar. O problema tornou-se, dessa forma, simplesmente, um caso de polícia, dispensando a intervenção militar, passo inicial para o fujimorismo. Um dos membros da Comissão assinalou que, nesse momento, **a democracia na**

América Portuguesa foi salva pelo crime organizado
(negrito meu, *op. cit.,* p. 55). Sem comentários.

No que respeita à questão regional, o 'Relatório' assinala, com precisão, que a mistura das desigualdades interclasses e inter-regiões, até então prevalecente, dificultava o entendimento das últimas e impedia a adoção consciente e clara de medidas concretas a respeito das primeiras. Depois aborda o caso da nossa região tornada independente. A análise é feita à base da sombra que o NAFTA projetaria sobre a Amazônia Livre, submetendo algumas de suas lideranças à tentação de defender a incorporação a esse bloco. A tal respeito João Paulo mostra-se inteiramente cético, terminando por resumir a questão da seguinte maneira:

> A grande esperança desse espaço econômico é a recepção
> de *royalties* pela preservação da *rain forest*. O projeto a
> respeito, que não colocaria qualquer ônus insuportável
> sobre os atuais espaços econômicos do planeta,
> está bem encaminhado e tem garantia de sucesso na
> hipótese de firme apoio das Nações Unidas (p. 65).[10]

Aqui, ouso discordar: seria um aval à conhecida proposta de o Brasil (não o Grão-Pará) receber um prêmio de bom comportamento por não "destruir" a nossa floresta tropical úmida (leia-se: a hiléia amazônica), à custa do comprometimento em dela não desfrutar. Enquanto isso o hemisfério norte continuaria, à margem do Protocolo de Kyoto, a poluir a atmosfera terrestre a seu talante.[11]

O acordo de cavalheiros em escala planetária não vingou o suficiente para causar maiores preocupações, ainda bem.

Quero dizer: não vingou até agora.

Brasil em Questão
A Universidade e o Futuro do País

11. Convém ressaltar, por fim, que João Paulo, embora não falando especificamente da nossa região, discute mais adiante os dilemas colocados pelo desafio de inserção da economia brasileira na economia global.

É um dos seus temas favoritos. Então retorna ao debate sobre a notória dicotomia da inserção ativa *versus* passiva, mostrando as vantagens e os riscos de uma e outra. O centro da discussão, que cabe como uma luva no caso amazônico, é o uso inteligente das vantagens comparativas, as naturais e as dinâmicas (cf., especialmente, p. 89-90). Apresenta, para isso, um receituário não igual, mas singularmente convergente com o que tenho vindo a defender com muito menor competência, é certo, mas não menor apetência, na minha insistência pessoal a propósito de amazônias, amazonidades e amazônidas.

João Paulo, em síntese, *avis rara* que sempre elucubrou receitas palatáveis para o Brasil e não apenas para o filé do Brasil, valeu-se de uma rica parábola para advertir contra o risco que a imensa maioria dos seus colegas prefere ignorar.

Não fez futurologia, construiu cenários que podem sofrer mutações se os perigos denunciados forem enfrentados a tempo.

Ainda há tempo?

Arremate

12. De todo modo, para não dizerem que não falei de flores, parece-me justo reconhecer que, à revelia de um "grande sonho" perdido, de uma "utopia norteadora" por traçar, de uma "referência nacional" dissolvida, alguns resultados esparsos, tópicos, têm sido colhidos.

O distrito industrial de Manaus recuperou-se dos traumas de anos recentes e alardeia resultados crescentes. O turismo ecológico desenvolveu-se e absorveu parte expressiva de eventual excedente da mão-de-obra poupada via modernização tecnológica. Mas, sem prejuízo de avanços subsetoriais, o agora PIM continua a ser predominantemente um enclave – um enclave tecnologicamente avançado. No Pará, de modo expressivamente distinto, o alargamento e a diversificação da base produtiva têm sido igualmente impressionantes – e não estou falando dos chamados grandes projetos. De maneira análoga podem ser apontados êxitos, aqui e ali, em outros estados. E o Zoneamento Econômico e Ecológico se continuidade tiver, parece apresentar-se como um bom guia de indicação para novas oportunidades de investimentos reprodutivos – o que é melhor: cuidados em conjunto, em simbiose.

Ademais, os grandes projetos não têm do que se queixar: Carajás, Jari, Paranapanema, o complexo Albras-Alunorte... A Vale do Rio Doce, agora muito mais a Vale do <u>Rio-Mar</u> Doce, caminha para tornar-se a maior mineradora do mundo e já se pagou várias vezes a privatização tão contestada. Outros pesados investimentos estão sendo feitos ou anunciados no setor de mineração. O mesmo no agro. A soja em trânsito invade a planície, com todo o seu rastro de inconveniências. Outros grãos (milho, arroz, feijão...). A fruticultura firmou-se (polpas, farináceos, doces e geléias, sucos, gelados...). A piscicultura, a quelonicultura, a aqüicultura em geral. A olericultura (óleos vegetais). Outras culturas industriais (cacau, guaraná, pupunha, castanha-do-pará...). Plantas medicinais. Este não é necessariamente um inventário exaustivo nem um elogio álacre; longe disso, é um registro tópico, uma constatação átona.

Ou será que as anteriormente aclamadas políticas públicas, e seus conseqüentes programas e projetos macro, mesa e microrregionais foram destroçados, tornaram-se peças de museu?

A neo Vale do Rio-Mar Doce é uma exemplar base de raciocínio para encaminhamento de análises exploratórias e respostas... indagatórias. Lamentou-se a sua privatização e a forma como se processou. Ela era uma, entre muitas, das empresas estratégicas operadas pelo Governo Federal como base de sustentação de um projeto nacional que um dia existiu mais ou menos até o II PND. E exercia bem seu papel como empresa multirregional a serviço de objetivos estratégicos do País, não necessariamente os da região, ainda que crescentemente situada tanto geológica como geográfica e geoeconomicamente nesta. Uma vez privatizada, converteu-se em multinacional a serviço de objetivos estratégicos empresariais, os seus próprios, válidos por si, não necessariamente ancorados aos do País.

E muito menos aos da região.

13. Esse o diferendo entre negócios privados e negócios públicos. A pergunta elementar continua sendo a mesma: "A quem servem uns e outros?"

Negócios privados servem obviamente a interesses privados. Na *res publica*, o máximo que os negócios privados fazem é anestesiar indignações públicas mediante ações culturais ou cívicas, filantropias, benemerências, mecenatos – ganhando, de lambugem, isenções tributárias e fiscais. E o agregado dos êxitos particulares não conduz necessariamente ao êxito comum – a mão invisível, em tais latitudes, costuma atrofiar-se. Faz falta o planejamento público.

O planejador é o homem que prega com ações, não com palavras. Precisamos de planejadores porque precisamos de um projeto regional. Falei antes em imposturas. Agora estou falando de posturas consentâneas com o enigma amazônico e sua decifração – mais do que isso, compatíveis com o querigma que é preciso inventar.

E por cima dessas posturas, a compostura essencial que assenta no reconhecimento de que a Amazônia, mais 'do que um utensílio ou objeto, é um sujeito de direitos e sua voz precisa ser ouvida. Há sinais de vida inteligente na Amazônia -- será que, fora dela, já se hão dado conta bastante de tão enorme espanto?

Concluo evidenciando o evidente: é necessário intervir na realidade nacional e regional atualmente à deriva – dar ordem ao caos.[m] Quaisquer que sejam os formatos que a ação do poder público venha a assumir, a idéia básica por trás do reclamado é o reconhecimento da necessidade de intervir, a humildade de perceber que falta um norte, uma referência, um sonho – o curvar-se ao imperativo categórico de ser utópico quando queremos dar sentido aos tópicos de um discurso, de um programa, de uma agenda, de uma agência, de um cacho de ações (um *cluster*, para os que só conseguem concatenar idéias em inglês).

Novidade? Nenhuma.[13]

14. É hora de encerrar mais este repasse das coisas novas inerentes, por definição, a qualquer invenção.

E de há muito está claro que essas novidades faz tempo que são velhas, repetitivas. Ainda uma vez Vieira:

> Propriedade é do futuro serem todos novos, por isso os últimos e mais distantes futuros se chamam novíssimos; mas ainda que esta História seja de cousas tão novas, nem por isso ela será nova. É uma História nova sem nenhuma novidade, e uma perpétua novidade sem nenhuma cousa de novo [...] (*História, op. cit.*, Tópico 222).

Brasil em Questão
A Universidade e o Futuro do País

Quem sabe, um dia, o grumete imberbe no cesto da gávea da galeota do Grão-Pará não vai anunciar, incrédulo, ter avistado enfim a Ilha da Utopia?

Quem viver, verá.

Ou não.

Notas

[1] O tema é ampliado na "antecâmara" da 3. ed. de *A invenção da Amazônia*, lançada em co-edição do Banco da Amazônia e do NAEA por ocasião da X Feira Pan-Amazônica do Livro (Belém, set. 2006).

[2] Reeditada pela UnB em 2005. Há edição fac-similar da SECULT-PA, de 1998.

[3] Coincidentemente, o autor do primeiro livro escolhido é também participante da Mesa em que foi desenvolvido o tema do presente texto.

[4] Outros trabalhos recentes sobre o tema geral de retomada do desenvolvimento econômico podiam ser invocados. João Paulo de Almeida Magalhães, em texto de lançamento do Centro de Estudos para o Desenvolvimento, criado neste ano pelo CORECON-RJ, sob sua direção, relaciona, só em 2005, cinco coletâneas de artigos a respeito, e já em 2006 mais uma (v. CORECON/RJ – CED, *Uma estratégia de desenvolvimento para o Brasil*, Rio, 2006). Não tive oportunidade de consultá-las e, portanto, de apreender a visão prevalecente entre seus autores sobre a questão das disparidades regionais. De qualquer maneira, os livros escolhidos para contraponto da presente reflexão dificilmente deixariam de figurar entre os mais apropriados ao foco da reflexão aqui posto em destaque. Um deles, como referido e a seguir exposto, é do próprio João Paulo.

[5] Noticiário da imprensa, do início deste mês, dá conta da aprovação dos três primeiros projetos de investimentos financiados por meio da ADA, após cinco anos de existência desta, no valor total de pouco mais de R$ 500 milhões.

[6] É ilustrativa, de qualquer modo, uma visita ao *site* da Presidência da República www.planalto.gov.br – Legislação – *Constituições*. O corpo da Constituição-cidadã aparece com todas as alterações sofridas, os textos substituídos ou suprimidos sendo riscados por traços sobre as palavras – predominantemente nos capítulos que dispõem sobre a ordem econômica e correlatos.

[7] Etiquetas que podem ser encontradas nos livros em análise, bem como nos tangenciados na nota 2 *supra*, e devidos, entre outros, a Ricardo Bielschowsky, Antônio Dias Leite, João Sicsu, Bresser Pereira, Eli Diniz, F. Giambagi (*op. cit.*)

[8] Ao conceito de economia o próprio Aristóteles contrapôs o de crematística. Aquela teria a ver, como etimologicamente denunciado, com a gestão da casa do homem, e esta tão-só com a produção da riqueza, sua circulação e distribuição. Após Quesnay, Smith & Cia.os termos passaram a confundir-se, e só se falou depois disso em economia quando muito, em economia política. Crematística, da raiz grega *khrema* = riqueza, nem sequer se encontra nos dicionários modernos. Encontra-se *crematista* como sinônimo do partidário da incineração dos cadáveres – a raiz aí é latina, *crema*, que tem a ver com fogo: cremação, crematório...

[9] Uma questão incômoda que salta aos olhos: é lícito ainda falar, como em 1974, em Amazônia no singular, se a ela aplicarmos esses critérios de conceituação, depois dos grandes projetos e especialmente em função da consolidação subseqüente do Pólo Industrial de Manaus, *née* Zona Franca de Manaus? Esta última paradoxalmente, e ao mesmo tempo, destaca-se pelo seu ensimesmamento doentio na capital amazonense e suas projeções administrativas extraterritoriais no Amapá e circunvizinhanças, mais promocionais de vaidades e ambições do que de investimentos.

[10] Em *Uma estratégia* (*op. cit.*, p. 42-45), João Paulo inclui capítulo sobre "Uma política de desenvolvimento regional para o Brasil". Reconhece a sobrevivência do problema: "Políticas de desenvolvimento regional permanecem, portanto, item importante nas estratégias de desenvolvimento." Vincula as disparidades regionais às características das *distorções resultantes da integração econômica mal conduzida na América Portuguesa* – que, a seu ver, continuou subsistindo até a efetivação da integração física do Brasil em meados do século XX. A partir daí, considera o Nordeste, hoje, *tecnicamente, a única região subdesenvolvida do país*. Mais adiante, e por contraste: "*A Amazônia não é tecnicamente região subdesenvolvida, e sim 'fronteira de recursos'* – e mais: "Fronteira de recursos não contígua". Admite que a região tem direito, ainda assim, a receber a *assistência normalmente oferecida a regiões subdesenvolvidas*. E conclui: "Portanto, no que se refere à Amazônia, é imprescindível ação oficial baseada em programa que atenda às suas necessidades imediatas de forma correta e defina o mais intenso aproveitamento futuro dos seus abundantes recursos naturais. Programa que ainda está por definir."

[11] Nos primeiros dias de julho findo, a imprensa internacional divulgou a proposta de um miliardário sueco, proprietário da empresa de material esportivo *Head*. Queria comprar a floresta amazônica pela bagatela de US$ 18 bilhões. Não para a preservar *per se,* mas para preservar os fundos das grandes seguradoras mundiais, supõe-se que participe delas. A lógica embutida é elementar: tais fundos foram sangrados em torno de US$ 85 bilhões em função de catástrofes

Brasil em Questão
A Universidade e o Futuro do País

naturais como a tsunami de 2004 e o furacão Katrina no ano seguinte. Tudo isso e muitos mais, é claro, sumariamente debitado pelo afoito proponente pura e simplesmente à conta das queimadas amazônicas... Daí o negócio generoso: a floresta seria resguardada e as companhias de seguros comemorariam com fundado alívio de ativos financeiros (e dos neurônios encefálicos dos investidores), a cessação das catástrofes "naturais" provocadas pela fumaça criminosa dos roçados dos posseiros na região – estes, os bandidos planetários. Os mocinhos seriam os financiadores da compra altruísta. Figurantes não faltariam: de 25 a 30 milhões de amazônidas em pânico, os da Pan-Amazônia, tangidos para algum lugar não especificado. Um clássico superfaroeste global em *cinemascope*, com direito a pencas de Oscar e seus enlevados discursos de agradecimento.

[12] No trepidante "juscelinato", muitas coisas foram feitas a partir de *grupos executivos* que, entretanto, não valiam por si, visavam a dar conseqüência concreta, objetiva, ao Plano de Metas. Um deles foi o GEIA – o da indústria automobilística. Talvez não seja o caso de, meio século depois, repetir o artefato, mas a arte nele contida, sim.

[13] Durante a Constituinte houve propostas, sobretudo de elementos da bancada nordestina, de introduzir na moldura constitucional brasileira a instância "região", intermediária entre União e estados. Já vinha acontecendo em outros países, aliás de muito menor extensão, população e complexidade do que o Brasil. A proposta não prosperou sequer entre os representantes da epiderme nacional, e foi implacavelmente combatida pelos representantes do miolo geoeconômico do país. Nenhuma surpresa.

DESCONCENTRAÇÃO ECONÔMICA E FRAGMENTAÇÃO DA ECONOMIA NACIONAL: UMA SÍNTESE[1]

Carlos Américo Pacheco

A retomada da discussão sobre a questão regional brasileira ocorre num contexto bastante distinto daquele que deu origem ao grande debate dos anos 1950 e início dos 1960. Se muitos dos temas analisados naquele momento continuam sendo cruciais para o entendimento da problemática regional do país, é certo que as últimas décadas trouxeram consigo questões novas, rompendo, ou ao menos abalando, a lógica de integração do mercado nacional que presidiu a configuração do desenvolvimento brasileiro desde o início deste século.

Carlos Américo Pacheco – Professor Doutor do Instituto de Economia da UNICAMP. Pesquisador do Núcleo de Economia Social, Urbana e Regional do Instituto de Economia da UNICAMP. Presidente do Comitê Gestor do Fundo de Infra-Estrutura (CTINFRA), do Comitê Gestor do Fundo Verde-Amarelo (Programa de Estímulo à Interação Universidade–Empresa) e do Comitê Gestor do Fundo de Petróleo e Gás (CTPETRO). Membro do Comitê Gestor da Infra-Estrutura de Chave Pública (ICP-BRASIL) e do Comitê Executivo do Programa de Governo Eletrônico do Governo Federal. Diretor do Núcleo de Economia Social, Urbana e Regional do Instituto de Economia da UNICAMP.

Brasil em Questão
A Universidade e o Futuro do País

Há alguns anos destaquei que uma dimensão poucas vezes mencionada na análise econômica regional tem sido a natureza fragmentada e heterogênea, em termos espaciais, do desenvolvimento econômico recente. Há uma lógica nova em curso, decorrente dos desafios que se colocam a uma nação continental como o Brasil, diante de um mundo em mudanças tão rápidas, ditadas muitas vezes pelas estratégias globais das empresas, e submetido a um processo de crescente abertura comercial e à reestruturação de seu parque produtivo.

Em geral, a ênfase recente na avaliação dos problemas regionais não recaiu sobre este tema, mas sim sobre a questão da desconcentração econômica, em especial da indústria e, mais recentemente, nos desafios em dar continuidade a essa desconcentração, em razão dos dilemas colocados pelo que se denomina "novos requisitos locacionais".

A análise que se fez da desconcentração produtiva deixou de lado aspectos importantes das transformações regionais. Em especial, deixou-se de lado qualquer interrogação maior sobre o impacto diferenciado, em cada uma das regiões do país, do tipo de inserção internacional que se ia desenhando e que ganhou intensidade com a abertura comercial. A razão para relegar esse aspecto decorreu da dificuldade em compreender o significado desse processo, no sentido de que não foram apenas "décadas perdidas", mas que no decorrer de conjunturas tão distintas presenciamos, muitas vezes passivamente, mudanças estruturais importantes. Ou seja, já estavam em curso processos cujos determinantes não se atinham mais à constituição do mercado interno e à montagem de uma estrutura produtiva integrada, marcada por fortes nexos de complementaridade inter-regional e que, em conjunto com as políticas de desenvolvimento regional e seus mecanismos de incentivos, patrocinavam o crescimento solidário das diversas regiões brasileiras.

Em síntese, se nos anos 1980 houve continuidade em relação ao processo de integração do mercado nacional, como tão bem

330

exemplificam a maturação dos investimentos previstos no II PND e as políticas de incentivos fiscais, houve também algo novo. Parte importante da desconcentração que seguiu ocorrendo já não podia ser explicada por seus antigos determinantes. Essas novas dimensões ficaram mais claras ainda nos anos 1990. São os novos processos que colocam em cheque a dinâmica anterior e passam a requerer que se detenha com mais vagar no conceito de integração do espaço econômico nacional. Na verdade, as transformações da economia internacional e as opções de política econômica interna, especialmente a partir da abertura comercial, estão definindo um temário distinto para a problemática regional brasileira: as implicações – fortemente diferenciadas por região – de uma dinâmica de acumulação de economia aberta ou semi-aberta, como se queira, ante um quadro de intensa globalização. A isso se deve ainda acrescentar o progressivo avanço de interpretações que proclamam, muitas vezes ancoradas na realidade, soluções autônomas para determinados recortes do espaço nacional, ancoradas em condições locais de competitividade.

Nestes últimos anos, em razão das mudanças das estruturas setoriais da indústria, em função da crise, mas também pelas transformações na forma de inserção do país no comércio internacional, atenuou-se em parte a solidariedade inter-regional, que foi, no passado, importante mecanismo auxiliar na determinação de altas taxas de crescimento da economia nacional. Há, nesse aspecto, uma alteração significativa do sentido do comércio inter-regional e exterior das principais economias regionais. Essa ruptura no padrão anterior tendeu a ser vista apenas do lado da desconcentração produtiva, sem grande preocupação com seu significado para o País como nação. Ao contrário, em alguns casos foi até saudada como uma nova forma de autonomia regional.

Infelizmente, oscilamos hoje entre dois pólos de políticas. As novas, anacaradas quase exclusivamente no dinamismo e no protagonismo local, em que as condições de competitividade

Brasil em Questão
A Universidade e o Futuro do País

dependem da constituição de vantagens dinâmicas ancoradas no território e no capital social. E as velhas políticas, que tentam ressuscitar as fórmulas do passado, com planejamentos onipresentes e ações macro ou meso regionais fortemente baseadas no incentivo à acumulação de capital e na dotação de infra-estrutura.

Temos muito que apreender com o passado de planejamento regional brasileiro. Algumas de nossas experiências e instituições foram exemplares, se não ao longo de todas as suas vidas, ao menos em seus períodos áureos. Fomos copiados e imitados por essas ações. Hoje, tentamos de forma desordenada reinventar uma pauta mais contemporânea que supere a dimensão messiânica do Estado nacional como promotor do desenvolvimento e incorpore os atores sociais, políticos e econômicos locais. Também já temos uma massa crítica de experiência acumulada não desprezível. Novos modelos de ordenamento territorial, desenvolvimento de *clusters*, de Arranjos Produtivos Locais, ou abordagens de Desenvolvimento Local Integrado fazem parte desse novo arsenal de ações. Falta contudo inspiração maior para essa estratégia. E é uma inspiração difícil de ser construída, pois pressupõe capacidade de ver a totalidade do território sem recair nas velhas fórmulas de análise macrorregional do País. Pensar o conjunto do Brasil levando em conta as novas realidades e dinâmicas microrregionais, como interagem, como criam possibilidades novas, como podem mobilizar sujeitos e protagonistas também novos. Tarefa imprescindível para atualizar o pensamento e as políticas de desenvolvimento brasileiras.

Nota

[1] Extrato introdutório de "Desconcentração econômica e fragmentação da economia nacional", publicado em *Economia e sociedade*, Campinas (6), p. 113-140, jun. 1996.

DAS *COMMODITIES* A UMA POLÍTICA INDUSTRIAL PELA VIA DO CONHECIMENTO

Roberto Bocaccio Piscitelli

É muito gratificante acompanhar o enorme esforço que a Universidade de Brasília está realizando para inserir-se mais profundamente na sociedade de que faz parte. Encontros como este demonstram o grau de responsabilidade que se atingiu, ao se congregar na instituição um grupo de pessoas interessadas em conhecer melhor a realidade brasileira e em se tornar instrumento do debate sobre os rumos do País, principalmente tendo em vista as eleições gerais e a escolha dos futuros dirigentes.

Mais que um mero exercício acadêmico ou que a simples prática de diletantismo, este fórum se dispõe a discutir e a reunir propostas concretas, que ficarão à disposição dos candidatos e – bem

---

Roberto Bocaccio Piscitelli – Professor do Departamento de Ciências Contábeis e Atuariais da Universidade de Brasília. Responsável pelo Conselho Editorial do *Jornal dos Economistas,* da *Revista de Conjuntura*, do Conselho Regional de Economia do DF, e da *Tributação em Revista*, do UNAFISCO Nacional. Bacharel em Ciências Contábeis e Bacharel em Ciências Econômicas. Pós-Graduação *Lato Sensu* em Administração Econômica e Financeira (Univ. Paris I) e em Política e Administração Tributária (FGV-Rio de Janeiro).

Brasil em Questão
A Universidade e o Futuro do País

entendido – dos novos eleitos. Não existe aqui, de nenhum modo, a pretensão de apresentar algo acabado ou que substitua outras propostas. Existe, sim, a convicção de que, sem a maior participação da comunidade e o conhecimento técnico da universidade, os centros de poder continuarão isolados, distanciados da realidade e das pessoas, o que, decididamente, não é o melhor caminho para a construção do futuro.

O tema sugerido dá a entender que seus formuladores estavam preocupados com o nível de transformação de nossas matérias-primas, de nossos produtos primários, básicos, esses que são ofertados em geral em quantidades razoáveis, produzidos em vários lugares, que concorrem no mercado internacional com amplo conhecimento dos mercados e que estão sujeitos a significativas alterações em suas cotações, portanto tornando bastante instáveis as receitas de exportação dos países e, assim, mais vulneráveis seus balanços de pagamento e sujeitas a oscilações pronunciadas suas reservas cambiais. É a situação mais encontrada nos países classificados como de desenvolvimento tardio e, inclusive, nos chamados emergentes.

Além disso, o fato de esses países concentrarem sua produção e dependerem preponderantemente das *commodities* faz supor que são menos industrializados, que agregam pouco valor à sua produção interna e, conseqüentemente, a seu produto nacional. Ao exportarem produtos primários ou mesmo semi-elaborados, são mais dependentes dos produtos elaborados pelos países importadores e, desse modo, transferem empregos e tributos a esses países.

Apesar dos expressivos superávites que o País vem obtendo em sua balança comercial – US$ 44,8 bilhões no ano passado, com previsão de algo próximo a esse valor em 2006 –, nossa participação em termos globais ainda é muito pequena. Em 2005, nossas exportações representaram apenas 1,13% do total mundial. Dos bens importados, 72,2% são intermediários e de capital. De nossas exportações, 55,1% são classificados como manufaturados. Não chegamos a acompanhar o *boom* da produção e do comércio mundiais; nossa participação relativa é menor que a do passado.

Tudo isso dá sentido ao nosso tema: o desenvolvimento de uma política industrial é uma forma de valorização do nosso produto, de maior utilização de nossos fatores de produção, de aumento da renda interna. Paralelamente, numa perspectiva de longo prazo, a demanda por produtos industrializados é mais estável, suas cotações sofrem menos oscilações e, em certo sentido, é mais difícil sua substituição, exceto em razão de novos produtos ou processos, da incorporação de novas técnicas. E aí se completa a idéia, quando se associa a política industrial à via do conhecimento. Nesse momento se entende a importância do papel da universidade como produtora e disseminadora de conhecimento, como geradora de pesquisa científica e como promotora do desenvolvimento tecnológico.

Isso se explica pela relevância que a incorporação do conhecimento tecnológico agrega ao valor da produção e à singularidade de cada produto e de cada serviço, o que os transforma, a cada ciclo, em um produto ou serviço único, insubstituível, até que possa ser superado por outro. Não é outra a razão por que os países mais desenvolvidos investem tão maciçamente na produção de conhecimento científico e tecnológico, que importam tantos cérebros, que inovam e substituem com tanta freqüência e intensidade. Esta é, também, a razão por que a divisão internacional do trabalho está em constante mutação: há uma transferência gradativa, dos países mais desenvolvidos para os menos desenvolvidos, da produção que a evolução tecnológica vai tornando obsoleta naqueles países. O período de *amortização* tem sido cada vez mais curto, e isso tem levado a uma realocação da produção mundial, agravando as distâncias entre esses dois mundos: o mais e o menos desenvolvido, pelo menos sob a ótica econômica.

Brasil em Questão
A Universidade e o Futuro do País

É inegável que os países que não têm como prioridade os gastos com ciência e tecnologia se tornam cronicamente dependentes e se tornarão reféns do modelo de desenvolvimento imposto pelos países centrais. De outra parte, convém refletir sobre o quanto esses gastos devem resultar de uma parceria entre os setores público e privado. Sem reduzir a importância da primazia do Estado no alavancamento das ações relativas à área, é preciso considerar o caráter essencial da complementação de esforços e recursos por parte das empresas privadas. A universidade, por óbvio, e outras instituições estatais ou públicas devem voltar suas atenções para a pesquisa básica e para o desencadeamento de projetos piloto que assegurem a experimentação do conhecimento técnico, mas a responsabilidade é coletiva. Impõe-se, por exemplo, uma maior integração entre a universidade e a indústria.

Vale ressaltar, também, que, durante a realização do Fórum, se deu muita ênfase à necessidade de valorização do planejamento estatal, em seu caráter obrigatório para o setor público e indicativo para o setor privado. Pois é justamente o descaso com essa idéia e a falta de compromisso com o que é ajustado com a sociedade, por meio dos instrumentos de planejamento e orçamento, que têm levado a uma espécie de descrédito e de incerteza dos empreendedores. Áreas como desenvolvimento científico e tecnológico requerem linhas estratégicas de concepção e atuação continuada na implementação e na consolidação de programas, com objetivos e metas clara e precisamente definidos. De nada adianta formar 10 mil doutores, fornecer bolsas de estudo ou financiar projetos por intermédio de várias instituições se não tivermos focos, se não estabelecermos prioridades. Tampouco é a existência de um Ministério da Ciência e Tecnologia que garante o direcionamento adequado e oportuno das atenções e dos meios necessários ao sucesso de uma política que nos conduza ao Primeiro Mundo nessas áreas. A pulverização de recursos e a dispersão de iniciativas, inclusive entre diferentes esferas da Administração, são formas de atendimento a varejo de uma questão que tem de ser abordada no atacado. Além do mais, é preciso ter muito cuidado para que a existência de órgãos e entidades estatais vinculados a determinadas funções não se converta em uma burocracia e em um núcleo de poder que estejam a serviço de grupos e finalidades privatistas, como é muito comum em nossas instituições públicas, e que, talvez, também seja um risco em outras áreas, como, por exemplo, cultura e esportes.

Daí por que, muitas vezes, um modelo mais adequado a tais finalidades pudesse ser estruturado com as características de uma instituição *pública* propriamente dita, e não necessariamente *estatal*. Mas o Brasil não tem ainda uma tradição sólida nesse tipo de instituição. Em geral, nossas instituições *públicas* são fortemente dependentes – quando não instrumentos de atuação política – da representação do Estado e de grupos privados a ele associados. É preciso, sobretudo, ter muito cuidado para que esses setores e seus instrumentos financeiros não sejam apropriados com fins particularistas ou mesmo escusos.

Estamos entre os que acreditam que a importância atribuída a cada função governamental está claramente expressa na destinação e na disponibilidade de recursos que se está disposto a despender em cada caso. Nesse sentido, é oportuno trazer à luz alguns dados sobre o orçamento fiscal da União.

No exercício de 2005, o Ministério da Ciência e Tecnologia foi contemplado com uma dotação de R$ 5.121 milhões, o que correspondeu a menos de 1% das despesas autorizadas, mais precisamente, 0,73%. Mas é mais relevante notar que, do total autorizado, apenas 68,2% foram empenhados, isto é, comprometidos, e 57,4%, pagos. Já é de amplo conhecimento a prática reiterada, na Administração brasileira, de contingenciamento das dotações

Brasil em Questão
A Universidade e o Futuro do País

orçamentárias e de retenção dos recursos financeiros, com o acúmulo de Restos a Pagar, que podem permanecer por anos registrados como obrigações e, muitas vezes, são simplesmente cancelados. De outra parte, dada a concepção de orçamento meramente autorizativo, não há propriamente *compromisso* dos governos na execução da lei correspondente. Nesse caso, se as despesas não forem consideradas *obrigatórias*, elas se tornam discricionárias, e a meta de superávit primário é intocável, mas ela tem sido ultrapassada.

Já a função Ciência e Tecnologia foi contemplada com R$ 3.901 milhões, o equivalente a 0,56% do total autorizado, tendo sido empenhados e liquidados 83,9% das dotações autorizadas. Obviamente, esses valores podem ser considerados muito baixos, haja vista as comparações internacionais. São, ainda, mais medíocres se levado em conta o fato de que a iniciativa privada também gasta relativamente muito pouco em ciência e teconologia.

É lógico que, muitas vezes, não é propriamente o montante despendido que vai caracterizar a qualidade do gasto. Mas é especialmente preocupante em nosso País que, a par da insuficiência crônica de recursos, um problema recorrente é a má aplicação do recurso ou mesmo seu desvio. Ainda estamos às voltas com as denúncias generalizadas sobre superfaturamento, pagamento de comissões e outras irregularidades envolvendo a aquisição de bens para prefeituras. Entre os bens objeto de investigação estão computadores destinados a escolas, justamente destinados a promover a inclusão digital de alunos carentes.

O plano plurianual – Lei nº 10.933, de 11 de agosto de 2004 –, ao definir a estratégia de desenvolvimento a longo prazo (com a redação da Lei nº 11.318, de 2006), incluiu no megaobjetivo II – crescimento com geração de trabalho, emprego e renda, ambientalmente sustentável e redutos das desigualdades sociais –, dois desafios concernentes ao assunto de que estamos tratando:

- 17 – coordenar e promover o investimento produtivo e a elevação da produtividade, com ênfase na redução da vulnerabilidade externa; e
- 18 – ampliar, desconcentrar regionalmente e fortalecer as bases culturais, científicas e tecnológicas de sustentação do desenvolvimento, democratizando seu acesso.

A propósito do assunto, as condições de acesso aos bens e serviços disponibilizados são essenciais, sendo atribuição inerente ao Estado, por meio de suas estruturas, de modo que possa promover a difusão e a disseminação das modernas tecnologias e, assim, contribuir para a inclusão dos grupos marginalizados do mercado de consumo desses bens e serviços.

Em todos esses espaços públicos, destaca-se o papel da universidade, inclusive para apoio e cooperação com as escolas públicas de ensinos fundamental e médio.

Em suma, o maior desafio talvez seja promover uma verdadeira revolução na educação, que ajude as pessoas a se tornarem mais criativas, a pensar de forma mais crítica, a não se conformarem com a condição passiva, submissa, dependente a que se sujeitou o País ao longo dos séculos. Inovar e renovar-se não significa apenas utilizar grandes volumes de capital ou fazer descobertas revolucionárias. O progresso técnico pode residir mais nos métodos e nos processos do que nas máquinas e nos equipamentos, na habilidade e no adestramento do que na sofisticação e no refinamento. E, sobretudo, na crença de poder e na determinação de fazer.

PLANEJAMENTO ESTRATÉGICO NA SOCIEDADE DA INFORMAÇÃO: SAINDO DO VAREJO PARA O ATACADO

Tadao Takahashi

Introdução

Tecnologias da Informação e Comunicação, as chamadas TICs, estão no epicentro das transformações no mundo atual e sua dinâmica interna tem hoje impacto direto em todas as atividades por causa de dois efeitos: o de *reverberação* e o de *aceleração*.

TICs têm um efeito reverberação em todas as áreas e setores em que vêm a ser utilizadas. Na medida em que processos baseados em TICs se disseminam por outras áreas, estas sofrem transformações revolucionárias. O exemplo mais recente é talvez a área de *biologia molecular*. No nível molecular e genético, a biologia é uma ciência computacional: suas bases espelham estruturas de

---

Tadao Takahashi – Diretor-Geral da ISI Brasil. É consultor do CGEE/MCT e ABDI/MDIC para um estudo sobre TICs em 2015/2022 e seus desdobramentos, dentro do marco do Projeto Brasil em Três Tempos, do NAE/Presidência da República. É graduado pelo Instituto de Tecnologia de Tóquio, Japão.

bits e *bytes*. O uso intensivo de computadores foi decisivo para o mapeamento do genoma humano, completado em 2001.

TICs têm um efeito de aceleração interno que passa para as áreas em que elas são utilizadas. Em certos aspectos, essas tecnologias têm evoluído a taxas exponenciais a períodos tão curtos como um a dois anos, cunhando a conhecida Lei de Moore, que preconiza que a capacidade de processamento e armazenamento dobra a cada dois anos, ao mesmo custo. Isso significa que o poder computacional que se compra hoje por mil dólares estará disponível em 2015 por 32 dólares. Essa evolução acelerada de TICs tende a acelerar também a evolução de todas as áreas em que elas vêm a ser utilizadas com intensidade.

Digitalização e convergência

A introdução de TICs em todos os aspectos de uma área ou setor, de processo a produto, de bem a serviço, de concepção a implementação e uso, foi descrita pelo termo *digitalização*, e sua conseqüência imediata foi o processo de *convergência* que principiou a unir áreas anteriormente independentes, como informática, telecomunicações e conteúdos (radiodifusão, indústria editorial, cinema, etc.). Grande parte das transformações que têm ocorrido nessas áreas nos anos recentes se explica pelo imperativo da convergência tecnológica. O tema de *televisão digital*, que tem sido conspícuo na imprensa nos anos recentes, é somente o capítulo mais recente dessa evolução.

Iniciativas estratégicas

Já na década dos anos 1980, alguns países industrializados principiavam a olhar o fenômeno de TICs como componente estratégico de *planos nacionais de desenvolvimento* e motor de *inovação* e *competitividade*. No início dos anos 1990, na esteira da difusão da Internet, os EUA lançaram o desafio da chamada Infra-Estrutura Global de Informações (*Global Information Infrastructure – GII*), que foi respondido pelos países da Europa Ocidental com iniciativas no bojo do que estes chamaram de *Sociedade da Informação*. Ao longo da década, em paralelo a iniciativas concretas de difusão da Internet, muitos países, incluindo o Brasil, principiaram a planejar e a executar esforços nacionais de uso de TICs para o desenvolvimento econômico e social. E já nesta década conferências e iniciativas de alcance mundial, lideradas por entidades diversas, como ONU, G-7/8, etc., se debruçaram sobre o tema. Uma ótica comum a todas essas iniciativas foi a de que um salto decisivo podia ser dado pelos países mais pobres com a adoção de TICs. Outra premissa unânime, esta de especial importância para os países mais desenvolvidos, era a de que TICs eram decisivas para alavancar e manter a competitividade global.

Como vai o Brasil

Dentre os países em desenvolvimento, o Brasil foi um dos primeiros a compreender as mudanças em curso e a perseguir estratégias para utilizar TICs de forma intensiva em prol do desenvolvimento econômico e social amplo. A implantação da Internet no Brasil foi uma história de sucesso que inspirou muitos outros países em desenvolvimento. Outras iniciativas, como as de governo eletrônico, comércio eletrônico, compensação bancária, certificação digital, etc., seguiram-se e renovaram o impulso do país no uso de TICs segundo uma visão estratégica para além e acima de tendências de mercado. Vasto leque de aplicações surgiu, cobrindo todo o leque de interesses, de informação pública a sistemas corporativos, de educação a entretenimento, com base na adoção de algumas tecnologias "universalizantes", como WEB, XML, etc.

Finalmente, uma terceira onda de iniciativas, desde 2002/2003, tem abordado desde infra-estrutura de comunicação de banda larga até inclusão digital e aplicações na ponta do usuário. O Governo Federal, em especial, tem-se dedicado a diversas iniciativas importantes (como, por exemplo, Co mputador para Todos, Casa Brasil, etc.), injetando ânimo renovado ao tema de TICs para o desenvolvimento no país. O capítulo mais recente é o da definição de padrões para a TV Digital Terrestre, que indubitavelmente tem potencial para mobilizar o país, como a Internet fez há cerca de dez anos.

Contudo, a própria experiência dos últimos dez anos evidencia e existência de problemas sérios do Brasil em articular e especialmente executar uma iniciativa estratégica ampla em TICs, em particular em comparação com alguns países como a Índia e a China. Estes dois países parecem de alguma forma haver encontrado cada qual um modelo de atuação em TICs adequado para sua circunstância e convertido TICs em um setor competitivo em nível mundial (a China em *hardware*, a Índia em *software*). Internamente, cada qual exibe planos concretos de uso de TICs para a alavancagem de amplo desenvolvimento econômico e social, atacando de passagem desafios atávicos de sua imensa população.

E o Brasil?

Rumo a planejamento estratégico na área

Há várias atividades em curso no Brasil que visam a gerar subsídios para a concepção de visões estratégicas para o Brasil e, em particular, contribuir para a consolidação de planejamento estratégico no país.

Da parte do setor privado, uma iniciativa importante foi a da elaboração do *Mapa da Indústria 2015*, liderada pela Confederação Nacional da Indústria (CNI), que vem gerando êmulos em estados como o Rio de Janeiro, com o recém-divulgado Mapa do Desenvolvimento.

No âmbito do Governo Federal, a iniciativa de mais longo alcance e de maior importância é sem dúvida a do Projeto Brasil em 3 Tempos: 2007, 2015, 2022, do Núcleo de Assuntos Estratégicos (NAE) da Presidência da República. Esse projeto visa a elaborar uma visão estratégica para o Brasil com horizonte de até 2022 em sete dimensões (ex.: territorial, cultural, etc.), sendo a de *Conhecimento* a que se relaciona diretamente com TICs. Para tal, o NAE utiliza vasto arsenal metodológico, fortemente ancorado no uso de ferramentas computacionais.

Outra iniciativa mais enfocada em TICs é o Estudo TICs-2015/2022, presentemente em fase de conclusão no Centro de Gestão de Estudos Estratégicos (CGEE), que tem seguimento imediato na vertente de TICs da Iniciativa Nacional de Inovação (INI) da Agência Brasileira de Desenvolvimento Industrial (ABDI). Por meio da ABDI, espera-se exercitar um canal que, originando-se em estudos e diretrizes do NAE, por um lado, e no Conselho Nacional de Ciência e Tecnologia (CCT), por outro, demande estudos do CGEE que por sua vez alimentarão atividades da INI/TICs e em última análise gerarão subsídios e propostas para o Conselho Nacional de Desenvolvimento Industrial (CNDI).

Desafios imediatos

O modelo exposto pode vir a funcionar. Mas ele enfrenta alguns desafios imediatos entre este ano e 2007.

- Como esta concepção de *mecanismos de planejamento estratégico a longo prazo* terá rebatimento no processo do *Plano Plurianual de Investimentos* (o PPA), cujo ciclo de planejamento 2007-2011 é acelerado e concluído em 2007?

- Como o nível de planejamento pode se articular ao processo de concepção de *projetos mobilizadores concretos*, inclusive na área de TICs, de tal forma que a prática reforce a teoria e o ato de planejar deixe de ser visto como exercício quase inútil?

- O que é um projeto mobilizador concreto *na área de TICs*, capaz de criar um efeito amalgamador e articulador em todos os níveis e setores da sociedade brasileira, como foi a implantação e a difusão da Internet?

- Como envolver a *sociedade* como um todo, de tal sorte que o exercício de planejamento estratégico não fique confinado a poucos e em particular somente a algumas ilhas ligadas ao Governo?

Tema
A Construção do Futuro

BRASIL: CRESCIMENTO SUSTENTADO OU DESENVOLVIMENTO SUSTENTÁVEL?

Claudio Roberto Bertoldo Langone[1]

A primeira questão a ser levantada é que no último período temos tido uma distorção da discussão e do conceito de desenvolvimento sustentável porque os economistas, que gostam muito de falar sozinhos sobre desenvolvimento, têm abordado sua sustentabilidade com um foco absolutamente estreito e equivocado em relação a seu conceito original, que tem muitas interpretações, mas todas passam, necessariamente, por considerar a inserção da dimensão ambiental no conceito de desenvolvimento como uma centralidade. Num País profundamente desigual como o Brasil, esse conceito deve, necessariamente, combinar desenvolvimento econômico, inclusão social e sustentabilidade ambiental. Essa é uma questão difícil, e o Brasil vive, no momento atual, uma contradição muito grande que requer seja feita uma opção clara em relação a seus caminhos para o desenvolvimento.

Claudio Roberto Bertoldo Langone – Secretário-Executivo do Ministério do Meio Ambiente. Engenheiro Químico. Presidiu a União Nacional dos Estudantes (UNE). Ex-Secretário Municipal de Meio Ambiente de Porto Alegre. Ex-Diretor-Presidente da Fundação Estadual de Proteção Ambiental Henrique Luiz Roessler (FEPAM) do Rio Grande do Sul. Presidiu o Conselho Estadual de Meio Ambiente e a Associação Brasileira de Entidades Estaduais de Meio Ambiente (ABEMA).

Costuma-se considerar que crescimento econômico resulta necessariamente em geração de emprego e renda, diminuição das desigualdades sociais e, portanto, inclusão social. Isso não se dá sempre dessa forma. Há várias experiências de países que tiveram agenda de crescimento econômico significativo com aprofundamento das desigualdades sociais. É necessário trazer a inclusão social como uma dimensão que está no mesmo patamar das outras duas dimensões referidas anteriormente. Qualquer modelo de desenvolvimento econômico no Brasil que aprofunde as desigualdades não será um modelo sustentável.

No dilema que temos em relação a que modelo queremos perseguir e de que forma o Brasil quer se inserir no contexto global (e hoje não há quaisquer possibilidades de um projeto nacional de desenvolvimento que não passe por uma reflexão sobre como devemos nos inserir no contexto global), devemos decidir se vamos utilizar a questão ambiental como um ativo ou como um obstáculo nessa estratégia. Não há meio-termo em relação a isso no Brasil contemporâneo. Esse um problema para um país que teve nas últimas décadas uma grande compulsão por deslumbramentos com vetores econômicos de desenvolvimento com visão de curtíssimo prazo. Tem-se no Brasil uma imensa dificuldade de se pensar no médio e longo prazos e, em conseqüência, de construir pactos na sociedade, porque visões de médio e longo prazos, em geral, implicam determinadas renúncias sobre interesses de curto prazo. Essa incapacidade, que é do Estado e da sociedade brasileira, precisa ser revertida. Se a dimensão ambiental é fundamental para o conceito de desenvolvimento sustentável e, para um País megadiverso como o nosso, uma opção inteligente seria aquela que incluísse a dimensão ambiental como um ativo, temos uma contradição a ser resolvida. Uma visão de curto prazo exclui o caráter estratégico da dimensão ambiental. Só há possibilidade de consideração da dimensão estratégica da questão ambiental no foco do desenvolvimento se tivermos uma visão de médio e longo prazos.

Nesse contexto, é preciso reconhecer que o setor ambiental, para ter uma postura mais proativa em relação a essa discussão, precisa abandonar a pretensão de que ele é o único que tem visão global e holística e que todos os outros setores têm visão parcial. Essa pretensão é equivocada e diminui a possibilidade de construir uma liderança do setor no sentido de mostrar como é possível inserir positivamente a dimensão ambiental como um ativo numa estratégia de desenvolvimento.

Essa incapacidade do Brasil de construir pactos com uma visão de médio e longo prazos está demonstrada inclusive nas dificuldades de implementar o próprio Plano Plurianual (PPA), que é um instrumento mais efetivo de planejamento, com uma visão abaixo do médio prazo, porque é de quatro anos. A desconexão entre os planos plurianuais e os orçamentos anuais no Brasil é muito flagrante, principalmente em alguns setores, como o de infra-estrutura. A forma como são construídos esses planos deveria ser radicalmente revista, porque a construção de um plano plurianual tanto no plano federal quanto no estadual não pode ser um "recorta e cola" em que cada setor, ou cada política setorial específica, opina só sobre seu setor, sem que haja um cruzamento matricial dessas questões. Isso gera uma peça aprovada pelo Congresso Nacional cheia de contradições, principalmente entre meio ambiente e infra-estrutura, entre meio ambiente e desenvolvimento econômico, política industrial e política agrícola. Um dos aspectos mais importantes que poderia ser introduzido para que essa questão fosse revertida é a Avaliação Ambiental Estratégica, um instrumento novo na área ambiental, na qual o Brasil tem pouca experiência, e que pode ser usada na avaliação de políticas públicas, obras públicas ou de cadeias produtivas. O MMA vem trabalhando com o Ministério do Planejamento para começar a utilizá-lo no âmbito do PPA 2007/2011.

Brasil em Questão
A Universidade e o Futuro do País

Antes de entrar numa abordagem sobre as principais contradições que temos em relação às políticas de desenvolvimento e às formas de enfrentá-las, quero expressar duas opiniões sobre temas que me parecem muito importantes. A primeira é que não há como pensarmos num novo projeto para o Brasil, numa dimensão diferente de desenvolvimento que possa constituir uma visão de médio e longo prazos, sem que se crie institucionalmente, no âmbito do Estado brasileiro, estruturas voltadas à elaboração estratégica e à liderança do processo de planejamento. Isso requereria um reforço da área de planejamento no Ministério de Planejamento que, ao coordenar também questões complexas como a gestão de recursos humanos e o orçamento, acaba tendo dificuldade para dar centralidade ao que seria sua principal missão. Não é um problema de gestão, é um problema de estrutura. O nível de estruturação institucional do setor responsável por liderar no governo brasileiro o planejamento estratégico tem de ganhar um *up grade* muito significativo, combinado à criação de mecanismos transversais que possam articular as diferentes dimensões do desenvolvimento. É preciso perceber também a forte conexão entre uma visão de desenvolvimento nacional e as políticas de desenvolvimento regional. Isso requer dar outra dimensão institucional ao setor responsável pelo planejamento de políticas de desenvolvimento regional no Ministério da Integração Nacional.

Então, a questão é como podemos pensar uma inflexão diferenciada para essa idéia de desenvolvimento de médio e longo prazos construindo pactos com a sociedade. Porque estratégia "de gaveta" ou estudos estratégicos o Brasil já tem. E também é preciso dimensionar as conseqüências da não-inserção da dimensão ambiental numa visão de desenvolvimento e na nossa estratégia de inserção na economia globalizada. O Brasil é um país megadiverso com grande capacidade instalada na questão ambiental e com significativo grau de consciência na sociedade, mas pode perder esse nicho de oportunidade. Podem-se citar dois problemas que exemplificam isso.

O primeiro é o que é manchete recente de vários jornais brasileiros: "Empresas européias anunciam boicote à soja amazônica". Essa discussão sobre agricultura, sobre o agronegócio brasileiro, é uma discussão muito curiosa, porque há dez anos todo mundo dizia que era um atraso o Brasil ser um país agrícola, que o Brasil tinha de ser um país industrial; mas, de uns anos para cá, com o *boom* da soja, virou a inflexão, e o agronegócio passou a ser considerado o grande motor da economia brasileira. Um motor tão forte que dizia o seguinte: "Não precisamos do Estado, é só o Estado não atrapalhar, o Estado não tem de fazer nada na área de planejamento e de concertação de pactos de desenvolvimento; o papel do Estado é estabelecer regulação e diminuir a burocracia, o resto a gente faz". Mas a aposta em *commodities*, que estão muito vinculadas ao cenário internacional, ao câmbio, e a queda dos preços no mercado internacional fizeram com que o setor soja chegasse agora a um quadro de superprodução e de crise econômica aguda, com os produtores requerendo forte auxílio do governo. É claro que o agronegócio continuará sendo um vetor importante de nosso desenvolvimento e de nossa inserção no plano global, mas temos de perceber que essa oportunidade pode vir a ser um problema se não se conseguir articular as dimensões do crescimento econômico às da sustentabilidade ambiental. Na medida em que apostarmos nesse setor, principalmente da soja ao custo da conversão de novas áreas da Amazônia e do cerrado, o que era oportunidade passa a ser problema. Isso não é uma ameaça, está traduzido na decisão de vários importadores de estabelecer restrições à soja amazônica. Isso pode inclusive ser uma estratégia de barreira não tarifária de parte dos países desenvolvidos. Agora, temos de responder se existe ou não o problema real e como enfrentá-lo. No entanto, o setor da agricultura tem sido lento para se antecipar ao problema com estratégias a exemplo de um plano para o uso de 160 mil quilômetros quadrados de áreas degradadas na Amazônia, que nos permitiriam aumentar a produção agropecuária sem necessidade de conversão de novas áreas de floresta.

Brasil em Questão
A Universidade e o Futuro do País

O outro exemplo é o dos biocombustíveis. O Brasil hoje é visto com enorme interesse no plano internacional em relação ao potencial de introdução de biocombustível no mercado global, porque temos trinta anos de experiência no etanol, desenvolvemos recentemente uma tecnologia brasileira dos carros *flex-fuel* e temos um programa, que o atual governo está priorizando, de produção de biodiesel, além de uma política pública voltada à incorporação do biodiesel na nossa matriz de combustíveis. Ocorre que essa oportunidade dada ao Brasil é decorrente de um acordo internacional da área ambiental, a convenção da mudança do clima, e é justamente pelas dificuldades do processo de implementação do Protocolo de Quioto – o fato de que ele se iniciou com atraso e de que os países desenvolvidos têm menos tempo para cumprir as metas – que se está abrindo essa oportunidade de mercado para os biocombustíveis brasileiros. Mas, se o Brasil não demonstrar capacidade de produzir biocombustível reduzindo as externalidades socioambientais, isso pode deixar de ser uma oportunidade e passar a ser um problema, porque temos vários países, inclusive os Estados Unidos, que têm uma capacidade de investimento em pesquisa e desenvolvimento tecnológico que pode diminuir nossas grandes vantagens competitivas. Temos hoje um fortíssimo movimento dos agricultores europeus tentando estabelecer restrições na Comunidade Européia à compra de etanol brasileiro e uma reserva de mercado para etanol subsidiado produzido na Europa. Há também muitos questionamentos sobre as externalidades socioambientais da produção de biocombustível, muitas delas já superadas, mas outras ainda presentes em algumas regiões, como o caso do etanol, o do trabalho escravo nos canaviais e o do desempenho tecnológico das usinas de álcool, ou mesmo a pressão para a conversão de novas áreas de floresta. Adicionalmente, temos grande flexibilidade em relação ao biodíesel, que pode ser adequado ao perfil da cada região e representar um grande fator de inclusão social.

Em termos de políticas setoriais, a ausência de uma visão de desenvolvimento de médio e longo prazos se desdobra no âmbito das áreas "pesadas" que são vinculadas à política industrial, à política agrícola e à área de infra-estrutura.

No caso da política industrial, temos uma razoável capacidade instalada da indústria brasileira, em relação à questão ambiental, que poderia ser aperfeiçoada e trabalhar com a conexão de cadeias e de setores produtivos e que poderia ser usada como um diferencial importante. Então, o que se requer é o aperfeiçoamento de uma política industrial que tenha uma visão estratégica, que incorpore a dimensão ambiental como um elemento que facilite nossa entrada nos mercados internacionais a partir do grau de desempenho ambiental já existente e que o País tem capacidade instalada para melhorar.

No caso da agricultura, existem desafios importantes em relação à *performance* ambiental desse setor. Essa é uma questão muito importante, porque grande parte dos vetores de pressão sobre o que sobra dos principais biomas brasileiros está vinculada ao desenvolvimento dessa atividade, e temos ainda uma postura muito reativa desse setor em colocar a dimensão de sustentabilidade no contexto da produção. Isso pode ser um grande equívoco, porque certamente, se há alguma área onde a questão ambiental pode ser usada como barreira não tarifária em função da guerra comercial no plano internacional esta, é a área do agronegócio. Temos muito que avançar, com estratégias que possam pensar a lógica do conjunto das cadeias produtivas em cadeias importantes, muitas delas voltadas à exportação, como, por exemplo, a avicultura e a suinocultura, que têm um padrão de desempenho ambiental razoável no âmbito da indústria, mas que no âmbito dos produtores integrados não consegue ter. Quando um exportador de frango vem aqui para analisar a possibilidade de compra do nosso produto, ele não vai nas grandes empresas, ele vai nessas empresas e vai no produtor integrado. Se o desempenho ambiental da empresa é bom e o problema ambiental na propriedade onde está sendo desenvolvida a atividade é ruim, o negócio não se fecha.

O tema central a ser enfrentado em relação a uma estratégia de desenvolvimento sustentável no Brasil é a relação com a questão da infra-estrutura. A ausência de uma visão de desenvolvimento de médio e longo prazos gera uma lógica equivocada de que é a infra-estrutura que organiza o desenvolvimento, e não de que a visão de desenvolvimento é que organiza a infra-estrutura. Ver a infra-estrutura como obras e oportunidade de negócios, e não como a coluna vertebral que sustenta o desenvolvimento, só aprofundará os conflitos em torno do tema, impedindo o País de superar seus graves problemas logísticos.

De todas as áreas da infra-estrutura, o setor energia é o que tem mais tradição de planejamento e interface com a questão ambiental. Apesar disso, até recentemente, o setor não incorporou as questões socioambientais na dimensão devida, produzindo vários conflitos na instalação de empreendimentos no País. Parte significativa desses conflitos será progressivamente superada no processo de transição para o novo modelo do setor elétrico, que incorporou a exigência de licença prévia para a concessão de novos empreendimentos e introduziu uma nova metodologia na produção de inventários de potencial de geração, bem como a avaliação integrada de bacias. O mesmo já está consolidado no setor de petróleo e gás, com uma abordagem que retira a possibilidade de concessão para exploração em áreas sensíveis, orientando claramente os investidores sobre o grau de exigências ambientais previamente aos leilões. Precisamos aprender com episódios como o da introdução do gás, que foi uma aposta que, com certo grau de risco, gerou uma forte pressão para o licenciamento e a instalação de térmicas e gasodutos no País, que hoje tem grande dificuldade de suprimento. Como desafios, ainda temos muito a avançar na questão dos impactos sociais decorrentes da instalação de empreendimentos, os quais hoje são majoritários em relação aos conflitos ambientais. E a grande questão que se vislumbra para o próximo período é o da eventual construção de empreendimentos na região amazônica, onde não só as barragens devem ser vistas com enorme cuidado, mas também a transmissão.

No setor do turismo, a questão central para uma estratégia de política pública é que turismo precisa de infra-estrutura, capacidade receptiva e aquilo que o País já tem como matéria-prima, que é combinação entre paisagem natural e cultura. Vários países precisam ter uma estratégia de atração de investimentos construindo grandes *resorts* com o conceito de que o turista não saia do hotel porque não tem o que ver fora. Mas num país com a riqueza e a diversidade do Brasil, qualquer estratégia inteligente do desenvolvimento do setor turístico (e não só do ecoturismo) passa pela inserção da dimensão ambiental trazendo a proteção dessa combinação entre paisagem e cultura local. Temos avançado nessa direção, com a elaboração do Plano Nacional de Turismo e a incorporação da Avaliação Ambiental Estratégica como instrumento de planejamento do setor. No entanto, passos muito importantes devem ser dados para que o turismo deixe de ser potencial e passe a ser um componente importante para a economia do País.

O setor de transportes é o caso mais crítico dentre todos na infra-estrutura. Não se conseguiu emplacar no setor de transportes no Brasil, pela ausência de uma visão macro de desenvolvimento e pela ausência de tradição de planejamento no Ministério dos Transportes e nas Secretarias Estaduais de Transportes, uma perspectiva que consiga ir além das estradas. Paradoxalmente, os setores mais vinculados à agenda de desenvolvimento têm afirmado que o Brasil vive um apagão logístico, precisa fazer grandes investimentos em infra-estrutura e o principal investimento deve ser na área de transportes. A questão anterior e que não é respondida pelo setor de transportes é se não seria necessário um equilíbrio mais razoável entre os diferentes modais para resolver os problemas existentes, e se poderia dizer que é necessário certo pragmatismo em uma questão tão relevante, mas esse pragmatismo até agora só nos levou a resultados insatisfatórios. Obras de transporte são caras e organizam a lógica de ocupação do território, induzindo a sustentabilidade ou a insustentabilidade. Portanto, o lógico é que elas sejam vistas como âncoras de um projeto de desenvolvimento regional.

Veja-se o caso da BR-163 (Cuiabá–Santarém), no qual os sojicultores pressionavam para que se fizesse a pavimentação da estrada e o setor ambiental era contrário, porque considerava que a pavimentação pura e simples da estrada poderia trazer conseqüências de indução de uma lógica de desenvolvimento e ocupação da região que seriam desastrosas. Em casos como esse, o licenciamento ambiental é insuficiente para enfrentar esse tipo de problema, porque os impactos ambientais indiretos são muito mais significativos que os diretos. Portanto, para além de políticas compensatórias, em uma grande obra de infra-estrutura para uma determinada região tem que haver um plano de desenvolvimento sustentável. Aí é onde a avaliação ambiental estratégica pode responder e o licenciamento não pode responder ou responde de maneira muito parcial. Se não houvesse uma estrada já aberta, como era o caso, a pergunta seria: se o problema é o escoamento da soja na região, o melhor é uma estrada, uma ferrovia ou uma hidrovia? Mas o setor de transportes não se faz essa pergunta e coloca já a estrada e seu trajeto, estabelecendo *a priori* o modal viário. Essa é uma debilidade importante e uma das mais difíceis de resolver para uma visão de desenvolvimento estratégico e sustentável do País. Todos os demais setores têm feito inflexões importantes, mais ou menos avançadas em relação à constituição de nichos de planejamento que possam enxergar para além do orçamento do ano seguinte ou mesmo do PPA para uma visão de País, mas o

Brasil: Crescimento Sustentado ou Desenvolvimento Sustentável?
Claudio Roberto Bertoldo Langone

setor de transportes ainda tem muitas debilidades em relação a essa questão, e ele é um dos principais pontos de tensão hoje entre o crescimento econômico e a sustentabilidade do desenvolvimento. E o caminho está apontado nesse importante paradigma que é o Plano de Desenvolvimento Sustentável da BR-163.

Portanto, para enfrentar o próximo período no País, é necessário que se pactue na sociedade brasileira a necessidade de uma visão de médio e longo prazos, sem diletantismo, uma visão prática, contemplando as diferentes visões da sociedade. Seria um grande equívoco, principalmente para o Brasil que hoje no contexto comparativo aos gigantes em crescimento, Índia e China, tem uma capacidade instalada na área ambiental extremamente significativa, além de ser a grande potência megadiversa do planeta, deixar de considerar isso como um elemento diferencial. Mas também é preciso perceber que a incorporação do adjetivo "sustentável" à palavra desenvolvimento implica limites, que determinadas coisas não podem ser feitas. Os empreendedores no Brasil são muito simpáticos a esse conceito até que se diga o primeiro "não". Aí surge o velho bordão de que o meio ambiente atrapalha o desenvolvimento, que se faz acompanhar de um processo de vilanização do setor ambiental e de um movimento de setores minoritários propondo retrocessos em relação à legislação ambiental.

Isso não elimina a necessidade de o setor ambiental brasileiro fazer uma reflexão crítica em relação ao que ele deve adotar para enfrentar novos desafios. Já cumpriu um importante papel estabelecendo uma legislação baseada em instrumentos regulatórios, estruturando-se para garantir seu cumprimento, e tendo inclusive um papel de resistência em muitos momentos. Mas chegou a hora em que ou o setor ambiental enfrenta a agenda de desenvolvimento, ou ele é enfrentado por ela. A Ministra Marina Silva costuma dizer que passamos muito tempo perguntando aos desenvolvimentistas o que eles poderiam fazer pelo

Tema – A Construção do Futuro

Brasil em Questão
A Universidade e o Futuro do País

meio ambiente e que agora chegou a hora de dizermos o que o meio ambiente pode fazer pelo desenvolvimento. Para isso, o setor ambiental público brasileiro precisa de uma inflexão que equilibre os instrumentos regulatórios, como o licenciamento ambiental, com a criação ou o fortalecimento de estruturas capazes de desenvolver instrumentos estratégicos de planejamento e gestão, a exemplo da Avaliação Ambiental Estratégica, do Zoneamento Ecológico-Econômico, do Gerenciamento Costeiro e outros. É fundamental dar ao setor ambiental maior capacidade propositiva para que ele possa efetivamente trabalhar a transversalidade dentro dos governos. A transversalidade não se constrói espontaneamente. Um setor pesado como o de infra-estrutura não passa repentinamente a incorporar a questão ambiental. É preciso um processo de indução, por meio de um sujeito ativo que possa desenvolver capacidade para demonstrar como a dimensão ambiental pode ser incorporada numa visão de desenvolvimento e no âmbito dessas políticas setoriais que têm contradições importantes com o setor ambiental. Esse sujeito é o setor ambiental, e tem todas as condições de promover um salto de qualidade que o qualifique como um ator importante na construção de um desenvolvimento que combine crescimento econômico, inclusão social e sustentabilidade, permitindo ao País, que foi o berço desse conceito, na ECO 92, ser o grande referencial de sua implementação.

Nota

[1] Ressalto a importância da iniciativa da UnB de propor uma reflexão desprendida em relação ao processo de disputa política que possa colaborar com a construção de um projeto nacional e de um pacto em torno das questões centrais para a transformação do Brasil no próximo período. As opiniões aqui expressas são posições individuais que não refletem, necessariamente, a posição institucional do Ministério do Meio Ambiente.

CONSTRUINDO O DESENVOLVIMENTO SUSTENTÁVEL

Clóvis Cavalcanti

Introdução

Para um mergulho na essência do desenvolvimento sustentável, é preciso partir de um amplo quadro de referência, envolvendo valores, aspectos conceituais, bases teóricas e outros elementos de compreensão da noção de sustentabilidade tanto no sentido ambiental quanto socioeconômico. De início, convém advertir que a idéia de desenvolvimento consiste numa questão que se reporta a valores humanos e atitudes, a objetivos definidos pela sociedade e critérios para determinar o que são custos toleráveis a ser aceitos, e por quem, no processo de mudança.

Clóvis Cavalcanti – Professor da Universidade Federal de Pernambuco. Pesquisador da Fundação Joaquim Nabuco. Economista pela Universidade Federal de Pernambuco. Pós-Graduado pela FGV, Rio (1964) e M.A. em Economia pela Yale University, EUA. Membro fundador da International Society for Ecological Economics (ISEE), da Sociedade Brasileira de Economia Ecológica. Membro do Conselho Editorial da *Revista Ambiente e Sociedade* (Associação Nacional de Pesquisa e Pós-Graduação em Ambiente e Sociedade – ANPPAS), da *Revista Venezolana de Economía y Ciencias Sociales* e de *MultiCiência*.

Amartya Sen (1999, p. 12) entende que: "O desenvolvimento consiste na remoção de vários tipos de faltas de liberdade [*unfreedoms*], as quais deixam as pessoas com pouca escolha e pouca oportunidade de exercitar sua capacidade consciente de ação". É nesse marco que entra em cena o fato de que o desenvolvimento implica a realização de certos objetivos que impõem a confrontação de benefícios e custos, e não o conhecimento unicamente de supostos benefícios como os que se exprimem nos valores monetários do produto interno bruto (PIB), total ou *per capita*, nas taxas de aumento dessas variáveis e mesmo no (mais completo) índice de desenvolvimento humano (IDH). Mais do que determinar montantes de agregados nacionais ou outros indicadores influenciados pela renda (caso do IDH), importa efetivamente saber de que forma se obteve um total em determinado ano, digamos, de 500, 800 ou 1.000 bilhões de dólares do PIB. E o que esses valores ocultam no tocante a fatos que significam diminuição das liberdades, destruição de recursos, danos à saúde, desperdício, esgotamento de escoadouros ou sumidouros da natureza, desmantelamento de comunidades, etc. – uma vez que fenômenos dessa ordem têm infalivelmente acompanhado e fazem parte, em maior ou menor grau, da experiência do progresso econômico moderno.

Uma questão de valor enraizada na tomada de decisões de desenvolvimento diz respeito aos critérios a adotar com respeito à consideração da dimensão da natureza. O discurso dominante busca promover o crescimento econômico "sustentado", expresso em valores exatos de variáveis como renda nacional, PIB, etc., negando a existência de condicionantes ecológicos – e, mais que isso, termodinâmicos – que determinam limites à apropriação e à transformação capitalista da natureza. O conceito de sustentabilidade transcende as regras tradicionais do modelo da economia da oferta e da procura. Cada ecossistema, na verdade, graças a sua *capacidade de carga,* determina o teto de sua própria produtividade. Qualquer esforço para ultrapassar esse teto significará sempre uma sobre-exploração de recursos – muitas vezes, de forma invisível –, levando a situações como, por exemplo, atualmente, a do esgotamento dos bancos pesqueiros em todo o mundo por causa da pesca excessiva (ver CLOVER, 2004).

Faces do desenvolvimento sustentável

É comum certa confusão em torno da noção de desenvolvimento sustentável. Comum e até natural, porque a idéia de sustentabilidade vem da ciência da ecologia, e o desenvolvimento é produto do pensamento social, nem sempre rigoroso. Contudo, algumas das significações dessa expressão podem ser resumidas, segundo o respeitado e provecto economista Paul Streeten (*apud* GOULET, 2002, p. 37-38), como a seguir se indica. Ou seja, desenvolvimento sustentável pode ser entendido como:

- manutenção, reposição e crescimento dos ativos de capital, tanto físicos quanto humanos;
- manutenção das condições físicas ambientais dos constituintes do bem-estar;
- "resiliência" de um sistema, capacitando-o a ajustar-se a choques e a crises;
- não deixar legados de dívidas (sejam internas ou externas) às futuras gerações.

Nesse entendimento, supõe-se que o fluxo físico (e não um imaginário fluxo monetário), procedente das fontes de recursos da natureza por meio da economia e de volta aos escoadouros do

Brasil em Questão
A Universidade e o Futuro do País

ecossistema (ver Gráfico 1), não deve declinar ao longo do tempo. Mais precisamente, a capacidade do ecossistema de sustentar esse fluxo material não pode ser diminuída de um período para outro, pois é ela que define o teto da produtividade ecossistêmica (independentemente da tecnologia). A disponibilidade de capital natural, ou seja, a capacidade de o ecossistema fornecer tanto um fluxo de recursos naturais quanto de serviços da natureza não pode diminuir de um período para outro. É o mesmo que se requer quanto à dotação de equipamentos e instalações de uma empresa industrial que queira manter sua capacidade de produção: a empresa não pode deixar seu capital diminuir.

O economista inglês Paul Ekins (1992, p. 412) assinala que "a trajetória dominante do desenvolvimento econômico desde a Revolução Industrial tem sido patentemente insustentável", acrescentando: "Não existe, literalmente, em nenhum lugar do mundo, qualquer experiência de uma economia industrial ambientalmente sustentável em que tal sustentabilidade se refira a um estoque de capital ambiental que não se esgote". A observação diz respeito ao fato de que a produção econômica trazida (e acelerada) pela industrialização devora inexoravelmente o meio ambiente, destruindo amplamente recursos não renováveis, além de que o tempo histórico da Revolução Industrial é muito curto para que se possa dele inferir a durabilidade do modelo que a indústria introduz. Enquanto isso, a experiência de sociedades tradicionais, aborígines ou indígenas, como as africanas, as andinas, as amazônicas, exibe formas sustentáveis ao longo de milênios, com o emprego predominante de recursos renováveis e a utilização de técnicas de manejo que parecem levar a uso não destrutivo do meio ambiente (CAVALCANTI, 1997).

Poder-se-ia efetuar uma primeira síntese da noção do desenvolvimento sustentável, a esta altura, dizendo que se trata de um processo econômico em que:

- minimiza-se tanto o uso da energia quanto o dos materiais;[1]
- minimizam-se os impactos ambientais;
- maximiza-se o bem-estar ou utilidade social; e
- atinge-se uma situação de eficiência máxima no uso dos recursos – de modo semelhante, a propósito, ao modelo de funcionamento da própria natureza.

Nos quatro elementos da concepção anterior estão contidas as duas grandes tendências concorrentes de entendimento atual da sustentabilidade, assunto sobre o qual se distingue o tratamento do economista ecológico Herman Daly (2002). Na opinião deste último, que compartilho, a primeira tendência para compreender a sustentabilidade serve-se da noção de utilidade (no sentido de bem-estar), considerando o desenvolvimento sustentável como manutenção no futuro do nível presente de satisfação social (algo como garantir o suprimento vindouro de produtos). A segunda tendência, que é a da economia ecológica, tem apoio no conceito do *throughput* (ou "transumo", como o batizou Osório Viana[2]), considerando desenvolvimento sustentável como a capacidade do ecossistema de manter o nível do fluxo físico das fontes do capital natural (ver o Gráfico 1). Ou seja, manutenção do suprimento futuro de insumos (STREETEN, 2001).

Essas duas tendências diferenciam-se completamente. A utilidade constitui uma noção básica na teoria econômica convencional, na qual o transumo não aparece em momento algum. Daí que não seja surpreendente que a definição (econômica) de utilidade da sustentabilidade seja a que tende a dominar sobre qualquer outra nos programas e nas iniciativas de desenvolvimento ou políticas públicas. Nestas, com efeito, pensa-se sempre em manter a produção de bens e serviços (caso da Comissão Brundtland; ver

Gráfico 1
Modelo Biofísico do Sistema Econômico
(fluxos de matéria e energia)

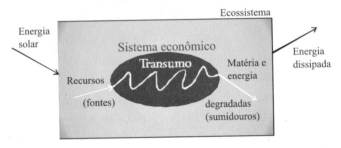

CMMAD, 1988). Contudo, é a definição da sustentabilidade a partir do *throughput*, definição essa que trabalha com a dimensão física, real, do processo econômico – aquela que realmente interessa –, que indica de modo mais preciso como se dá a consecução do desenvolvimento sustentável. Isso porque não se pode medir utilidade nem bem-estar. E porque, o que parece mais importante, mesmo que a utilidade fosse mensurável, ela não é alguma coisa que se possa deixar como herança para o futuro, a exemplo de uma jóia, uma jazida ou uma floresta. O que se visa com a noção de sustentabilidade com base no transumo, com efeito, é que as gerações futuras possam dispor das mesmas possibilidades de realização que temos hoje, seja quanto à biodiversidade dos ecossistemas, seja quanto aos serviços ecológicos da atmosfera, do solo ou dos oceanos, seja quanto à insubstituível beleza da paisagem, etc.

Dimensões do desenvolvimento sustentável

Embora se esteja dando ênfase aqui à sustentabilidade do desenvolvimento sob a ótica da produtividade física dos ecossistemas, não se pode perder de vista a necessidade de assegurá-la num conjunto maior de domínios que vão além do ecológico. A sustentabilidade, de fato, possui dimensões econômicas, políticas, sociais e culturais, além da ambiental. A viabilidade econômica de longo prazo de um projeto de desenvolvimento depende do uso eficiente dos recursos, a um ritmo que não os exaura irreversivelmente. A sustentabilidade política, por sua vez, requer a criação para todos os membros da sociedade de um interesse em sua sobrevivência: isso não pode ser alcançado a menos que todos gozem de liberdade, desfrutem direitos pessoais invioláveis e creiam que o sistema político dentro do qual vivem persegue genuinamente algum bem comum e não meros interesses particulares, o que traz à baila o requisito da transparência. Amartya Sen (1999) a isso se refere como expansão das liberdades ou dos direitos substantivos. Para que o desenvolvimento também seja social e culturalmente responsável, os fundamentos de comunidade e sistemas de significação simbólica da sociedade devem ser valorizados e protegidos. De outra forma, serão esmagados pelo rolo compressor de um banimento que os apagará a pretexto de submetê-los aos requisitos da "racionalidade" científica e técnica. Por fim, para obter a sustentabilidade ambiental, impõe-se a manutenção de diversidade abundante de formas de vida e biossistemas, além de um modo restaurador de uso de recursos naturais e de disposição de dejetos levando em conta a capacidade de absorção da natureza.

Limitações do crescimento

Crescimento material e aumento quantitativo são sem dúvida necessários para muitas situações de desenvolvimento humano genuíno, sobretudo em certos estágios de evolução das sociedades (caso de países como Angola e Haiti, por exemplo) em

Brasil em Questão
A Universidade e o Futuro do País

que a composição do PIB precisa incluir grande parcela de comida, vestuário, habitação (ou seja, satisfazer necessidades absolutas). Mas não é qualquer tipo de crescimento econômico que pode ser admitido nem se podem aceitar aumentos da economia obtidos a qualquer preço (como o que implicar a destruição da floresta amazônica). A maior parte das políticas econômicas correntes no mundo inteiro, porém, baseia-se amplamente na suposição subjacente de um crescimento econômico material ilimitado.[3] Mais do que isso, na atualidade, postula-se desenvolvimento como crescimento do PIB por habitante acompanhado necessariamente de maior integração econômica global. Fala-se mesmo, com freqüência, em "crescimento sustentável" (o que, rigorosamente, constitui uma impossibilidade biofísica, haja vista o exemplo da natureza, em que nada cresce indefinidamente) (GEORGESCU-ROEGEN, 1971; PEARCE, 1988).

Alega-se ainda, como elemento da sabedoria convencional, que pobreza se combate com mais crescimento (pois tal como uma maré crescente fará subir todos os barcos, os benefícios do crescimento irão, no fim das contas, derramar-se, num efeito cascata, sobre os pobres). A experiência, contudo, está mostrando o conteúdo falacioso, em inúmeros casos, dessa suposição. Mais e mais crescimento pode ser algo desejável; todavia, que nível de crescimento será possível ou aceitável? Este é um problema que remete à determinação da escala ótima sustentável pelo ecossistema. Supõe-se normalmente que problemas de depleção de fontes de energia e de recursos, de poluição e outros limites ao crescimento possam ser eliminados pelo progresso tecnológico. Autores como Barbara Ward[4] comentam que as necessidades de numerosos pobres não podem ser satisfeitas pelo livre jogo de mercado, uma vez que este é sensível ao poder de compra, e que um sistema de mercado totalmente desprovido de controle por instituições de justiça, partilha e solidariedade – os mercados como senhores da sociedade – torna os fortes mais fortes e os fracos mais fracos. Não se pode esperar assim que, deixado a si próprio, o mercado seja capaz de conduzir ao desenvolvimento sustentável, preservando a produtividade do ecossistema para benefício de longínquas gerações futuras.

Custos (externalidades negativas) do processo econômico

Cabe aqui uma menção ao caso brasileiro. É sabido como o País se transformou nos últimos sessenta anos, apresentando taxas de crescimento econômico mais elevadas do que as da maioria dos países do mundo, embora ao período chamado de "milagre" se tenham sucedido dois decênios de medíocre expansão (BAER, 1995). A despeito da volumosa literatura sobre o crescimento do Brasil, são raros os estudos econômicos que investigam as ligações entre esse processo e os problemas do ambiente. É como se eles não existissem. No entanto, são incontáveis os fenômenos que caracterizam sérias externalidades[5] ecológicas negativas que têm acompanhado o desenvolvimento do País. Bom exemplo disso é o completo esgotamento, entre os anos de 1955 e 1995, da jazida de manganês que havia no Amapá, do qual, até hoje, só se contabilizaram lucros. Um estudo (BRITO, 1994) acerca do problema revela, porém, a herança maldita que restou da dilapidação desse item do capital natural do Brasil. Da grande jazida, descoberta no começo dos anos 1950, do estratégico manganês amapaense, que foi quase todo exportado, não restam mais vestígios. Não se pode considerar que seja sustentável, ou que tenha futuro, um desenvolvimento que se processe de tal forma.

Uma tentativa de avaliar a grandeza do prejuízo ambiental sofrido pelo Brasil como um todo, no período 1965-1998, medindo suas repercussões no tocante ao valor do produto interno bruto, é

Brasil em Questão
A Universidade e o Futuro do País

feita por Torras (2003). Trabalho de economia do ambiente, o estudo de Torras utiliza métodos de valoração monetária da natureza para estimar grandezas comparáveis às do PIB no tocante (apenas) à erosão do solo, à extração mineral e à destruição de matas ao longo do desenvolvimento do Brasil em 1965-1998. Mesmo que haja equívocos nas estimativas ou que os dados utilizados sejam insuficientes (um problema que aflige também a contabilidade nacional como um todo), o esforço é perfeitamente assimilável na perspectiva dos economistas ambientais. O principal argumento do estudo é o de que "a experiência de crescimento brasileiro de 1965 a 1998 pode ser caracterizada como um fracasso geral do desenvolvimento" (*id.*, p.7), a que se adiciona a constatação de que, onde efetivamente ocorreu avanço no País – por exemplo, no quintil de renda mais alto –, se trilhou um caminho que não foi ambientalmente saudável. Além disso, a renda "verde"[6] mostra-se invariavelmente negativa no caso do quintil mais pobre – e, em alguns momentos, no do segundo e terceiro quintis mais baixos também. O PIB "verde" total do Brasil, por sua vez, valeria em 1998 49% do PIB convencional. E essa relação teria apresentado uma tendência sistematicamente de queda: de 61%, em média, no período 1965-1969, para 51%, na média dos anos 1994-1998. O mesmo fenômeno foi detectado, como se sabe, nos Estados Unidos – em termos até mais dramáticos. O PIB verde americano diminuiu de 71% do PIB convencional, em 1950, para 42%, em 1990, conforme cálculos de Daly e Cobb (1994, p. 463).

O problema é que o sistema de contas nacionais, criado pela ONU no final dos anos 1940, estima corretamente a depreciação do capital feito pelo homem (máquinas, instalações) como item de balanço negativo na determinação do rendimento nacional, mas deixa de fazer o mesmo quanto à depreciação ou depleção do capital natural (árvores, minérios, solo, água, ar). O consumo desses ativos (petróleo extraído, por exemplo), na verdade, é contado como rendimento, como parcela positiva do PIB, o que faz com que sejam falsos os valores convencionais do PIB e renda nacional divulgados. John Hicks, entretanto, já advertia em 1948: "O propósito do cálculo da renda nos negócios práticos é oferecer às pessoas uma indicação do montante que podem consumir sem empobrecer a si próprias" (HICKS, 1948, p. 172). Assim, para um país alcançar desenvolvimento e sustentabilidade ao mesmo tempo, seu estoque de capital natural, que é o fator crítico em derradeira instância, dada a impossibilidade de sua substituição em muitos casos, não pode declinar.

Componentes de um projeto para o desenvolvimento sustentável

Formular opções concretas para a adoção do rumo do desenvolvimento sustentável em qualquer lugar deve ser um processo que envolva aquilo que os documentos da Rio-92 relativos à Agenda 21 nacional chamam de "diálogo de *stakeholders*" ou diálogo das partes interessadas. Isto é, deve-se ter em vista a natureza participativa e transparente do processo, abrangendo todos os atores relevantes. Para isso, deve-se conceber uma sistemática de participação em que se repasse informação capaz de levar os atores a formar juízo adequado quanto ao estabelecimento de uma relação harmoniosa entre a sociedade e o meio ambiente. Um instrumento para tanto consiste na chamada "ação comunicativa eficiente", do filósofo alemão J. Habermas, mediante a qual a participação se faz sem qualquer coerção, recorrendo, pelo contrário, à força dos "melhores argumentos" (para os quais, a contribuição da ciência é decisiva). É preciso ressaltar, não obstante, que tudo isso tem a ver com a definição de qual projeto de vida uma dada população concebe para seu país. Como parte do projeto nacional é que se vai inserir o capítulo propriamente do desenvolvimento sustentável. Afinal, a sociedade, em última instância, é que deve dizer como encara a riqueza natural do país, sua gestão e uso responsável. E se vale a pena pensar no bem-estar das gerações futuras.

Visando a uma troca sustentável de matéria e energia da sociedade com a natureza, o que significa uso adequado, responsável e harmonioso do patrimônio e das funções ecossistêmicas, alguns procedimentos voltados para a consecução da sustentabilidade, com apoio no que se expôs anteriormente, podem ser aqui propostos. Ei-los:

- Empregar recursos renováveis (incluindo a biodiversidade) de tal maneira que suas taxas de regeneração sejam ao máximo respeitadas. Noutras palavras, evitar não empregar recursos a um ritmo mais rápido do que o de sua recuperação segundo os ciclos da natureza.
- Extrair recursos não renováveis de maneira frugal, sem desperdícios, utilizando parte das receitas por eles geradas para a transformação dos ativos do capital natural sob a forma de recursos naturais não renováveis em ativos financeiros que rendam dividendos seguros e possam ser usados de forma indefinida, resguardando o interesse das gerações futuras. Usar parte desses ganhos para desenvolvimento da ciência e tecnologia visando à obtenção de substitutos para os recursos que se forem esgotando.
- Cabe aqui a proposta de um Fundo Nacional dos Recursos Naturais, ou Fundo de Desenvolvimento Sustentável, administrado nos moldes do Fundo Permanente do Alasca ou do Fundo Governamental do Petróleo da Noruega, com eficácia, transparência e participação da população.[7]

- Não deixar que substâncias extraídas da litosfera (sejam elas sólidas, líquidas ou gasosas) se acumulem sistematicamente na ecosfera. Do mesmo modo, evitar que substâncias produzidas pela sociedade (que podem ser objetos, emissões gasosas, efluentes vários) se acumulem sistematicamente na ecosfera. O princípio aqui, de fato, é o de reciclar materiais, abandonando-se o modelo dos fluxos lineares de matéria da sociedade industrial (o ferro terminando em sucata, por exemplo, ou o combustível fóssil em energia dissipada), substituindo-o pelo paradigma da própria natureza, de reaproveitamento contínuo do que ela produz (com margem sempre para alguma perda e dissipação de energia).
- Respeitar a capacidade de absorção ou de assimilação renovável de dejetos dos ecossistemas, inclusive no tocante ao tempo necessário para que se realize a ação de degradação natural dos organismos decompositores.
- Impedir a deterioração sistemática das condições físicas para a produção e a diversidade na ecosfera.
- Promover o uso dos recursos de forma eficiente e justa, satisfazendo as necessidades humanas de forma equânime. A sustentabilidade social do desenvolvimento, sem dúvida, requer garantia de acesso dos pobres e excluídos aos ativos sociais, econômicos e ambientais proporcionados pelo progresso da economia para que este se possa justificar.
- Transferir a base de impostos do valor agregado – que é algo que se deseja aumentar, pois gera emprego e renda – para o volume dos recursos naturais utilizados no processo econômico (quer do ponto de vista das fontes de suprimentos, quer dos escoadouros, como, por exemplo,

Brasil em Questão
A Universidade e o Futuro do País

a capacidade de um rio de absorver resíduos). Ou seja, taxar menos as remunerações e mais o uso dos recursos. A mudança que isso representa é significativa, uma vez que o costume tem sido o de subsidiar a transposição de recursos da natureza para a sociedade. Com efeito, elementos como a energia, a água, fertilizantes, o desmatamento – tudo isso tem sido oferecido a preços inferiores aos verdadeiros custos que lhes correspondem, especialmente no que toca às externalidades, quando não objeto de subsídios financeiros explícitos.

- Criar reservas de recursos naturais e humanos para proteção da diversidade biológica, indispensável para a evolução das formas de vida e da etnodiversidade, com vistas tanto à sua conservação quanto às possibilidades de promoção da pesquisa científica, sem perder de vista as oportunidades que se abrem com isso para o turismo ecológico não predatório.

- Submeter toda formulação de políticas públicas a regras de sustentabilidade do desenvolvimento, tornando a preocupação com o uso frugal dos recursos da natureza uma dimensão que perpasse todos os níveis da administração estatal. Com essa visão, perde significação a existência de um Ministério do Meio Ambiente, cabendo em seu lugar a criação de um Conselho do Desenvolvimento Sustentável, com bastante poder, presidido pelo chefe do Governo, de tal modo que as preocupações ambientais penetrem ampla e efetivamente em todas as esferas de gestão pública.

- Assegurar a formação não somente das novas gerações, mas de todos os indivíduos da sociedade, em sintonia com princípios como os acordados no fórum da sociedade civil durante a conferência Eco-92, no Tratado de Educação Ambiental para Sociedades Sustentáveis e Responsabilidade Global, os quais se referem a aspectos tanto de instrução formal e informal quanto de convivência solidária entre os indivíduos e destes com a natureza.

■ Adotar procedimentos de contabilização de custos externos que contraponham benefícios estimados na forma usual a grandezas relativas a perdas ecossistêmicas cuja omissão implica grave equívoco contábil. Adoção de indicadores que incorporem estimativas da degradação e do esgotamento de recursos: índices de desenvolvimento sustentável. Nessa perspectiva, insere-se o princípio de que os projetos econômicos sejam sempre submetidos a análises de custo–benefício sem exclusão de externalidades, contando-se o chamado "custo de uso", que são encargos de depleção, como parte do custo de oportunidade.

Notas

[1] Na perspectiva biofísica, o que interessa em última instância não são os recursos naturais, mas matéria e energia (de que são feitos os recursos). Ver, sobre isso, Malte Faber, Reiner Manstetten e John Proops, *Ecological economics*: concepts and methods. Cheltenham (Inglaterra): Edward Elgar, 1996.

[2] Ver nota 5 em Clóvis Cavalcanti (1997, p. 30). O *throughput* (HERMAN DALY, 1997, p. 185) é uma noção da engenharia, significando a passagem ou transformação do insumo (*input*) em produto (*output*). Trata-se do que os biólogos chamam de fluxo metabólico (pelo qual um organismo se mantém vivo).

[3] Michel Camdessus, quando era diretor gerente do Fundo Monetário Internacional (FMI), disse certa vez: "Nosso objetivo é o crescimento. Na minha visão, não existe mais nenhuma ambigüidade acerca disso. É para o crescimento que nossos programas e sua condicionalidade são dirigidos" (exposição perante o Conselho Econômico e Social da ONU, Genebra, 11/7/1990). A respeitada revista *The Economist* (20 nov. 1993, v. 329, n. 7838, p. 6), por sua vez, assegura que "juntar-se aos países ricos significa adquirir a habilidade de crescer indefinidamente".

Brasil em Questão
A Universidade e o Futuro do País

[4] Barbara Ward, Foreword, in Mahbub ul Haq, *The Poverty Curtain, Choices for the Third World*. Nova York: Columbia University Press, 1976, p. xii.

[5] "Externalidades" é como a teoria econômica denomina tudo aquilo que não figura no cálculo econômico. A poluição, por exemplo, não aparece na determinação dos custos da firma. Mas não há apenas externalidades negativas. Pode haver também positivas, como o efeito que a educação traz melhorando os ganhos privados das empresas em geral.

[6] Ou seja, renda nacional calculada subtraindo-se dos valores convencionais da renda os custos ambientais (normalmente omitidos) envolvidos em sua realização.

[7] A experiência de fundos de poupança, no mundo (que são poucos), alimentados por receitas como as do petróleo e outros recursos naturais, merece atenção especial para uma estratégia de sustentabilidade. Instituído em 1976, o fundo do Alasca, o mais antigo, estabeleceu que 25%, pelo menos, de todas as rendas de cessão de direitos, *royalties*, bônus, pagamentos federais relativos a receitas de recursos minerais (não somente petróleo), etc. seriam colocados pelo Estado em um fundo permanente, cujo estoque se usaria exclusivamente para investimentos que produzam retorno assegurado. Dessa forma, o *Alaska Permanent Fund* é uma instituição estadual com a tarefa de administrar e conservar responsavelmente para os cidadãos do respectivo território, nos Estados Unidos, receitas petrolíferas e de outros recursos minerais. O principal do Fundo, à maneira de uma poupança, é investido de forma perpétua e inviolável, não podendo ser destinado a gastos que o voto popular não aprove. Já os seus rendimentos são aplicados conforme decisão anual dos legisladores do Estado. Atualmente, o Fundo paga a cada cidadão do Alasca uma fatia eqüitativa dos rendimentos obtidos na gestão do patrimônio financeiro do Fundo. Em 2000, esse dividendo atingiu cerca de 2 mil dólares por habitante de qualquer idade com, pelo menos, um ano de residência legal no estado. A participação cívica é intensa na operação e nas atividades de investimento do Fundo, o que garante sua necessária transparência.

Referências

BAER, Werner. *A economia brasileira*. Traduzido por Clemente Mahl. São Paulo: Nobel, 1995.

BRITO, Daniel Chaves de. *Extração mineral na Amazônia*: a experiência da exploração de manganês da Serra do Navio no Amapá. Dissertação de

Mestrado. Belém: Núcleo de Altos Estudos Amazônicos, Universidade Federal do Pará, 1994.

CAVALCANTI, Clóvis. Pattern of Sustainability in the Americas: The U.S. and Amerindian Lifestyles. In: SMITH, Fraser (Org.). *Environmental Sustainability*: practical global implications. Boca Raton (Florida, EUA): St. Lucie Press, 1997.

_____. Política de Governo para o Desenvolvimento Sustentável: Uma Introdução ao Tema e a Esta Obra Coletiva. In: CAVALCANTI, Clóvis (Org.). *Meio ambiente, desenvolvimento sustentável e políticas públicas*. São Paulo: Cortez, 1997.

CLOVER, Charles. *The end of the line*: how over-fishing is changing the word and what we eat. Londres: Ebury Press, 2004.

CMMAD (Comissão Mundial sobre Meio Ambiente e Desenvolvimento). *Nosso Futuro Comum*. Rio de Janeiro: Fundação Getúlio Vargas, 1988.

DALY, Herman; JOHN COBB Jr. *For the common good*: redirecting the economy toward community, the environment, and a sustainable future. Boston: Beacon Press, 2. ed., 1994.

DALY, Herman. Políticas para o Desenvolvimento Sustentável. *In* CAVALCANTI, Clóvis (Org.). *Meio ambiente, desenvolvimento sustentável e políticas públicas*. São Paulo: Cortez, 1997.

DALY, Herman. Desenvolvimento sustentável: definições, princípios, políticas. *Cadernos de Estudos Sociais*, v. 18, n. 2, jul./dez., 2002.

EKINS, Paulo. Sustainability First. In: EKINS, Paul; MAX-NEEF, Manfred (Org.). *Real-life economics*. Londres e Nova York: Routledge, 1992.

EL SERAFY, Salah. Contabilidade Verde e Política Econômica. *In* CAVALCANTI, Clóvis (Org.). *Meio ambiente, desenvolvimento sustentável e políticas públicas*. São Paulo: Cortez, 1997.

GEORGESCU-ROEGEN, Nicholas. *The entropy law and the economic process*. Cambridge (EUA): Harvard University Press, 1971.

GOULET, Denis. A Natureza Evolutiva do Desenvolvimento à Luz da Globalização. *Cadernos de Estudos Sociais*, v. 18, n. 1, jan./jun., 2002.

HARTZOK, Alanna. The Alaska Permanent Fund: A Model of Resource

Rents for Public Investment and Citizen Dividends, *Geophilos*, Spring 2002, em <www.earthrights.net/docs/alaska.html>.

HICKS, J. R. 1948. *Value and capital:* an inquiry into some fundamental principles of economic theory. Oxford: Oxford University Press, 2. ed., 1948.

PEARCE, D. W. 1988. The Economics of Natural Resource Degradation in Developing Countries. *In* TURNER, R. K. (Org.). *Sustainable environmental management:* principles and practice. Londres: Francis Pinter, 1988.

SEN, Amartya. *Development as freedom*. Oxford: Oxford University Press, 1999.

STREETEN, Paul. Reconciling the Economics of Social and Environmental Sustainability. Discurso de agradecimento na ocasião do recebimento do Prêmio Leontief, http://ase.tufts.edu/gdae/about_us/streeten_remarks. html. Universidade Tufts (EUA), 13 nov., 2001.

TORRAS, Mariano. *Welfare, inequality, and resource depletion:* a reassessment of brazilian economic growth. Aldershot, Inglaterra: Ashgate Publ. Ltd., 2003.

TRÊS PONTOS BÁSICOS PARA O DESENVOLVIMENTO SUSTENTÁVEL

Edson Franco

Inúmeros são os conceitos de desenvolvimento sustentável. Se tudo na vida humana tem existência, cresce, desenvolve-se, decresce e acaba por desaparecer, é de se indagar se construído o desenvolvimento de uma nação, este, ao cabo de seu ápice, não tenderá a retroagir, a retroceder, exigindo novos esforços de reconstrução na permanente utopia da humanidade. A lição da história está aí para nos mostrar o desaparecimento de grandes impérios, até mesmo de suas línguas faladas, hoje consideradas línguas mortas ou extintas.

Vale a pena aqui rever o que nos diz Leff:

> O discurso do desenvolvimento sustentável foi sendo legitimado, oficializado e difundido amplamente com base na Conferência

---

Edson Franco – Reitor da Universidade da Amazônia (UNAMA). Presidente da Academia Paraense de Letras. Professor, Advogado, Jornalista. Membro do Conselho Estadual de Ciência e Tecnologia. Presidente do Conselho Curador da Fundação Nacional de Desenvolvimento do Ensino Superior Particular (FUNADESP). Presidente da Rede Brasileira de Educação a Distância S/A. Ltda, IUVB.

das Nações Unidas sobre o Meio Ambiente e o Desenvolvimento, celebrada no Rio de Janeiro, em 1992. Mas a consciência ambiental surgiu nos anos 60 com a Primavera Silenciosa de Rachel Carson e se expandiu nos anos 70 depois da Conferência das Nações Unidas sobre o Meio Ambiente Humano, celebrada em Estocolmo, em 1972. Naquele momento é que foram assinalados os limites da racionalidade econômica e os desafios da degradação ambiental ao projeto civilizatório da modernidade.

Apenas para efeito deste estudo, volto-me para a idéia de que desenvolvimento sustentável tem por fundamentos: a) uma economia crescente; b) a qualidade de vida do povo; e c) a conservação da natureza, não se confundindo simplesmente com a idéia do verde da flora e nem simplesmente com a elevação do Produto Nacional Bruto de uma nação.

Economia crescente exige altas taxas de poupança nacional ou investimentos internacionais de vulto. Qualidade de vida numa nação implica a configuração da Felicidade Nacional Bruta dessa nação de que nos fala Gunnar Myrdal, que é indiscutivelmente superior às eventuais constatações daquilo que se convencionou chamar de Produto Nacional Bruto. Conservação da natureza não significa intocabilidade da natureza, mas seu uso adequado, lembrando que nela há sempre, naquilo que se pode ver, a renovação do estoque de matéria existente. Refiro-me ao que se pode ver para significar que o que está no subsolo, algo invisível a olho nu, nem sempre pode ser renovado constantemente, como é o caso do petróleo e dos minérios, por exemplo.

A alta taxa de poupança nacional dificilmente é encontrada entre os povos em desenvolvimento, povos que podem ser considerados, no sistema econômico mundial, como povos periféricos desse sistema. Qualidade de vida é algo de difícil mensuração, visto que o que para uma nação pode ser considerado como tal, para outra pode não significar a mesma coisa. Aliás, John Guaspari define o termo qualidade quando se refere aos produtos e aos negócios como "algo que a gente sabe quando a gente vê".

A conservação da natureza impõe muitos condicionantes, a partir da própria educação de um povo, especialmente quando este não partilha de um imediatismo exacerbado, mas percebe mais adiante, naquilo que a visão primária permite. Acordar para o médio e o longo prazos é uma exigência do desenvolvimento sustentável.

Veiga, em seu estudo sobre o desenvolvimento sustentável, declara com muita propriedade que

> no Brasil, o desenvolvimento pode ser considerado como uma quimera. Essa tese foi bem difundida pela publicação de uma coletânea de artigos do economista e sociólogo italiano Giovanni Arrighi. A questão central para ele é saber se seria possível algum tipo de mobilidade ascendente na rígida hierarquia da economia capitalista mundial, formada por um pequeno "núcleo orgânico" de países centrais; uma extensa periferia contendo os países mais pobres e uma "semiperiferia" composta por nações que muitos consideram emergentes. Não é difícil demonstrar que são irrisórias as chances de transposição dos dois "golfos" que separam a pobreza dos periféricos da riqueza modesta dos semiperiféricos, e esta da riqueza oligárquica dos estados do núcleo orgânico.

No tocante à qualidade de vida, por exemplo, podemos dizer que estamos em alguns aspectos em progresso crescente, e isso me alegra. Nossa população alcançou inegáveis ganhos de longevidade. Se no começo do século XIX nossa população romântica aprendeu a "morrer aos vinte anos", como acontecia com nossos poetas, romancistas e teatrólogos de Recife e de São Paulo, como nos ensina a literatura, hoje essa situação se alterou profundamente, fazendo-nos perceber que multiplicamos por quase quatro vezes aquilo que acontecia naquela época. Também foi reduzida a mortalidade infantil e aprendemos a curar alguns males que eram responsáveis pela dizimação precoce dos nossos cidadãos. Os cuidados e os favores para com os idosos também foram objeto das preocupações dos poderes públicos

Por acréscimo, percebe-se que há no Brasil inegáveis ganhos de inclusão social, bastando, por exemplo, o acesso ao ensino superior particular de uma boa parcela de jovens carentes que não teriam como arcar com o pagamento de mensalidades escolares em universidades particulares. O PROUNI certamente é um dos programas mais exitosos da atualidade, favorecendo as classes mais desprovidas de recursos e permitindo que os jovens dessas categorias econômicas ascendam ao ensino de terceiro grau em igualdade de condições com aqueles que contam com recursos próprios para pagar as mensalidades estabelecidas pelas instituições particulares. Outro exemplo que está para acontecer em breve é o relacionado com a ampliação do ensino médio, por meio de um programa que, além de manter estudantes no ensino fundamental, contribuirá para a expansão e a qualificação do ensino médio em nosso País.

A construção do desenvolvimento sustentável não resulta simplesmente do estabelecimento de adequadas políticas públicas, senão e também da vontade social, do envolvimento da sociedade no salto para uma vida de desenvolvimento, para uma vida melhor, de acesso ao trabalho, à habitação, à cultura. Mas, como nos ensinam as melhores máximas do *marketing*, não basta alcançar o desejado desenvolvimento, mantê-lo é uma das questões mais cruciais. O vigor da manutenção é tão importante quanto o vigor da construção.

Pensando em nosso País algumas constatações precisam ser explicitadas, especialmente quando a temática central é a de um Brasil em questão, visando a instrumentar aqueles que estão nas disputas eleitorais de 2006 quanto ao que necessita ser considerado para perseguirmos um desenvolvimento sustentável para o Brasil.

Num primeiro plano, temos de levar em conta que o Brasil não é igualitário. São evidentes as desigualdades sociais que em lugar de serem reduzidas, elas ainda estão em franca expansão. Não se pense que tais desigualdades são apenas regionais. Elas são também de classes sociais. A riqueza de poucos aumenta à medida que se eleva o número de pobres. Na linguagem popular chega-se a falar "dos poucos que têm muito e dos muitos que contam com muito pouco".

Se é comum a reivindicação dos países pobres em relação às nações desenvolvidas, pode-se entender como naturais as reivindicações das regiões menos desenvolvidas em relação àquelas que já alcançaram razoável patamar de desenvolvimento em nosso País. Nesse aspecto, recordo de uma expressão pouco feliz, enunciada pelo ilustre Professor José Goldberg, no Plenário do Conselho Federal de Educação, quando este, referindo-se a reivindicações feitas em relação à Amazônia, declarou que deveríamos abandonar a postura de choramingas, pois isso adiantava muito pouco... Mercê de Deus, ultimamente a CAPES considerou a necessidade de acelerar o desenvolvimento da pós-graduação na Amazônia e começou a buscar recursos para um programa que veio a se intitular Acelera Amazônia e que prevê, até 2010, a implantação e o desenvolvimento de 45 novos doutorados na região. Todavia, as instituições educacionais da Amazônia vão ter de buscar docentes das regiões mais favorecidas, na forma de mestrados e doutorados interinstitucionais, sob pena de não conseguirem desenvolver, pelas suas próprias forças, tais mestrados e doutorados.

Brasil em Questão
A Universidade e o Futuro do País

É claro que desenvolvimento exige investimentos. Numa comparação pertinente, bem sabemos que os veículos automotores despendem maior energia no início da caminhada do que quando já se encontram em razoável evolução. As últimas marchas dos veículos apontam para menor consumo de combustíveis em relação às primeiras. Essa idéia é aplicável à promoção da construção do desenvolvimento sustentável.

Instituições como SUDAM, SUDENE, SUFRAMA e as Zonas de Livre Comércio (como no Estado do Amapá) não tiveram efeitos significativos em suas áreas de atuação. Não se trata apenas de uma política de financiamento. É necessário orientação e permanente avaliação para que sejam corrigidas eventuais distorções. A imensa maioria das indústrias instaladas na Amazônia, com a política de incentivos fiscais, acabou por serem indústrias nacionais já consagradas e não indústrias emergentes da própria região. Os incentivos fiscais favoreceram os já favorecidos.

Além de não ser igualitário e de carecer de investimentos em relação às regiões menos favorecidas, predomina no Brasil o caráter individualista do seu povo. A famosa "Lei de Gerson", presente na mente social, ainda não foi derrogada em nosso País. O sentido do coletivo ainda não está presente entre nós, aliás debilmente explicitado nas políticas públicas e pelos partidos políticos e geralmente esquecido na prática da gestão pública. Há mais paixão por um clube esportivo do que pelos ideais de um partido político. A idéia da corrupção pelo poder parece inquestionável entre os brasileiros. O individualismo supera em muito o coletivismo, cada cidadão desejando levar vantagem em relação ao seu vizinho.

À volta dos anos 1970, o então Plano Nacional de Educação adotou um princípio que procurava corrigir desigualdades regionais. Os estados mais pobres, proporcionalmente, deveriam receber mais volume de recursos para a educação do que os estados mais ricos. Tal política não ganhou continuidade nos anos 1980 e de lá para cá.

Ninguém constrói algo sem primeiro escavar para assentar o novo em bases sólidas. Daí que para construir o desenvolvimento sustentável é necessário escavar e ultrapassar alguns obstáculos subsistentes em nosso País.

Coloco, sem qualquer ordem de precedência, quatro grandes dificuldades que precisamos superar: a) a distribuição de renda em nosso País; b) a falta de integração nacional; c) os problemas de ética com os quais nos defrontamos; e, finalmente, d) a existência da família bem constituída.

Como construir o desenvolvimento sustentável com uma distribuição de renda tão injusta tal como se apresenta entre nós? Foi-se a época em que falávamos dos "marajás", mas eles sobreviveram aos ataques recebidos. A caracterização do nosso País mostra uma situação pouco edificante, com uma classe média cada vez mais restrita, resvalando para indesejáveis níveis de pobreza. Este é um obstáculo que precisa ser transposto. Talvez este fato concorra, de algum modo, para a falta de integração entre as diversas regiões que compõem o quadro nacional.

Com a imprensa livre, com a qual hoje contamos, avolumam-se as evidências de falta de ética de parte de muitos daqueles que dirigem nosso País. Sem um comportamento ético comprovado, dificilmente conseguiremos o desenvolvimento com o qual sonhamos. A falta de ética é fator de desestímulo nacional. A cada dia tomamos conhecimento de novos desmandos que chegam a superar as nossas expectativas a ponto de já contarmos com deliberações judiciais que procuram combater espécies de nepotismo muito evidentes, embora as normas estabelecidas não impeçam que os antes contratados e que caracterizavam o nepotismo num determinado poder sejam acolhidos em outro poder, como moeda de troca.

Sem ética uma nação jamais consegue construir seu desenvolvimento. Se as "descobertas" de falta de ética na gestão da coisa pública são constantes, como descortinar a utopia do desenvolvimento sustentável? Ao contrário, emerge um clima desanimador entre os cidadãos.

A desintegração nacional, já aqui de algum modo abordada, decorre do desejo de levar vantagem, e isto se pode perceber entre os estados, por exemplo, na questão da recente reforma tributária.

Coloco em quarto lugar, mas não por último, a questão da família bem constituída. A Constituição Federal prescreve que a educação não é apenas de responsabilidade do Estado, mas também da sociedade e nesta a família é a célula básica. O consumismo e o individualismo têm concorrido para tornar a família menos sólida e mais fruto de um contrato entre pessoas, o qual é desfeito com alguma naturalidade. Assim como são feitos "casamentos comunitários", já começam a ser promovidos "divórcios comunitários", fruto do alto grau de separações conjugais que entulham de processos as Varas de Família de muitos tribunais. Essa desagregação familiar tem concorrido para que muitos pais procurem atribuir às escolas responsabilidades muito maiores do que são capazes de exercitar. Fala-se até à boca pequena de uma certa "orfandade de pais vivos".

Partilho da idéia de que a educação de um povo é determinante para que este alcance seu desenvolvimento. Neste aspecto, não nos podemos jactar de grandes avanços qualitativos. Se é verdade que o Brasil alcançou, no ensino fundamental, significativo crescimento quantitativo, o mesmo não aconteceu em relação à qualidade do ensino ministrado. Os resultados do PISA, do SAEB, do antigo PROVÃO e do agora ENADE não se mostram edificantes.

Cláudio Moura Castro, em recente texto publicado na revista *Veja*, procura demonstrar que o conhecimento de um jovem concluinte do ensino médio na Europa é semelhante ao conhecimento de um jovem concluinte do ensino superior no Brasil. Essa visão, certamente

.um pouco pessimista do articulista, serve contudo de alerta para os responsáveis pela educação em nosso País.

Até agora, o Governo, em lugar de cuidar em igualdade de condições do ensino público e do ministrado pelas instituições particulares, tem sido imprudente ao incentivar o *apartheid* entre tais instituições. Isso não conduz à desejada integração nacional, indispensável para a promoção do desenvolvimento sustentável. Mostras evidentes desses incentivos podem ser testemunhadas pelo recente projeto de reforma universitária, prenhe de ideologismo e avessa ao integracionismo dos promotores da educação em nosso País. No passado, havia uma publicidade feita pela Bayer que arrematava no anúncio de seus produtos: "Se é Bayer é bom". Poderíamos dizer que, semelhantemente, o poder público se vem utilizando de um anúncio silencioso: "Se é público é bom", o que necessariamente não é verdadeiro.

A conservação da natureza deve ser parte essencial da promoção da educação, especialmente no ensino fundamental e médio, de sorte a criarmos uma consciência coletiva nesta questão. A conservação da natureza é parte integrante da política de qualidade de vida de uma nação.

As políticas públicas de saúde preventiva são também indispensáveis para o desenvolvimento sustentável, da mesma maneira com que o acesso à comunicação e ao emprego são inerentes e básicos para esse desenvolvimento.

Desejo ultimar minhas preocupações com a questão da Amazônia. Em mensagem do Ministério do Meio Ambiente, de 2001, o então ministro Sarney Filho se expressava assim:

> Nossa política para a Amazônia tem o objetivo de reverter o modelo de ocupação predominante na região, caracterizado por atividades econômicas de alto custo ambiental e de baixo retorno social.

Estamos concentrando esforços para que o crescimento econômico seja construído por meio do uso racional dos recursos naturais, gerando, como conseqüência, melhoria nas condições de trabalho e de vida da população regional.

Essa mensagem decorreu de um seminário técnico, realizado no ano 2000, intitulado Causas e Dinâmica do Desmatamento na Amazônia.

David Ferreira Carvalho, em publicação intitulada *Problemas Contemporâneos da Amazônia*, editada pela Universidade da Amazônia, em 2005, retrata, com muita precisão, o sistema de ocupação da região pelos portugueses colonizadores nos quinhentos anos de economia extrativista. Pouca mudança ocorreu de lá para cá e temos certeza que tal se fez à vista da débil educação do povo amazônico. Credito à educação (e óbvio à saúde) os aspectos centrais para que o desenvolvimento regional seja promovido.

Aprendendo com Kitamura, percebemos o elo existente entre pobreza e meio ambiente, e aqui pobreza não significa simplesmente acesso aos bens materiais, mas especialmente, acesso ao conhecimento. Maia Gomes, em estudo do IPEA, referido em trabalho do Ministério do Meio Ambiente de 2002, mostra que, na década de 1980, o crescimento econômico da Amazônia foi inferior ao do País, refletindo o esvaziamento da capacidade de atuação do Estado. Nas décadas seguintes a Amazônia não foi muito além.

Tenho muita fé que, apesar de tudo isso, o caminho mais acertado para o desenvolvimento sustentável, pelo menos na Região Amazônica, dependerá fundamentalmente do papel das universidades instaladas nessa área. Se nós aprendemos hoje com o que o mundo desenvolvido nos ensina, é essencial consolidarmos o conhecimento do povo amazônico no intuito de transferi-lo para as nações desenvolvidas e não apenas as matérias-primas que exportamos. Há um conhecimento e uma cultura que precisam ser exportadas também.

Referências

CARVALHO, David Ferreira. *Problemas contemporâneos da Amazônia.* Belém: Editora Unama, 2005.

GRANDI, Rodolfo. *Fundamentos para o desenvolvimento da Amazônia.* Rio de Janeiro: FGV, 2002.

KATIMURA, Paulo Choji. *A Amazônia e o desenvolvimento sustentável.* Brasília: Embrapa, 1994.

LEFF, Henrique. *Saber ambiental.* Petrópolis: Vozes, 2002.

MINISTÉRIO DO MEIO AMBIENTE. *Instrumentos econômicos para o desenvolvimento sustentável da Amazônia e causas e dinâmica do desmatamento na Amazônia.* Brasília, 2003.

MONTBELLER FILHO, Gilberto. *O mito do desenvolvimento sustentável.* Florianópolis: Editora UFSC, 2001.

VEIGA, José Eli. *Desenvolvimento sustentável, desafio do século XXI.* Rio de Janeiro: Gramond Universitária, 2005.

PROJETO BRASIL 3 TEMPOS

Coronel Oswaldo Oliva Neto

Apresentação

O Projeto Brasil 3 Tempos foi desenvolvido pelo Núcleo de Assuntos Estratégicos da Presidência da República (NAE), a partir de 2004. Seu propósito é o de subsidiar a Presidência da República para o debate nacional, em seu trabalho de identificar, fixar e pactuar as metas dos principais objetivos estratégicos nacionais que, se conquistadas, proporcionarão ao Brasil o acesso ao grupo das nações desenvolvidas.

Esta apresentação das idéias de futuro do Brasil 3 Tempos foi organizada com o intuito de:

- fazer um breve relato do que é o NAE;
- apresentar os principais conceitos e fases da metodologia utilizada nos estudos prospectivos do NAE;
- descrever, sucintamente, o Brasil 3 Tempos.

Coronel Oswaldo Oliva Neto – Secretário-Geral do Núcleo de Assuntos Estratégicos (NAE) da Presidência da República. Oficial de Artilharia pela Academia Militar das Agulhas Negras. Assistente do Comandante do Exército Brasileiro. Mestre em Ciências Militares pela Escola de Aperfeiçoamento de Oficiais.

Brasil em Questão
A Universidade e o Futuro do País

O Núcleo de Assuntos Estratégicos da Presidência da República (NAE)

O NAE é um órgão essencial da Presidência da República. Seus trabalhos orientam-se no sentido de apoiar a decisão do Presidente na identificação dos desafios, dos potenciais e das oportunidades em temas estratégicos e na elaboração de um projeto estratégico nacional de longo prazo.

Utilizando as mais modernas técnicas prospectivas, busca a antevisão das possibilidades futuras por intermédio de cenários. A prospecção de cada tema estratégico utiliza várias técnicas e ferramentas específicas, como consultas (com uma variação da técnica Delphi), Matriz de Impactos Cruzados; geração do Cenário de Tendência (ordenado por probabilidade de ocorrência); modelagem da Família de Cenários (com base em conceitos mecanicistas e comportamentais); Análise Multicritério; Teoria dos Jogos; Análise dos Atores e Soluções Estratégicas de rotina e de inovação (ruptura).

A metodologia NAE

A metodologia utilizada pelo NAE difere dos processos tradicionais de planejamento estratégico, sendo decorrente do desenvolvimento dessa área do conhecimento. Sua principal e mais nova característica é a de se ver como um "processo" e não apenas como um "projeto" que se finda com a antevisão de cenários prospectivos e suas possíveis soluções estratégicas.

Seus principais módulos estruturais são: o conhecimento do ambiente, a análise temporal, a elaboração da solução estratégica, a interação corretiva e a construção das curvas do futuro.

Fundamentos

Era muito freqüente, no planejamento estratégico tradicional, que os resultados pretendidos não fossem alcançados, mesmo quando os planos e as ações eram conduzidos com sucesso. Procurando corrigir esses insucessos do passado, foram estudadas as metodologias que, ao longo do tempo, foram aplicadas ao planejamento estratégico (militar, empresarial e de governo). Também foram analisadas suas deficiências e limitações.

Esta análise crítica permitiu identificar a principal vulnerabilidade do planejamento estratégico tradicional: seu conceito estático de "projeto". A instabilidade que envolvia o ambiente e o dinamismo da construção do futuro não eram considerados no planejamento estratégico tradicional. Identificadas tais deficiências, o conceito de projeto foi redirecionado para o de processo, e o conceito de planejamento foi complementado com o de gestão.

As macrofunções da metodologia NAE

A metodologia é dividida em macrofunções e sistemas multidisciplinares, integrados em seu conjunto, facilitando sua aplicação. São elas:

- elaboração política;
- diagnóstico ambiental e temporal;
- solução estratégica;
- validação e avaliação;
- gestão do futuro.

A *elaboração política* define a missão e dá destaque à condução política que caracteriza os processos efetivos de conquista de objetivos estratégicos.

Brasil em Questão
A Universidade e o Futuro do País

O *diagnóstico ambiental e temporal* permite a avaliação do presente, analisando as ações ou omissões dos atores que, tomadas no passado, conformaram a realidade atual. Tal diagnóstico auxiliará a visualização de cenários prospectivos.

A *solução estratégica* parte dos diagnósticos ambiental e temporal e busca as melhores soluções estratégicas para a construção das curvas de futuro.

A *validação e a avaliação* são a macrofunção que realiza o cruzamento entre a solução estratégica teórica e a realidade do ambiente para atualizar o planejamento.

A *gestão do futuro* permite identificar o melhor momento e a melhor forma da aplicação do poder (vontades e meios) disponíveis para ajudar a construir a curva de futuro e levar à conquista de cada objetivo estratégico.

Os sistemas da Metodologia NAE

O desdobramento destas macrofunções em sistemas permite a seguinte estruturação da metodologia:

- conhecimento da conjuntura atual;
- análise retrospectiva;
- análise prospectiva;
- planejamento da solução estratégica;
- interação corretiva;
- construção do futuro.

1) Conjuntura atual

A conjuntura atual é o momento inicial no qual as informações pertinentes à área em estudo são coletadas com a maior abrangência possível.

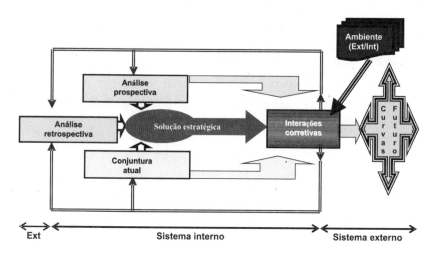

2) Análise retrospectiva

O primeiro sistema a ser construído é a análise retrospectiva. A conjuntura atual serve de base para a compreensão da dinâmica ambiental do passado.

Por sua vez, a análise dos atores e dos reflexos de suas ações e omissões passadas permite a compreensão da dinâmica que construiu o presente.

3) Análise prospectiva

A análise prospectiva se vale das informações da conjuntura atual e da análise retrospectiva para identificar fatos portadores de futuro. Os fatos portadores de futuro são a base inicial do processo de cenarização futura.

Na prospectiva, não se permite futurologia nem adivinhação do futuro. Os cenários são elaborados com base em técnicas de convergência de opinião aplicadas a um segmento representativo de toda a sociedade. Os dados obtidos permitem a construção dos Cenários de Tendência, ordenados por probabilidade de ocorrência e da percepção do futuro pelo público consultado.

Brasil em Questão
A Universidade e o Futuro do País

A seguir, o Cenário de Tendência com maior probabilidade de ocorrência é modelado no sentido de construir uma Família de Cenários. A modelagem parte da premissa de que a sociedade, ao deparar com a projeção futura da tendência atual, é estimulada a fazer suas escolhas e opta por construir um futuro mais promissor, conforme suas aspirações.

4) Soluções estratégicas

A construção de cada solução estratégica é elaborada por meio de um estudo de situação.

Cumpridos os passos anteriores da metodologia (conjuntura → análise retrospectiva → análise prospectiva e família de cenários), o estudo de situação irá elaborar estratégias para a conquista dos objetivos estratégicos de longo prazo.

As estratégias do estudo de situação organizam linhas de ação que respondem às clássicas perguntas relacionadas à aplicação do poder:

- Quem?
- O quê?
- Quando?
- Como?
- Onde?
- Com que meios?

Para eleger, dentre elas, a mais efetiva (eficiente e eficaz) para que a nação conquiste seus objetivos futuros, são as linhas de ação confrontadas com os princípios da estratégia, que são: unidade de comando; objetividade; proatividade; segurança; simplicidade; surpresa; esforço prioritário; flexibilidade; economia de meios.

5) Interação corretiva

Esta fase permite a retroalimentação das fases anteriores, mantendo o sistema permanentemente atualizado e garantindo a manutenção de sua influência.

Esse monitoramento é avaliado por indicadores estratégicos, com o uso de matrizes matemáticas.

6) Construção do futuro

Esta fase pragmática da metodologia começa com a identificação do equilíbrio do sistema elaborado na fase anterior. Incentivam-se o envolvimento dos atores (população, organizações e Estado) e a implementação das ações, no intuito de ser acelerado, pela pactuação nacional, o ritmo de conquista dos objetivos estratégicos da nação.

Torna-se possível alinhar objetivos individuais e organizacionais com objetivos estratégicos do Estado, numa fusão de interesses, facilitando sua conquista. A pactuação visa a coesionar a sociedade diante dos objetivos e a reduzir tempo e custos para sua conquista.

O Projeto Brasil 3 Tempos

Apresentação

O Brasil 3 Tempos é uma ferramenta de planejamento de longo prazo do País. Por suas características, transcende a visão de um único governo. Foi conduzido pelo NAE e teve o financiamento do BNDES, sendo desenvolvido sobre três marcos temporais: *2007*, que marca o início desse inovador processo de construção do futuro e de um novo período de governo; *2015*, que se constitui em um objetivo intermediário, com reflexos internacionais, referência usada pela Organização das Nações Unidas para os "Objetivos do Milênio"; e *2022*, ano do Bicentenário da Independência do Brasil.

Considerando a metodologia adotada, o NAE solicitou a especialistas de renomadas instituições do país as análises da conjuntura e retrospectiva por segmentos da realidade, denominados dimensões.

As vantagens de um planejamento estratégico nacional de longo prazo

A adoção de um planejamento estratégico nacional de longo prazo deverá apresentar duas grandes contribuições ao processo de desenvolvimento nacional: a *antecipação da data de conquista* dos objetivos estratégicos e a *redução das incertezas* do futuro.

Na hipótese de construir o futuro sem um planejamento de longo prazo, levando em consideração os cinqüenta temas estratégicos do Brasil 3 Tempos, a possibilidade de conquistarmos o cenário ideal, até 2022, é de apenas 0,8%. Na outra hipótese, na qual o Brasil assume a prática de um planejamento de longo prazo, a probabilidade de ocorrência desse cenário ideal desejado é multiplicada por quarenta.

O benefício não reside apenas no aumento da probabilidade de ocorrência, mas, também, na redução da incerteza.

As propostas de metas e de objetivos estratégicos do Brasil 3 Tempos

A meta estratégica é uma hipótese de ocorrência de um acontecimento futuro, identificada com base em um tema estratégico.

Cada um dos temas estratégicos do Brasil 3 Tempos tem objetivos estratégicos para 2015 e 2022 que deverão, posteriormente, passar por uma validação no debate público nacional. Eles estão apresentados, por ordem alfabética, na tabela a seguir.

TEMAS E OBJETIVOS ESTRATÉGICOS

1. Ações afirmativas de inclusão social

2015: Ampliar o acesso ao ensino e ao mercado de trabalho a todos os grupos étnico-raciais.

2022: Universalizar o acesso ao ensino e ao mercado de trabalho a todos os grupos étnico-raciais.

2. Agricultura e pecuária

2015: Conquistar a liderança mundial na produção de alimentos.

2022: Manter a liderança mundial na produção de alimentos.

3. Amazônia

2015: Ampliar os processos de integração política, econômica, social, cultural, territorial, ambiental e do conhecimento da Amazônia.

2022: Consolidar a integração política, econômica, social, cultural, territorial, ambiental e do conhecimento da Amazônia.

4. Biodiversidade

2015: Promover a gestão sustentável e soberana da biodiversidade brasileira.

2022: Consolidar a gestão sustentável e soberana da biodiversidade brasileira.

5. Biotecnologia

2015: Posicionar o Brasil entre os vinte maiores produtores no mercado biotecnológico mundial.

2022: Posicionar o Brasil entre os dez maiores produtores no mercado biotecnológico mundial.

6. Bloco político-econômico da América do Sul

2015: Participar da criação de um "espaço econômico integrado" na América do Sul, valorizando seus aspectos econômicos, sociais, culturais, políticos, de defesa e de segurança.

2022: Consolidar o "espaço econômico integrado" na América do Sul, valorizando seus aspectos econômicos, sociais, culturais, políticos, de defesa e de segurança.

7. Bloco político-econômico do Mercosul

2015: Consolidar o Mercosul para instituir um mercado comum unificado no Cone Sul, valorizando os laços culturais e a colaboração regional.

2022: Fortalecer o Mercosul para incrementar o mercado comum unificado no Cone Sul, ampliando os laços culturais e a colaboração regional.

Brasil em Questão
A Universidade e o Futuro do País

TEMAS E OBJETIVOS ESTRATÉGICOS

8. Bloco político-econômico no continente americano (ALCA)

2015: Participar da criação de um bloco acordado de livre comércio no continente americano que contribua para o desenvolvimento do Brasil e o regional.

2022: Consolidar um bloco acordado de livre comércio no continente americano que resulte em melhorias para o desenvolvimento do Brasil e o regional.

9. Brasil, Rússia, Índia e China

2015: Participar da formação de novo pólo de poder mundial, constituído pelo Brasil, pela Rússia, pela Índia e pela China.

2022: Consolidar o novo pólo de poder mundial, constituído pelo Brasil, pela Rússia, pela Índia e pela China.

10. Carga tributária

2015: Modernizar o sistema tributário.

2022: Aperfeiçoar o sistema tributário.

11. Conselho de Segurança das Nações Unidas (CSNU)

2015: Integrar, como membro permanente, o Conselho de Segurança da ONU.

2022: Participar, ativa e permanentemente, do Conselho de Segurança da ONU.

12. Contas públicas

2015: Reduzir o grau de endividamento como proporção do PIB para que a dívida líquida do setor público seja inferior a 40% do PIB.

2022: Reduzir o grau de endividamento como proporção do PIB para que a dívida líquida do setor público seja inferior a 30% do PIB.

13. Controle da inflação

2015: Obter taxas de inflação consideradas compatíveis com as dos países desenvolvidos.

2022: Manter taxas de inflação consideradas compatíveis com as dos países desenvolvidos.

14. Desigualdade social

2015: Reduzir a desigualdade social, situando o Brasil entre os setenta primeiros países, segundo o índice de Gini, e elevando o IDH médio para cerca de 0,85.

2022: Reduzir a desigualdade social, situando o Brasil entre os sessenta primeiros países, segundo o índice de Gini, e elevando o IDH médio para cerca de 0,9.

TEMAS E OBJETIVOS ESTRATÉGICOS

15. Desigualdades regionais

2015: *Identificar e desenvolver o potencial das competências específicas de cada região.*
2022: Otimizar o processo de desenvolvimento baseado no potencial das competências específicas de cada região.

16. Despesas correntes

2015: Melhorar a qualidade do gasto público e reduzir de forma consistente o volume de despesas correntes em relação ao PIB.
2022: Aperfeiçoar a qualidade do gasto público e reduzir de forma consistente o volume de despesas correntes em relação ao PIB.

17. Diversidade cultural brasileira

2015: Aumentar a presença de produtos de origem cultural nacional, interna e externamente, ampliando sua participação na pauta das nossas exportações.
2022: Tornar significativa a presença de produtos de origem cultural nacional, interna e externamente, tornando significativa sua participação na pauta das nossas exportações.

18. Educação básica

2015: Ampliar o acesso à educação básica (educação infantil + ensino fundamental + ensino médio) para a faixa etária adequada.
2022: Universalizar o aceso à educação básica (educação infantil + ensino fundamental + ensino médio) para a faixa etária adequada.

19. Ensino superior

2015: Ampliar o acesso ao sistema de educação superior de modo que se incluam, até 2015, cerca de 30% dos brasileiros entre 18 e 24 anos.
2022: Ampliar o acesso ao sistema de educação superior de modo que se incluam, até 2022, cerca de 40% dos brasileiros entre 18 e 24 anos.

20. Entes federados

2015: Criar novas formas de articulação entre os entes federados.
2022: Aperfeiçoar os processos de articulação entre os entes federados.

21. Estrutura tributária

2015: Modernizar o sistema tributário
2022: Aperfeiçoar o sistema tributário

Brasil em Questão
A Universidade e o Futuro do País

TEMAS E OBJETIVOS ESTRATÉGICOS

22. Exportações brasileiras

2015: *Responder por cerca de 1,5% do valor das exportações mundiais.*

2022: *Responder por cerca de 2% do valor das exportações mundiais.*

23. Inclusão digital

2015: *Contribuir para a inclusão digital da população brasileira de modo que, até 2015, mais de 60% tenha acesso a computadores, redes de telemática e serviços digitais.*

2022: *Contribuir para a inclusão digital da população brasileira de modo que, até 2022, mais de 80% tenha acesso a computadores, redes de telemática e serviços digitais.*

24. Infra-estrutura

2015: *Elevar os investimentos totais em infra-estrutura para no mínimo 3,5% do PIB.*

2022: *Elevar os investimentos totais em infra-estrutura para no mínimo 5% do PIB.*

25. Investimentos em ciência, tecnologia e inovação

2015: *Investir com recursos públicos e privados anualmente cerca de 2% do PIB em ciência, tecnologia e inovação.*

2022: *Investir com recursos públicos e privados anualmente cerca de 3% do PIB em ciência, tecnologia e inovação.*

26. Matriz brasileira de combustíveis

2015: *Ampliar o uso dos biocombustíveis e do gás natural, passando cada um desses energéticos a representar cerca de 20% de nossa matriz de combustíveis.*

2022: *Ampliar o uso dos biocombustíveis e do gás natural, passando cada um desses energéticos a representar cerca de 30% de nossa matriz de combustíveis.*

27. Mercosul e União Européia (UE)

2015: *Participar, junto com o Mercosul, da criação de um acordo de livre comércio com a União Européia, ampliando os laços culturais e de colaboração científica.*

2022: *Consolidar o acordo de livre comércio com a União Européia, ampliando os laços culturais e de colaboração científica.*

28. Nanotecnologia

2015: *Posicionar o Brasil entre os trinta maiores produtores mundiais de base nanotecnológica.*

2022: *Posicionar o Brasil entre os vinte maiores produtores mundiais de base tecnológica.*

TEMAS E OBJETIVOS ESTRATÉGICOS

29. Nível de emprego

2015: Ampliar o processo de geração de emprego (taxa de ocupação) de modo que seja pelo menos 15% maior do que em 2005 (cerca de 2% ao ano).

2022: Ampliar o processo de geração de emprego (taxa de ocupação) de modo que seja pelo menos 30% maior do que em 2005 (cerca de 2% ao ano).

30. Normalidade constitucional

2015: Manter a normalidade democrática e constitucional.

2022: Manter a normalidade democrática e constitucional.

31. Ordenamento do território brasileiro

2015: Orientar análises relacionadas ao ordenamento político-administrativo territorial do Brasil.

2022: Aperfeiçoar o ordenamento político-administrativo territorial do Brasil.

32. Ordenamento mundial emergente

2015: Pautar o relacionamento externo considerando as possíveis mudanças no ordenamento mundial futuro.

2022: Pautar o relacionamento externo considerando as possíveis mudanças no ordenamento mundial futuro.

33. Organização das Nações Unidas (ONU)

2015: Participar ativamente do processo de reforma da ONU, advogando por mais eficiência às ações da Organização e mais representatividade dos países-membros.

2022: Participar ativamente do processo de aperfeiçoamento da ONU, advogando por mais eficiência às ações da Organização e mais representatividade dos países-membros.

34. Perfil etário da população

2015: Atender às demandas sociais geradas pelas alterações do futuro perfil dos dependentes (crianças e idosos).

2022: Aperfeiçoar o atendimento às demandas sociais geradas pelo novo perfil dos dependentes (crianças e idosos).

35. Programas tecnológicos em áreas sensíveis

2015: Posicionar o Brasil entre os trinta maiores produtores mundiais de bens e serviços oriundos de tecnologias em áreas sensíveis.

2022: Posicionar o Brasil entre os vinte maiores produtores mundiais de bens e serviços oriundos de tecnologias em áreas sensíveis.

Brasil em Questão
A Universidade e o Futuro do País

TEMAS E OBJETIVOS ESTRATÉGICOS

36. Protocolo de Quioto

2015: Conquistar cerca de 10% do mercado mundial de créditos de carbono.

2022: Conquistar cerca de 20% do mercado mundial de créditos de carbono.

37. Qualidade da vida urbana

2015: Reduzir e urbanizar 20% das áreas ocupadas por loteamentos irregulares e favelas.

2022: Reduzir e urbanizar mais 30% das áreas ocupadas por loteamentos irregulares e favelas.

38. Qualidade do ensino

2015: Posicionar o sistema educacional brasileiro entre os vinte melhores do mundo.

2022: Posicionar o sistema educacional brasileiro entre os quinze melhores do mundo.

39. Recursos do mar

2015: Ampliar a gestão sobre a Zona Econômica Exclusiva e a Plataforma Continental brasileira.

2022: Consolidar a gestão sobre a Zona Econômica Exclusiva e a Plataforma Continental brasileira.

40. Relações trabalhistas

2015: Modernizar as relações trabalhistas.

2022: Aperfeiçoar as relações trabalhistas.

41. Sistema de Defesa Nacional

2015: Recuperar a capacidade de defesa nacional, tornando-a ajustada à estatura político-estratégica da Nação.

2022: Manter a capacidade de defesa nacional ajustada à estatura político-estratégica na Nação.

42. Sistema industrial, tecnológico e de comércio exterior

2015: Aumentar em pelo menos 10% a participação relativa da soma de produtos semimanufaturados e manufaturados na pauta de exportações.

2022: Aumentar em pelo menos 15% a participação relativa da soma de produtos semimanufaturados e manufaturados na pauta de exportações.

TEMAS E OBJETIVOS ESTRATÉGICOS

43. Sistema judiciário
2015: Modernizar o Sistema Judiciário.
2022: Aperfeiçoar o Sistema Judiciário.

44. Sistema político-partidário
2015: Modernizar o sistema político-partidário.
2022: Aperfeiçoar o sistema político-partidário.

45. Sistema previdenciário
2015: Implantar progressivas regras previdenciárias equânimes para trabalhadores da iniciativa privada e para servidores públicos.
2022: Aperfeiçoar as regras previdenciárias dos trabalhadores da iniciativa privada e dos servidores públicos.

46. Sistema Único de Saúde (SUS)
2015: Aumentar as ações e os serviços do Sistema Único de Saúde (SUS) de forma eficiente, eqüitativa e com qualidade.
2022: Universalizar o acesso ao Sistema Único de Saúde (SUS) de modo eficiente, eqüitativa e com qualidade.

47. Taxa de investimento
2015: Aumentar a taxa de investimento para cerca de 25% do PIB.
2022: Aumentar a taxa de investimento para cerca de 30% do PIB.

48. Tecnologias de Informação e Comunicação (TICs)
2015: Posicionar o Brasil entre os 25 países com maior produção e consumo de bens e serviços de TIC per capita.
2022: Posicionar o Brasil entre os vinte países com maior produção e consumo de bens e serviços de TIC per capita.

49. Uso e conservação da água doce
2015: Promover a gestão sustentável dos recursos hídricos e dos aqüíferos do subsolo.
2022: Consolidar a gestão sustentável dos recursos hídricos e dos aqüíferos do subsolo.

50. Violência e criminalidade
2015: Reduzir em 30% os atuais índices de criminalidade e violência.
2022: Reduzir em mais 50% os atuais índices de criminalidade e violência.

Brasil em Questão
A Universidade e o Futuro do País

Como o enfoque desta apresentação são as idéias portadoras de futuro, não serão apreciados neste texto os cenários prospectivos (de tendência e de ruptura) e as propostas de soluções estratégicas para cada uma das metas anteriormente apresentadas. Contudo, todo o material do Brasil 3 Tempos, desde sua metodologia até os bancos de dados com a percepção de futuro de nossa sociedade, bem como seus cenários de tendência e de ruptura, estão disponíveis no site do NAE, no endereço: www.nae.gov.br.

BRASIL: IDÉIAS PORTADORAS DE FUTURO

Rodrigo Costa da Rocha Loures

Uma das questões candentes do Brasil contemporâneo é o descompasso entre a procura e a oferta de postos de trabalho. Cerca de 4 milhões de brasileiros entre 18 e 24 anos estão desocupados, um número que representa 45% do desemprego total. Enquanto o desemprego geral fica em torno de 10,5%, o dos jovens chega a 22%. Para agravar esta situação, levantamento recente mostra que cerca de 27% dos jovens brasileiros entre 16 e 24 anos não estão trabalhando e também não estão na escola.

Esses dados, dentre tantos outros, demonstram um estado crônico que vem desde a década de 1980 e se contrapõem à dinâmica econômica dos exuberantes primeiros oitenta anos do século passado.

Rodrigo Costa da Rocha Loures – Administrador de Empresas pela FGV, SP. Foi Professor na Faculdade de Administração das Universidades Federal e Católica do Paraná. Empresário da indústria alimentícia, é um dos fundadores da Nutrimental. Preside a Federação das Indústrias do Estado do Paraná (FIEP) e o Conselho Temático Permanente de Política Industrial e Desenvolvimento Tecnológico (COPIN), da Confederação Nacional da Indústria (CNI).

Brasil em Questão
A Universidade e o Futuro do País

Entre os anos de 1900 a 1980, fomos a sociedade do planeta que mais cresceu e se industrializou, gerando oportunidades de trabalho e mobilidade social para amplas parcelas da população. Construímos um complexo e diversificado parque industrial e atingimos no final da década de 1980 a posição de oitava economia do mundo em termos de produção de bens e serviços. Durante todo esse período, enquanto a renda *per capita* do Brasil crescia a uma taxa média anual de 3,04%, a do mundo crescia a 1,92%.

Entretanto, nos últimos 25 anos, nossa renda *per capita* média cresceu somente 0,43%, enquanto a mundial atingiu 1,04%. Nossa distância em relação ao restante do mundo foi se ampliando, e quando nos comparamos aos países emergentes, como a China e a Índia, a diferença é assustadora. Entre 1996 e 2005, o PIB do Brasil expandiu-se 22,4%, enquanto a economia mundial registrou 45,6%. Ou seja, a perda em termos econômicos neste último decênio atingiu 17%. Se o Brasil mantiver esse ritmo, levará um século para dobrar a renda *per capita* e chegar próximo à registrada hoje pela Coréia do Sul ou Portugal.

Cremos que nesse contexto cabe perguntar: por que se amplia a distância que nos separa de países que estão alcançando altos índices de crescimento e desenvolvimento econômico e social? Será que nós desaprendemos a crescer? Será que algo que parecia episódico se transformou num quadro crônico e irreversível? Qual é a causa disso? A causa desse descompasso não é, seguramente, a falta de bons diagnósticos e projetos. Sabemos há muito que para ocupar a crescente população ativa e empreendedora o País teria de crescer, no mínimo, 5% ao ano. Certamente que com os reiterados percentuais de 2% a 3% ao ano de crescimento médio do PIB não conseguiremos incorporar parcelas significativas das novas gerações do País ao mercado de trabalho.

Por isso, o entendimento que nós, empresários, temos é que o papel das empresas, em especial o da indústria e dos serviços a ela conectados, é crescer e fazer crescer. A indústria funciona como um motor do processo de crescimento e desenvolvimento, pois é um segmento da economia caracterizado por induzir a agregação de conhecimento e de tecnologia no processo produtivo, gerando inovações e conseqüentes ganhos de produtividade. Quando se desenvolve, o setor industrial, em razão de seu pronunciado efeito multiplicador, propaga esse círculo virtuoso por todo o sistema econômico, gerando emprego e renda também na agricultura, no comércio, nos serviços, no setor público, etc.

Acontece que no Brasil, a partir de 1980, a indústria perdeu parte do seu dinamismo. Os obstáculos foram se sucedendo e acrescentando ao salutar exercício da livre concorrência entraves artificiais provocados especialmente por equívocos de política econômica. Os gestores da economia brasileira parecem ter renunciado à capacidade de pensar por conta própria, de encontrar de forma autônoma as diretrizes para conduzir nossos destinos. Passamos a ser cada vez mais orientados por uma visão equivocada pautada exclusivamente por referenciais externos que atendem a pressupostos de ordem meramente financeira. A política econômica deixou de considerar a produção de bens e serviços e a geração de emprego e renda como essenciais e estratégicos para o desenvolvimento nacional.

Nas duas últimas décadas, o Brasil desaprendeu a gerenciar seu próprio desenvolvimento, colocando-se numa posição de risco de desindustrialização precoce. Começam a aparecer os primeiros indícios de que o País está trocando a perspectiva da produção de bens que embutem significativos investimentos em conhecimento e capital humano qualificado pela produção de *commodities*. Isso se tem refletido na nossa pauta de exportação e nos superávits da balança comercial, na qual ainda se destacam os produtos com baixo valor agregado. Aliás, o aquecimento da demanda internacional tem contribuído para o desempenho positivo das exportações, favorecendo diversos produtos naturais em que o Brasil tem vantagens comparativas.

Não sejamos mal interpretados: é bom lembrar que o desempenho positivo e crescente das exportações de *commodities* é fruto, também, da competência e do arrojo dos dinâmicos empresários do agronegócio, da siderurgia e da mineração. Os aumentos constantes de produtividade, por exemplo, na produção de grãos, são um indicador cabal disso. O Brasil tem grandes vantagens comparativas na agropecuária e deve aproveitá-las cada vez mais, explorando todas as oportunidades de negócio que se abrem neste segmento. E exatamente por isso, o País tem excelente potencial para construir vantagens competitivas dinâmicas em cima dessas vantagens comparativas, produzindo bens e serviços com maiores valores agregados.

Nosso ponto de vista é que os gestores da política econômica devem ter uma visão sistêmica do País e perceber que o desenvolvimento de um ou outro setor da economia não pode ocorrer em detrimento dos demais. A economia deve ser vista no seu conjunto, e quando esta análise mais ampla ocorre ficam claras as dificuldades do setor industrial. O excessivo enfoque da política econômica no favorecimento do setor rentista, contemplado pelas mais altas taxas de juros do mundo, tem sido um indutor da desestruturação das cadeias produtivas industriais e do baixo investimento produtivo, que não tem atingido 20% em termos anuais em relação ao PIB. Neste ponto, os especialistas recomendam que este valor deveria estar pelo menos próximo de 25% para se garantir uma dinâmica de crescimento anual e sustentável com a respectiva modernização requerida do nosso aparato produtivo

Diante de um cenário internacional momentaneamente muito propício para *commodities* e de uma governança da política econômica que possui viés exclusivamente financeiro, acabou-se provocando um descompasso no valor do câmbio. A sobrevalorização do real tira a competitividade de amplos setores da economia, inviabilizando muitas atividades industriais que deveriam ser objeto de políticas públicas, porque portadoras de futuro, ou seja, têm grande potencial para gerar renda de forma sustentável e dinamizar amplos setores da economia. Estamos nos referindo, por exemplo, às atividades industriais que incorporam as biotecnologias e as nanotecnologias; os novos equipamentos e os instrumentos produtores das energias renováveis; os equipamentos e os materiais utilizados nos tratamentos ambientais; as mais apropriadas e sustentáveis embalagens, dentre outros. O grande risco que se corre com a atual política econômica é que essas atividades altamente portadoras de futuro também sejam sufocadas na sua capacidade de expansão.

Muito acima dos setores, portanto, estão as idéias portadoras de futuro, e a primeira delas é, sem dúvida alguma a necessidade de crescimento econômico. Uma causa que para ser viabilizada necessita da vontade política de toda a sociedade. Por isso, o País tem, necessariamente, de encontrar fórmulas, processos e métodos para atuar sobre a economia para voltar a crescer. Isso não significa, em absoluto, abrir mão das conquistas obtidas arduamente na luta pela estabilidade econômica. É necessário considerar-se ultrapassada e consolidada essa etapa e buscar, de ora em diante, o progresso sustentável do País por meio de investimentos que incorporem continuamente inovações na produção: nos produtos, nos processos e na gestão.

Para reconceituar o pensamento e a prática da política econômica precisamos alterar sua governança, atualmente centrada unicamente em pessoas ligadas à área financeira, vide as presenças do ministro da Fazenda e do presidente do Banco Central. Observe-se que até mesmo em decorrência daquele processo de crescimento e industrialização vivido pelo País nas primeiras oito décadas do século XX a economia brasileira tornou-se muito complexa, o que exige maior aproximação entre o conhecimento e a produção. Como para ratificar nossa observação, o interlocutor oficial alemão no nosso recente encontro empresarial Brasil–Alemanha, por exemplo, era o ministro da Economia e Tecnologia. O fato de os alemães concentrarem num só órgão a administração da economia e da tecnologia significa que eles perceberam que o conhecimento e, por conseguinte, a tecnologia são o principal impulsionador da produtividade e gerador da riqueza e da saúde econômica do país.

No Brasil, infelizmente, essa percepção ainda não ocorreu, o que pode ser evidenciado pela forma compartimentada da administração econômica na esfera federal: temos um ministro para os assuntos da Fazenda, outro para a Ciência e Tecnologia e outro para o Desenvolvimento Econômico e Indústria. Portanto, uma gestão fragmentada, cujas regras são ditadas pelas equipes da Fazenda articuladas com as do Banco Central, influenciadas exclusivamente pelos interesses do sistema financeiro internacional e nacional. Nessa modelagem, os segmentos industriais, agrícolas, comerciais e de serviços brasileiros são muito pouco ouvidos.

Nada disso será obtido, contudo, sem uma ampla reforma política, que é, para nós, a grande idéia portadora de futuro. Toda e qualquer proposta de mudança que leve ao crescimento e ao desenvolvimento sustentado da economia passa pela política, que – os últimos acontecimentos comprovam –, revela graves distorções. É sabido que herdamos quinhentos anos de patrimonialismo que se refletem até hoje, quando vemos a classe política elaborar regras pensando primeiramente nas suas conveniências e nos seus interesses. Nós não desenvolvemos ainda uma aptidão, uma competência para fazer política como cidadãos. Isso significa ter cuidado e profundidade na escolha dos nossos representantes, além de perceber a política como um ato que não deve se esgotar na digitação do número do candidato: é preciso acompanhar seu mandato.

Uma reforma política não pode ser feita unicamente pelos políticos, deve ser feita pela sociedade. É verdade que nos sentimos, algumas vezes, impotentes diante da sem-cerimônia, da arrogância, da auto-suficiência e da prepotência com que acontece o exercício do poder no País. Mas nós temos um espaço de participação, que é o voto, que é a mobilização, a participação. À medida que a sociedade se organizar em torno de um projeto comum, identificar o que une os indivíduos, é possível promover a mudança.

No Paraná, o empresariado deu início, no final de 2005, a um movimento de mobilização e conscientização política que ultrapassou os limites da esfera produtiva e transbordou para outros segmentos da sociedade. Este movimento, que hoje congrega representantes do setor produtivo, da academia, da imprensa, de profissionais liberais e estudantes, obedece a um novo paradigma de atuação política. Nele não cabe o viés corporativista, mas uma postura cidadã, que pressupõe a percepção do outro e de si mesmo como pessoas capazes de contribuir para o aprimoramento da política. Esta nova forma de fazer política tem, portanto, um componente comunitário fundamental, pois a política está relacionada com aqueles assuntos que dizem respeito à convivência. Assim, qualquer movimento de mudança ou de aprimoramento político que não sensibilize a maior parte da sociedade não tem a menor possibilidade de êxito.

Envolver grande parte da sociedade na discussão de uma nova atuação política é imprescindível, até mesmo porque, por intermédio do Governo, circula cerca de 40% da renda nacional por meio da infinidade de tributos, taxas e contribuições. E nós sabemos que o Governo é um arrecadador voraz e um gastador perdulário, um mau administrador dos recursos alheios.

Sem a menor sombra de dúvida, o Brasil é um país privilegiado em termos de recursos naturais e povo, algo que o mundo inteiro reconhece. Nós, industriais, somos testemunhas de que nossos

Brasil em Questão
A Universidade e o Futuro do País

trabalhadores são capazes não apenas de aprender e absorver, mas também de desenvolver tecnologias. Lembre-se, só para citar alguns exemplos, que nossa indústria aeronáutica, os sistemas desenvolvidos para a automação bancária, da votação eletrônica e do imposto de renda via internet circulam no mundo com a marca da inovação e da criatividade dos brasileiros.

Nós, brasileiros, somos capazes, o nosso povo é capaz, os nossos empresários são capazes, as nossas condições naturais são excepcionais. Se estamos atrasados em relação a outros países, se a distância entre nós e o mundo desenvolvido aumentou nos últimos vinte anos é porque a nossa política funciona mal, é refratária aos anseios da população. Por isso, nosso grande desafio é promover um salto de qualidade na política. Não se trata de implementar simplesmente uma reforma política, mas uma reforma da política, o que implica mudar a forma das instituições e os costumes da sociedade. No entanto, este avanço só vai acontecer se a sociedade, participativamente, se organizar para isso e construir uma massa crítica capaz de fazer estas mudanças.

À medida que, em todo o Brasil, se for disseminando a prática da participação no processo político, vai-se verificar um salto qualitativo. As pessoas tenderão a perceber que uma boa escolha não se reduz à opção por um entre muitos candidatos, mesmo que a decisão do voto seja precedida de uma análise do caráter, do compromisso com a ética, do programa político-partidário. A boa escolha terá repercussões para depois da eleição e será testada pelo acompanhamento sistemático dos eleitos para que eles cumpram os compromissos assumidos. Indubitavelmente, a maior barreira para o nosso País se desenvolver está na questão da política. Sem *esse* salto de qualidade nas instituições e nos costumes políticos brasileiros todos os nossos planos, desejos e necessidades serão prejudicados. A corrupção, a burocracia, o jogo dos interesses menores, a má utilização dos recursos públicos, o descaso com questões cruciais, como a qualidade do ensino, da saúde, da segurança, continuarão mantendo o País em retrocesso.

Sem segurança não há liberdade, sem liberdade não há democracia, sem democracia não acontece o desenvolvimento. O Brasil atingiu um estágio de tal complexidade que o único modelo político que nos serve é a democracia. Portanto, temos de levá-la às últimas conseqüências. Não nos podemos acomodar nem nos satisfazer com uma democracia meramente formal, aparente, na qual as decisões continuam desconectadas dos interesses da sociedade ou sendo tomadas, na maioria das vezes, em função dos interesses de grupos e indivíduos. Portanto, a grande mudança a se verificar é muito mais do modelo, dos processos, das atitudes e dos métodos do que de pessoas.

A grande idéia portadora de futuro é, portanto, fazer da democracia uma prática efetiva e não uma mera formalidade para regular a sucessão de governantes. Do ponto de vista de desenvolvimento econômico e tecnológico, o mundo oferece amplas oportunidades para o Brasil. Estamos vivendo um processo de mudança na matriz energética, nos processos de trabalho e de gestão, nos processos políticos. Muitas mudanças vão ocorrer no planeta nos próximos anos, e as novas gerações de brasileiros vão e devem participar disso. O Brasil tem plena capacidade para atuar como protagonista nesse processo, mas a condição para que isso se torne possível é valorizar nossa soberania. Não podemos aceitar a idéia de que somos incapazes de encontrar soluções para os nossos problemas ou de aproveitar as oportunidades deste mundo em constante transformação. Não podemos perder de vista que existe uma crescente interdependência entre os mercados, mas temos de assumir uma postura de inserção soberana no cenário internacional. Nós temos de pensar uma grande política para o País que contemple o seu desenvolvimento sustentado, em sintonia com o desenvolvimento do planeta e que ofereça aos jovens um horizonte mais seguro e, portanto, tranqüilo.

Para finalizar, destacamos as nossas cinco idéias portadoras de futuro para o Brasil na atualidade, inspirando-nos na criatividade de Quino e sua sempre instigante Mafalda, que nos leva a distinguir e a focar nas questões estruturais que impedem o Brasil de se desenvolver, e os brasileiros, de sonhar.

Assim, o País deve:

Crescer com estabilidade acima de 5% ao ano

A retomada do desenvolvimento deve se constituir na prioridade absoluta da sociedade brasileira. Como a manutenção da inflação sob controle constitui um acervo social a ser preservado, a única forma de obter expansão produtiva com estabilidade é por meio dos investimentos produtivos, os quais comandam o processo de crescimento por meio de novas capacidades de oferta, um dos maiores antídotos às pressões ascendentes de preços. Para isso, a taxa bruta de formação de capital fixo deve ser elevada para 25% do PIB ao ano.

Assegurar taxas de juro real básicas da ordem de 3,0% ao ano

É essencial que haja uma acentuada redução das taxas de juro real básicas para cerca de 3,0% aa, tal como nos demais países emergentes. As anômalas taxas de juros brasileiras constituem um agressivo exterminador dos impulsos empreendedores de nossa população, retiram competitividade e anulam os esforços de elevação da produtividade de nossas empresas, além de difundirem uma mentalidade rentista para o conjunto da população. Também se constituem num perverso programa de reconcentração de renda. Por isso, não é prudente conceder autonomia ao Banco Central enquanto vigorar esta anômala taxa de juros real básica, visando a evitar a cristalização do assimétrico poder hoje desfrutado pelos interesses financeiros sobre o Estado Nacional Brasileiro, para resguardar os interesses gerais da população.

Inovar na governança da política econômica

A manutenção da atual política pública com profundo viés financeiro também pode ser explicada por uma extremamente concentrada governança pública dos instrumentos principais de política econômica. De um lado, no CMN seus únicos três membros são ministros essencialmente ocupados por tarefas e equipes voltadas a assuntos estritamente financeiros, e o Governo, a despeito de múltiplas propostas de ampliação de seus participantes, ignorou este assunto, diminuindo até mesmo o prestígio do próprio CDES, que ele,

Governo, houvera antes, em boa hora, tido a coragem e o descortino de instituir, ao desmerecer a moção ali aprovada por imensa maioria de seus conselheiros. De outro lado, um Banco Central cujos cargos de direção superior são invariavelmente ocupados por profissionais que emergem de, ou pretendem vir a operar no sistema financeiro privado, jamais assumindo qualquer contraposição aos interesses desse setor.

Redefinir uma educação geral voltada para o empreendedorismo, a criatividade e o desenvolvimento dos talentos, dedicando ênfase especial à capacitação tecno-profissional como essencial à economia do conhecimento

A educação profissional para aqueles já incorporados aos processos produtivos nas empresas é crucial para a obtenção simultânea dos conhecimentos formais e tácitos envolvidos neste formato educacional. Estímulos especiais devem ser estabelecidos para estes investimentos em pessoas no interior das empresas, ultrapassando-se a cultura de relativa desimportância da capacitação das pessoas como elemento crucial para a competitividade das empresas, mobilizando os talentos, a criatividade e o empreendedorismo dos colaboradores. E é esta elevação da capacitação tecno-profissional dos que estão inseridos nos processos produtivos que proporcionará uma efetiva elevação da competitividade das empresas, disso decorrendo os efeitos dinâmicos de crescimento e de geração de novos empregos, e da forma sustentável que tanto necessitamos.

Implementar uma profunda reforma política para consolidar a democracia brasileira

A matriz das mobilizações a serem empreendidas pela sociedade civil é a da reforma política. A nação não pode ganhar rumo ou orientação estratégica enquanto os parlamentares brasileiros possuírem mandatos inteiramente desconectados de suas fontes de representação. Atualmente, os cargos políticos em geral, sobretudo os de natureza parlamentar, são utilizados – como se fossem uma carta branca – de modo individual, personalizado e de prestação de contas meramente formais. Essa é a fonte básica dos descaminhos múltiplos da democracia brasileira – daí seu caráter profundamente emergencial. Essa reforma seria elaborada por um Colégio Constituinte Revisional eleito especialmente para essa finalidade, formado por metade de constituintes escolhidos pelo Congresso Nacional, entre seus membros, e outra por constituintes escolhidos diretamente pelo voto popular.

Nós advogamos, portanto, uma nova maneira de pensar o País. O Brasil tem uma inteligência econômica muito mais abrangente do que esta em voga. É perfeitamente possível equilibrar as percepções de diversas áreas – produtiva, financeira, acadêmica, tecnológica e política – para que as questões do emprego, do investimento e da tecnologia tenham peso equivalente e passem a fazer parte da inteligência estratégica nacional.

IDÉIAS TAMBÉM SÃO PORTADORAS DE FUTURO!

Dóris de Faria

Pouco percebemos o quanto as idéias podem ter futuro! Não foi só a maçã cair que deu futuro para a Lei da Gravidade! Imaginemos quantos pensamentos viraram idéias para a sociedade: idéias envolvidas na invenção da roda, por exemplo, ou do barco a vapor, da lâmpada ou da máquina impressora. Enfim, podemos perfeitamente identificar o quanto algumas idéias têm valor decisivo e – depois que o tempo passa e elas são testadas, aprovadas e assimiladas pela sociedade – terminam por transformar-se em base para o desenvolvimento econômico-social. Claro que o processo é longo e difícil, pois muitas idéias se perdem pelo caminho, sem se transformarem efetivamente

---

Dóris de Faria – Doutora em Psicologia, Pós-Doutorado em Antropologia Biológica e Professora aposentada do Departamento de Ecologia do Instituto de Biologia da UnB. Atualmente é Pesquisadora Associada do Centro de Educação a Distância (CEAD/UnB), coordenando diversos cursos nacionais. Coordena o Laboratório de Estudos do Futuro da UnB, onde desenvolve programas estratégicos sobre o desenvolvimento do País.

Brasil em Questão
A Universidade e o Futuro do País

em produto. Estima-se que de cada 3 mil idéias somente uma vire patente e transforme-se em produto comercializado. De qualquer modo, algumas idéias conseguem ter futuro!

Claro que podemos viver sem idéias inovadoras, podemos inclusive sobreviver somente como usuários de idéias exógenas, aliás, como acontece com os povos dependentes. Numa era como esta de globalização, a tendência é esta mesmo: de tornar dependentes – via usuários de tecnologias – todos os países que não tiveram condições ou não foram capazes de obter autonomia científico-tecnológica, hoje decisiva para a soberania política.

A realidade de subdesenvolvimento só poderá ser superada com estratégias especiais que não reproduzam os sistemas de dominação que os países desenvolvidos terminam exercendo sobre os subdesenvolvidos. No caso da tecnologia, isso fica muito evidente, mas não está restrito a ela; antes disso, a capacidade de pensar autonomamente antecede a produção tecnológica. Esses são certamente os primeiros passos para que, finalmente, as grandes personalidades, especialmente os grandes estadistas, mudem o rumo das histórias de seus países. Existem grandes exemplos disso...

Não nos iludamos, o Brasil precisa ser capaz de perceber que é subdesenvolvido – mas não se limitar a isso! Povo algum poderá deixar de sê-lo se 30% de sua população padece das misérias que padecemos, se possuímos tanta desigualdade em nosso tecido social! Precisamos conseguir nos desenvolver, mas isso não acontecerá sob a égide dos parâmetros que se colocam para os países hoje desenvolvidos ou das lógicas especiais, como as de mercado, em detrimento de processos endógenos, constitutivo-estratégicos. Ainda assim, tampouco podemos aceitar estratégias em que trabalho e salários vilipendiados sejam a fórmula para tornar o País mais competitivo no mercado globalizado, como estão fazendo outros povos em sua luta contra o subdesenvolvimento.

A questão é então: como nos desenvolvermos? Que futuro nos espera? Que pretendemos para nosso futuro? Que estratégias adotar?

No âmbito dessas reflexões é que ocorreu, na UnB, ao longo deste semestre, o *"Fórum Brasil em Questão"*. Muitas análises foram feitas, muitas idéias discutidas, muitos dados, perguntas e respostas aconteceram. A última sessão deste é o evento de hoje, "Idéias Portadoras de Futuro".

Ainda que o fórum tenha trazido informações muito importantes, certamente precisaria avançar mais nas reflexões sobre que aspectos do nosso presente apresentam "grande *portabilidade* de futuro".

Será possível que algumas idéias possam (re)orientar algum novo posicionamento nosso, de modo que superemos nossas deficiências de maneira mais criativa do que a agenda internacional que está sempre nos sendo posta?

Adentrando um pouco mais na busca por grandes rumos ou direções que possibilitem uma articulação social maior, será possível um grande acordo nacional, que possa ser feito em cima de alguns poucos pontos, diretrizes mínimas e fundamentais, que promovam a formulação de uma agenda mais consensual?

Dois eventos importantes registraram, somente nesta última semana, a recolocação da questão do desenvolvimento nacional como base estratégica para as transformações necessárias ao nosso País:

- No âmbito do governo federal, especialmente da Secretaria de Desenvolvimento Econômico e Social da Presidência da República (SEDES-PR), está sendo finalizado o enunciado de um processo de "concertação nacional" que caminha na direção da pactuação social de uma agenda para o País que considere o desenvolvimento econômico com padrão não só produtivista, mas também distributivista. A partir disso, que se estabeleçam novos parâmetros para controle e metas de inflação compatíveis com uma macrogestão de crescimento econômico alto, combinado com baixa inflação, que ocorra simultaneamente com a distribuição de renda; e que a carga tributária seja reduzida e mais bem distribuída, com juros reais convergentes para o nível internacional e com um *spread* que expresse o risco Brasil realisticamente.

- Nesta linha, a "idéia" fundamental poderia ser resumida numa "concertação nacional produtivista e distributiva".

- A questão das "reformas políticas" também é apresentada em outros documentos, sejam do governo, sejam da sociedade civil organizada, de modo que a idéia que, a nosso ver, se percebe caminhando para um consenso maior é a de *uma concertação nacional que possibilite uma agenda socialmente pactuada e baseada em três pontos: estabilidade econômica; igualdade social; e reforma política.*

Vê-se assim o quanto está candente a demanda por um projeto nacional que reflita uma agenda pactuada socialmente e como reação aos parâmetros *exclusivos* de mercado que, durante muito tempo, conseguiram calar tal anseio, mas que, finalmente, está conseguindo integrar cada vez mais diferentes setores da sociedade e do aparelho de Estado na busca por condições de caminhar para a formulação de um projeto estratégico-nacional.

Avançando um pouco mais, agora na direção do que nosso fórum apontou, podemos ainda identificar que o desenvolvimento, na magnitude do que acreditamos, poderá vir a ser pactuado para enfrentar, com sucesso, alguns pontos estratégicos:

(i) *No âmbito da produção econômica*:

- a questão da garantia de energia para o futuro, em que a biomassa, especialmente o biodiesel, pode vir a constituir um dos principais eixos de soluções;
- aspectos relacionados com a base de recursos naturais para a manutenção *sustentável* das populações, o que passa por novas estratégias para a produção, a industrialização e o comércio de produtos agropecuários, florestais e biotecnológicos, levando em extrema consideração os aspectos ecológico-ambientais, a fim de garantir os recursos naturais para as futuras gerações;
- e a necessária infra-estrutura para o desenvolvimento, o que implica novos modelos de transporte e armazenamento dos bens produzidos, também com uma estratégia bem definida de respeito às comunidades e às culturas envolvidas.

(ii) Entretanto, *as questões relativas ao âmbito social* devem receber primeiríssima atenção, visto que os aspectos econômicos podem gerar riqueza, mas não garantem o caráter distributivo desta, perpetuando as disparidades sociais existentes. Podemos considerar, dentre eles, os mais primordiais:

- a garantia do acesso universal aos bens fundamentais, como saúde, educação, alimentação, moradia, emprego e segurança social, com lazer e bem-estar da população;
- o direito aos bens culturais próprios e aos universais, com respeito a todos os aspectos de uma verdadeira cidadania;

Brasil em Questão
A Universidade e o Futuro do País

■ o direito a uma vida saudável do ponto de vista social e comunitário, em que as condições individuais e coletivas estejam garantidas por meio de aparato físico adequado e respeito à diversidade.

A partir disso, que "idéias" podemos concluir como indicadoras de um "bom futuro" para todos nós?

(A) Já é quase consensual que a inclusão social é base para qualquer bom futuro para nosso País e isso implicará necessários detalhamentos do que consideramos universalidade de acesso aos bens fundamentais, direito aos bens culturais e à saúde social-comunitária, bem como o crescente respeito às diversidades que compõem uma sociedade como a brasileira. A idéia conectiva de tudo isso, capaz de mobilizar os povos, iria na direção de uma grande virada nos investimentos públicos, para acabar com a pobreza e generalizar a boa – mesmo que minimamente aceitável – qualidade de vida das comunidades, com uma estratégia de *pensar o desenvolvimento local sustentável de modo participativo e apoiado por todos os setores públicos e privados*. No entanto, um novo projeto maior precisa nortear tais ações mais localizadas, sob pena de fragmentação na ordem social, daí a demanda por uma grande concertação que envolva os diversos níveis de organização da sociedade.

Se, por um lado, *mutatis mutantis*, algo similar vem acontecendo na Europa supranacional, em nosso caso pode ocorrer uma mudança pelo menos no nível municipal, se não no comunitário e, certamente, envolver novos modos de interação, como, por exemplo, as redes sociais que já atuam significativamente em nosso País e que conectam diversos níveis interativos.

Trata-se de uma reengenharia social, uma nova articulação de interesses, uma pactuação em cima de pontos mínimos e consensuais, certamente que com apoio governamental, mas que envolva o tecido mais íntimo das comunidades, seus grupos constituintes, e que seja capaz de integrar as práticas já existentes que se mostrem promissoras, sem necessidade de destruir os processos anteriores, ou pelo menos sendo capazes de redirecioná-los.

Cada povo, cada comunidade, com seus constituintes e as relações que mantenham entre si, encontrariam as mensagens que fossem capazes de sensibilizar sua própria comunidade, formando uma rede comum, numa verdadeira campanha de interesses organizados também em nível local.

(B) Consensual também terminam sendo as novas destinações que precisamos dar à nossa matriz energética e de como alocá-la, de modo inovador, numa perspectiva mais estratégica de desenvolvimento mais endógeno. Nossa sociedade considera o problema da sustentabilidade ambiental conjuntamente com a produção de biomassa e caminha para processos compatibilizados. Temos biodiesel em desenvolvimento, já somos vanguarda no uso do etanol e até já vislumbramos modelos ambientalmente mais adequados, inclusive para termoelétricas e hidroelétricas. Enfim, não seria ousado dizer que o Brasil é o País mais importante do mundo nessa temática. Faltam mais determinação e consistência política!

Somos, portanto, vanguarda nas conquistas em relação ao problema da sustentabilidade do desenvolvimento. Quanto já não produzimos em termos de processos que se estruturam em conceitos como reciclagem e conservação dos recursos naturais, base para novas abordagens da sustentabilidade ambiental sem negar o necessário processo produtivo que garanta emprego e renda para as pessoas em suas comunidades!

No entanto, perdemo-nos quando estão em jogo atitudes em relação aos transportes – sejam vias ou veículos, por terra,

Brasil em Questão
A Universidade e o Futuro do País

mar ou ar –, os quais representam um vasto ramo de idéias que precisamos conceber e assumir para que possam vir a transformar-se em políticas, programas e ações capazes de gerar inovações em nossas práticas. Os modelos de hidrovias podem caminhar numa conceituação mais renovadora do que a inicialmente formulada, assim como os transportes sobre trilhos, todos eles passíveis de ser corretamente associados ao mundo social que se constituirá em seu percurso, capazes de respeitar todos aqueles princípios que se tornaram inquestionáveis em nossa sociedade, mesmo quando ainda impraticáveis. Sob qualquer condição, não aceitamos que no percurso desses novos projetos estratégicos sejam produzidas miséria social ou pobreza econômica.

Enfim, se a questão é como nos desenvolvermos, a resposta é: *seguindo estas pistas da autonomia em relação aos recursos e aos processos constitutivos dos nossos projetos estratégicos.* Só assim podemos garantir que o futuro que nos espera será aquele que realmente quisemos, que nos determinamos a ter, que definimos por meio de estratégias próprias, sem subserviência, sem subalternia, com soberania.

Sem isso, nada mais seremos que neo-explorados de recursos, neo-usuários de produtos e povos neoglobais, que nada mais serão que povos errantes, migrantes sem destino, país sem belo e bom futuro! Mas a "boa nova" é que há tentativas mais consistentes de reorganização, parece que um grande consenso começa a se estruturar em poucos itens, há indicações de que nossa sociedade começa a reagir.

O consenso que, a nosso ver, começa a se estruturar está se dando a tal ponto que a diferença entre as candidaturas que se colocam não são mais tão visíveis "a olho nu". Precisamos de muita atenção para perceber onde estão as diferenças essenciais, aqueles fatores críticos que possibilitarão a nosso País caminhar mais celeremente para uma nova agenda, finalmente um projeto nacional nosso,

Idéias Também São Portadoras de Futuro!
Dóris de Faria

uma concertação de ampla extensão social. Até chegar a esse nível, muitas idéias foram formuladas, milhares, antes que algumas delas efetivamente tenham semeadura social e consigam ser transporte de bom destino futuro. Não podemos ter parcimônia de idealizar, precisamos ter sensibilidade para perceber que idéias têm de fato portabilidade de futuro, que ações realmente determinam um bom futuro, enfim, que destinação pretendemos nos dar como sociedade... E nada melhor para este debate do que um momento pré-eleitoral nacional máximo como este que estamos vivendo neste ano de 2006 no Brasil!

Anexo
Programação do
Fórum Brasil em Questão
(de 9 de maio de 2006 a
1º de agosto de 2006)

ANEXO
PROGRAMAÇÃO DO
FÓRUM BRASIL EM QUESTÃO

Fórum Brasil em Questão
A Universidade e a Eleição Presidencial

Programação

Abertura – A UnB e as Idéias Portadoras de Futuro para o Brasil
Timothy Mulholland – Reitor da UnB

Data: 9 de maio de 2006 – terça-feira
Local: Centro Comunitário Athos Bulcão
Campus Universitário Darcy Ribeiro, Universidade de Brasília, Asa Norte, Brasília-DF.
Horário: 9:00 às 10:00 horas

Brasil em Questão
A Universidade e o Futuro do País

Tema A – Cultura e Educação
Coordenadora do Tema A: Mariza Serrano – UnB

Subtema 1 – Brasilidade – a Persistência
Coordenadora do Subtema 1 – Mariza Serrano – UnB
Palestrantes:
Vamireh Chacon
Tereza Negrão

Data: 9 de maio de 2006 – terça-feira
Local: Centro Comunitário Athos Bulcão
Campus Universitário Darcy Ribeiro, Universidade de Brasília,
Asa Norte, Brasília-DF.
Horário: 10:00 às 12:00 horas

Subtema 2 – Cultura e Arte – Brasil, "Nação de Não-Letrados"
Coordenador do Subtema 2 – Marcos Formiga – UnB
Palestrantes:
José Mindlin
Eric Nepomuceno
Ricardo Araújo

Data: 16 de maio de 2006 – terça-feira
Local: Centro Comunitário Athos Bulcão
Campus Universitário Darcy Ribeiro, Universidade de Brasília,
Asa Norte, Brasília-DF.
Horário: 10:00 às 12:00 horas

Anexo
Programação do *Fórum Brasil em Questão*

Subtema 3 – Educação Superior – A Reforma Necessária

Coordenadora do Subtema 3 – Dóris Santos de Faria – UnB
Palestrantes:
Luiz Davidovich
André Lázaro

Data: 23 de maio de 2006 – terça-feira
Local: Auditório da Reitoria
Campus Universitário Darcy Ribeiro, Universidade de Brasília,
Asa Norte, Brasília-DF.
Horário: 10:00 às 12:00 horas

Tema B – Ciência, Tecnologia e Inovação
Coordenador do Tema B: Márcio M. Pimentel – UnB

Subtema 4 – Desenvolvimento Tecnológico – Agora ou Nunca

Coordenador do Subtema 4: Armando Caldeira Pirez – UnB
Palestrantes:
Roberto Nicolsky
Saul Hahn
Paulo Góes

Data: 30 de maio de 2006 – terça-feira
Local: Anfiteatro 9
Campus Universitário Darcy Ribeiro, Universidade de Brasília,
Asa Norte, Brasília-DF.
Horário: 10:00 às 12:00 horas

Brasil em Questão
A Universidade e o Futuro do País

Subtema 5 – Da Criatividade Brasileira à Inovação Tecnológica

Coordenador do Subtema 5: Márcio M. Pimentel – UnB
Palestrantes:
Guilherme Oliveira
Flávio Luciano A. de Souza

Data: 6 de junho de 2006 – terça-feira
Local: Anfiteatro 9
Campus Universitário Darcy Ribeiro, Universidade de Brasília,
Asa Norte, Brasília-DF.
Horário: 10:00 às 12:00 horas

Subtema 6 – Do Empreendedorismo por Necessidade ao Empreendedorismo de Oportunidade

Coordenador do Subtema 6: Luís Afonso Bermúdez – UnB
Palestrantes:
Eduardo Moreira da Costa
Maurício Mendonça

Data: 13 de junho de 2006 – terça-feira
Local: Anfiteatro 9
Campus Universitário Darcy Ribeiro, Universidade de Brasília,
Asa Norte, Brasília-DF.
Horário: 10:00 às 12:00 horas

Anexo
Programação do Fórum Brasil em Questão

Tema C – Sociedade e Economia
Coordenador do Tema C: Dércio Munhoz – UnB

Subtema 7 – O Brasil que Deu Certo: em Terra, no Mar e no Ar
Coordenador do Subtema 7: Dércio Munhoz – UnB
Palestrantes:
Aliomar Silva
Irani Varella
Horácio Forjaz

Data: 20 de junho de 2006 – terça-feira
Local: Anfiteatro 9
Campus Universitário Darcy Ribeiro, Universidade de Brasília,
Asa Norte, Brasília-DF.
Horário: 10:00 às 12:00 horas

Subtema 8 – 2022: Como Erradicar a Pobreza e Corrigir os Desequilíbrios Regionais
Coordenadora do Subtema 8: Lúcia Avelar – UnB
Palestrantes:
Carlos Pacheco
Armando Mendes

Data: 11 de julho de 2006 – terça-feira
Local: Anfiteatro 9
Campus Universitário Darcy Ribeiro, Universidade de Brasília,
Asa Norte, Brasília-DF.
Horário: 10:00 às 12:00 horas

Brasil em Questão
A Universidade e o Futuro do País

Tema D – A Construção do Futuro
Coordenador do Tema D: Roberto Piscitelli – UnB

Subtema 9 – Brasil: do Curto Prazo das *Commodities* a uma Política Industrial pela Via do Conhecimento
Coordenador do Subtema 9: Roberto Piscitelli – UnB
Palestrantes:
Tadao Takahashi
Luiz Nassif

Data: 18 de julho de 2006 – terça-feira
Local: Anfiteatro 9
Campus Universitário Darcy Ribeiro, Universidade de Brasília, Asa Norte, Brasília-DF.
Horário: 10:00 às 12:00 horas

Subtema 10 – A Construção do Desenvolvimento Auto-Sustentável
Coordenadora do Subtema 10: Dóris Santos de Faria – UnB
Palestrantes:
Cláudio Roberto Bertolo Langone
Clóvis Cavalcanti
Aspásia Camargo
Edson Franco

Data: 25 de julho de 2006 – terça-feira
Local: Anfiteatro 9
Campus Universitário Darcy Ribeiro, Universidade de Brasília, Asa Norte, Brasília-DF.
Horário: 10:00 às 12:00 horas

Anexo
Programação do *Fórum Brasil em Questão*

Subtema 11 – Brasil – Idéias Portadoras de Futuro
Coordenadora do Subtema 11: Dóris de Faria – UnB
Palestrantes:
Lélio Fellows Filho
Rodrigo Loures
Coronel Oliva

Data: 1º de agosto de 2006 – terça-feira
Local: Anfiteatro 9
Campus Universitário Darcy Ribeiro, Universidade de Brasília,
Asa Norte, Brasília-DF.
Horário: 10:00 às 12:00 horas

Encerramento – A Universidade e a Eleição Presidencial 2006
Timothy Mulholland – Reitor da UnB
Edgar N. Mamiya – Vice-Reitor da UnB

Data: 1º de agosto de 2006 – terça-feira
Local: Anfiteatro 9
Campus Universitário Darcy Ribeiro, Universidade de Brasília,
Asa Norte, Brasília-DF.
Horário: 12:00 às 12:15 horas

Esta obra foi composta em Garamond e impressa na Estação Gráfica,
no sistema off-set em papel AP 75g/m2, com capa em papel Cartão Supremo 250g/m2.